财务轻松学丛书
CaiWu QingSongXue CongShu

财务报表分析从入门到精通

{实例版}

宋娟 等◎编著

双色图解

机械工业出版社
CHINA MACHINE PRESS

本书通过平实的语言和生活化的实例,把财务报表这位"少女"由"初识"到"谙熟",有逻辑、由浅入深地介绍给读者。通过阅读这本书,读者能直观地了解企业财务报表的内容、进行简单的财务分析,并能"侦破"一些基本的财务舞弊行为,从而为自己选择业务上的合作伙伴、进行高效投资等提供有效依据。

全书包括财务报表基础知识介绍、专业但简单的财务报表分析和案例三大部分,共15章。本书适合作为财务知识"扫盲"之用,尤其适合那些讨厌枯燥的数据罗列和分析、没有专业人士指点,却又想要读懂财务报表的人自学。作为一本通俗读物,如果认为它是一本普及财务知识的"小小说"也未尝不可。同时,本书也可用作高校管理类、财务类专业低年级学生的教材和财务知识培训班的教材。

图书在版编目(CIP)数据

财务报表分析从入门到精通:实例版 / 宋娟等编著 . —2版 . —北京:机械工业出版社,2018.2(2022.9重印)
(财务轻松学丛书)
ISBN 978-7-111-59153-5

Ⅰ.①财… Ⅱ.①宋… Ⅲ.①会计报表 – 会计分析 Ⅳ.①F231.5

中国版本图书馆 CIP 数据核字(2018)第 028245 号

机械工业出版社(北京市百万庄大街 22 号 邮政编码 100037)
策划编辑:曹雅君　　责任编辑:曹雅君　刘怡丹
责任校对:李　伟　　责任印制:单爱军
河北宝昌佳彩印刷有限公司印刷
2022年 9 月第 2 版第 11 次印刷
170mm×242mm・19.75 印张・291 千字
标准书号:ISBN 978-7-111-59153-5
定价:59.00 元

凡购本书,如有缺页、倒页、脱页,由本社发行部调换

电话服务	网络服务
服务咨询热线:010-88361066	机工官网:www.cmpbook.com
读者购书热线:010-68326294	机工官博:weibo.com/cmp1952
010-88379203	金　书　网:www.golden-book.com
封面无防伪标均为盗版	教育服务网:www.cmpedu.com

前言 Preface

随着经济全球化的发展，通信技术和网络技术的推广，世界已经成为一个真正的"地球村"，人与人之间、企业与企业之间，甚至国与国之间的关联都越来越紧密。人们在处理问题、办理事情时，大都变成了获取有效信息，并成功处理这些信息的过程。

财务报表作为所有企业最基本，也是最重要的信息披露方式，已经成为这个信息化社会最被关注的元素之一，成为我们每个人生活的一部分。即便您最近赋闲在家，每天只是做做饭，看看书，安逸地享受生活，通过电视、通过网络、通过菜价、通过交通费，您也不可避免地要接触到与财务相关的数据，更何况在这信息爆炸的时代，在这全民都是股民的"投资时代"，我们每天都在主动或被动地接收财经分析、财务评论等信息。所以，了解财务基本知识，看懂财务报表，已经成为大众生活的"必须"和"必需"。

感谢

承蒙读者的厚爱，本书第1版累计销售20余万册，当当评价有48 000多条，很多读者对其给予了高度的评价，可以说，这本书带领20多万人进入财报这个"大坑"，同时又帮助他们从"大坑"中捡到"珍珠"，并爬了出来。下面是一些读者的感谢话语：

枯燥的财务数据和报表，在作者笔下变成了实用鲜活的故事，对我们这些不是财务专业，又想了解和学习一点专业知识的门外汉非常实用。书虽然还没有全看完，但现在就向朋友们推荐。想学习一些财务知识的朋友，这本书不错。

2011-11-14 18:51:00　当当读者　以观沧海

　　和传统的财务报表书不一样，本书以故事和事例的形式，让财务知识不再那么枯燥，虽然有时候也看不懂，但总体来说，还是激发了看下去的兴趣，没有一看就头疼的感觉。

2012-07-25 13:35:49　当当读者　金龙出海

　　宋娟老师写的这本书实在太好了！案例丰富，语言平实且严谨。所谓的经济专家写的权威书很难让入门者读懂，文字深奥绕口，术语规范没有解释，很容易让初学者失去兴趣。宋娟老师的书太棒了，可以看出作者真是下了功夫的，绝不是由术语、概念拼凑而成的。非常好！

2016-05-26 10:49:27　当当读者　无昵称用户

　　我其实准备打十星的。对于需要了解财会知识但又不是会计专业毕业的人来说，简直太实用了。

2016-12-12　亚马逊读者　姬向晚

　　这本书通俗易懂。在众多此类书籍中挑来选去，最终选择了这本，果然没有失望，对于外行绝对有帮助，从第一页就能感受到作者将"高深"的财务专业术语用风趣、通俗的语言娓娓道来，使人一读便融入其中，受益匪浅。

2017-04-12 11:06　京东读者　j***3

本书优势

　　本书通过生活化的语言，简单、通俗的实例，风趣但全面地对整个财务报告体系，诸多财务专业术语，"高深"的财务分析，变幻的企业财务"机密"进行解析，用生活中的实例——脱去它们的"外衣"，朴实地解析出它们的本源。通过这些解析，您在"看小说"时，不经意地就看到了财务数据要表达的真实事实，供您取舍和自己做出正确的抉择。

　　同常见的财务会计类书相比，这本书的特点主要体现在以下几方面：

　　（1）由于作者本人从事多年财务主管工作，每个月都需要把报表重要信息和异常信息传递给各职能单位和相关主管，所以知道怎样通俗地与具有不同财务知识水平的人沟通财务概念和财务知识。本书充分体现了这样的特点：所有的财务知识都通俗易懂，所有的专业的知识都变成了日常生活中的例子，就好像坐在对面的大姐和您拉家常一样，便于读者直观地理解专业知识。

（2）内容系统而全面，从基本的报表知识到专业的财务指标分析，再到综合的财务体系分析，知识脉络清晰，条理清楚，便于理解。虽然是针对财务知识初学者的书，却涵盖了财务专业人士要掌握的所有内容，虽然知识内容较多，却不庞杂。

（3）书中内容围绕报表使用人的需求展开，很多关于财务报表的书都是从企业的角度，说明财务报表怎样能全面地提供财务信息，而本书从报表使用人需求的角度来组织全书内容，所有章节都贯穿了"从这些财务数据，报表使用人需要什么样的信息，或者说，这些财务资料告诉报表使用人什么样的企业财务信息"的主线。

适合您吗？

如果您没有任何财务知识基础，却有很多关于财务数字和术语的困惑，那么请您打开这本书，书中很多生动而通俗的例子会让您茅塞顿开。

如果您是一个股民，正为"每股收益""每股未分配利润"而迷惑，那么请您打开这本书，书中对一些热门股票近年来指标的评价一定会给您"前车之鉴"。

如果您是一位有责任心的公司员工，那么不妨打开这本书，对照自己公司最近两年的会计报表，您也能"高屋建瓴"地分析一下自己所在企业的风险和发展前景。

如果您是一位投资者，已经有很精湛的财务分析团队，那么请您打开这本书，看看本书作者怎么评价您一直认为还不错的那个财务指标，说不定，您也能发现您的理财团队所未留意的被投资方的"财务陷阱"，那会让您的下属刮目相看的。

如果您最近正在寻求合作，需要寻找供应商，正对合作者提供给您的枯燥的财务数据觉得平淡无奇，那么请看看这本书，作者的一些实例说不定就列举了合作者报表中体现的"数字迷魂阵"！

……

本书修订说明

为适应企业会计实务、完善我国会计准则体系，也为保持我国准则与国际准则的趋同，2014年7月，财政部对原有38个基本准则进行了修订，此后又陆续出台4个新准则。同时，为了配合基本准则的实施，从2007年11月财政部制定《企业会计准则解释第1号》，到2017年6月《企业会计准则解释第10号》发布，会计理论界每年都有"新秀"，财务人员也年年处于"入学新生"的状态。当然，这些准则和解释的出台，更好地规范了财务工作，使财务人员"有法可依"。2007~2017年，是财务准则发展、完善的11年，虽然本书是一本会计类基础读物，财务相关基本理论没有本质变化，但将新准则的内容融入本书中，保证本书理论、概念、会计科目及财务报表列报等与最新准则一致，才能让读者更好地接触新知识，本书的再版就变得非常有意义。

（1）本书再版时，系统地考虑了新修订的准则的影响，如利润表中不再区分主营与非主营业务利润，又如将原"主营业务税金及附加"全部调整为新准则的"营业税金及附加"等。在实例的列举方面，本书再版时引入了最近几年被广泛关注的房地产企业、互联网企业、"轻资产"企业的实例以及国家"三去一降一补"政策对企业各类财务指标的影响等，可以说是"寓专业知识于时政热点"，让读者在茶余饭后的话题中体会财务报表分析的现实价值，也增加了其可读性和趣味性。

（2）增加了一个综合实例，首先给出龙祥家具厂的三大财务报表，然后结合这三大报表，全面分析企业的偿债能力、营运能力、盈利能力，并在最后给出了综合财务分析方法，以后读者可以用这个方法分析任何企业。

（3）为了给读者提供完整的财务信息，增加了最后一章的内容，主要介绍老母亲餐厅开张营业后，每发生一笔业务，夏洛的账怎么记，到了年底，报表是怎么编制的。它并不是严格意义的财务分析，却是财务分析的起点。

本书由宋娟组织编写，同时参与编写的还有张昆、张友、赵桂芹、张金霞、张增强、刘桂珍、陈冠军、魏春、张燕、孟春燕、顼宇峰、李杨坡、张增胜、张宇微、张淑凤、伍云辉、孟庆宇、马娟娟、李卫红、韩布伟、郑捷、方加青、曾

前　言

桃园、曾利萍、谈康太、李秀、董建霞、方亚平、李文强、张梁、邓玉前、刘丽、舒玲莉、孙敖，在此一并表示感谢！

　　财务分析已经成为我们生活的一部分，但它同时是一种专业技能。本书作为财务知识和财务分析的"普及"性读本，难免有疏漏和不当之处，敬请读者指正。

编者

2018 年 1 月

目 录
Contents

前　言

第 1 篇　财务报表基础知识篇

Chapter 1　初识财务报表 ·· 3
 1.1　什么是财务报表？ // 3
  1.1.1　通过一个故事介绍什么是财务报表 ······················· 3
  1.1.2　不同的人对报表数据的关注点 ····························· 5
 1.2　财务报表全景概览 // 6
  1.2.1　认识资产负债表 ·· 6
  1.2.2　认识利润表 ·· 8
  1.2.3　认识现金流量表 ·· 8
  1.2.4　认识所有者权益（或股东权益）变动表 ··············· 12
  1.2.5　认识财务报表附注 ·· 14
 1.3　"结识"财务报表的意义 // 15

目 录

Chapter 2　亲密接触资产负债表　16

2.1　资产负债表的结构及借贷平衡原理 // 16
- 2.1.1　资产负债表"婀娜多姿"的结构　16
- 2.1.2　资产负债表借贷平衡原理　18

2.2　"鸟瞰"资产负债表 // 18

2.3　"端详"资产类各项目 // 19
- 2.3.1　"端详"流动资产类项目　22
- 2.3.2　"端详"非流动资产类项目　23

2.4　"端详"负债类各项目 // 27
- 2.4.1　"端详"流动负债类项目　27
- 2.4.2　"端详"非流动负债类项目　31

2.5　"端详"所有者权益类各项目 // 32
- 2.5.1　"端详"投入资本项目　33
- 2.5.2　"端详"资本公积项目　34
- 2.5.3　"端详"留存收益项目　34

Chapter 3　亲密接触利润表　37

3.1　"端详"利润表各项目 // 37
- 3.1.1　"端详"收入类各项目　38
- 3.1.2　"端详"成本、费用类各项目　39
- 3.1.3　"端详"税金类项目　42
- 3.1.4　"揭秘"各种利润项目　43
- 3.1.5　利润表项目属性分类表　44

3.2　利润表计算利润的步骤 // 45

Chapter 4　亲密接触现金流量表　47

4.1　"端详"现金流量表 // 47
- 4.1.1　"端详"经营活动产生的现金流量　48
- 4.1.2　"端详"投资活动产生的现金流量　49

    4.1.3 "端详"筹资活动产生的现金流量 …………………… 52
    4.1.4 将企业现金流量划分为经营活动、投资活动和筹资活动的意义 …………………………………………………… 54
  4.2 现金流量表功能分析 // 55
    4.2.1 现金流量表与其他报表的比较分析 …………………… 56
    4.2.2 现金流量表的作用 …………………………………… 58
    4.2.3 现金流量表的局限性 ………………………………… 60
  4.3 间接法下编制现金流量表介绍 // 61
    4.3.1 间接法下确认经营活动现金流量的原理 ……………… 62
    4.3.2 间接法与直接法的联系与区别 ……………………… 65

Chapter 5 亲密接触所有者权益变动表 …………………… 68
  5.1 所有者权益变动表的定义及组成要素 …………………… 68
  5.2 所有者权益变动表的革新及作用 ………………………… 70
    5.2.1 所有者权益变动表的"革命运动" …………………… 70
    5.2.2 所有者权益变动表的作用 …………………………… 72

Chapter 6 亲密接触财务报表附注 …………………………… 73
  6.1 "端详"财务报表附注 // 73
    6.1.1 财务报表附注的内容介绍 …………………………… 73
    6.1.2 财务报表附注"变形虫"式的编制形式 ……………… 76
  6.2 "侦察"财务报表附注 // 77
    6.2.1 "侦察"企业基本情况 ……………………………… 78
    6.2.2 "侦察"会计处理方法对利润的影响 ………………… 79
    6.2.3 "侦察"子公司对总利润的影响 …………………… 80
    6.2.4 "侦察"会计报表重要项目的明细资料 ……………… 82
    6.2.5 "侦察"附注其他重要事项的说明 …………………… 83
  6.3 财务报表附注优劣介绍 // 85
    6.3.1 财务报表在信息披露上的"缺陷"揭秘 ……………… 85

6.3.2 财务报表附注的优点展示 ……………………………………… 87

6.3.3 财务报表附注的局限性分析 …………………………………… 88

6.4 财务报表附注与财务情况说明书的比较 // 89

6.4.1 什么是财务情况说明书？ ……………………………………… 90

6.4.2 财务报表附注与财务情况说明书的比较 ……………………… 91

第 2 篇　财务报表分析篇

Chapter 7　财务报表分析的基本知识 ……………………………… 95

7.1 财务报表分析的定义和内容 // 95

7.1.1 财务报表分析的定义 …………………………………………… 95

7.1.2 不同报表使用人对财务报表分析的喜好差异分析 …………… 96

7.1.3 财务报表分析的内容 …………………………………………… 98

7.2 财务报表分析的标准和方法 // 99

7.2.1 财务报表分析的标准 …………………………………………… 99

7.2.2 财务报表分析的方法 …………………………………………… 103

7.3 财务报表分析的作用 // 107

Chapter 8　资产负债表分析 ………………………………………… 110

8.1 资产负债表结构分析 // 110

8.1.1 资产负债表列示 ………………………………………………… 110

8.1.2 资产结构分析 …………………………………………………… 112

8.1.3 负债结构分析 …………………………………………………… 113

8.2 资产负债表各项目分析 // 114

8.2.1 货币资金变动情况分析 ………………………………………… 114

8.2.2 应收账款变动情况分析 ………………………………………… 115

8.2.3 存货变动情况分析 ……………………………………………… 116

8.2.4 固定资产变动情况分析 ………………………………………… 117

- 8.2.5 无形资产变动情况分析 …… 118
- 8.2.6 负债总体变动情况分析 …… 119
- 8.2.7 短期借款变动情况分析 …… 120
- 8.2.8 应付账款及应付票据变动情况分析 …… 121
- 8.2.9 长期借款变动情况分析 …… 121
- 8.2.10 股本变动情况分析 …… 122
- 8.2.11 未分配利润变动情况分析 …… 122

8.3 短期偿债能力分析 // 123
- 8.3.1 流动比率 …… 123
- 8.3.2 速动比率 …… 125
- 8.3.3 现金比率 …… 126
- 8.3.4 影响短期偿债能力的其他因素分析 …… 126

8.4 长期偿债能力分析 // 128
- 8.4.1 资产负债率 …… 128
- 8.4.2 股东权益比率和权益乘数 …… 129
- 8.4.3 负债股权比率 …… 130
- 8.4.4 影响长期偿债能力的其他因素分析 …… 131

8.5 企业营运能力分析 // 132
- 8.5.1 存货周转率和存货周转天数 …… 133
- 8.5.2 应收账款周转率和应收账款周转天数 …… 135
- 8.5.3 流动资产周转率和流动资产周转天数 …… 137
- 8.5.4 固定资产周转率和固定资产回收期 …… 138
- 8.5.5 总资产周转率和总资产周转天数 …… 140
- 8.5.6 营运能力指标分析的特点 …… 141
- 8.5.7 营运能力指标分析的作用 …… 142

Chapter 9 利润表分析 …… 143

9.1 企业总体盈利能力指标分析 …… 143

- 9.1.1 主营业务利润率分析 …… 144
- 9.1.2 毛利率分析 …… 146
- 9.1.3 营业利润率分析 …… 148
- 9.1.4 净利润率分析 …… 150

9.2 与投资相关的盈利能力指标分析 …… 151
- 9.2.1 总资产收益率分析 …… 152
- 9.2.2 总资产报酬率分析 …… 153
- 9.2.3 净资产收益率分析 …… 155
- 9.2.4 资本金收益率分析 …… 156

9.3 与成本费用相关的盈利能力指标分析 …… 157

9.4 上市公司盈利能力指标分析 …… 159
- 9.4.1 每股收益指标分析 …… 159
- 9.4.2 每股现金股利指标分析 …… 161
- 9.4.3 股利支付率指标分析 …… 162
- 9.4.4 市盈率指标分析 …… 163
- 9.4.5 市净率指标分析 …… 164
- 9.4.6 每股净资产指标分析 …… 165

9.5 与利润表相关的长期偿债能力分析 …… 167
- 9.5.1 利息保障倍数的含义 …… 167
- 9.5.2 资本化利息的含义 …… 167
- 9.5.3 利息保障倍数指标分析 …… 168

9.6 发展能力指标分析 …… 169
- 9.6.1 与发展能力指标分析相关的财务数据提供 …… 170
- 9.6.2 与销售增长情况相关的发展能力指标分析 …… 171
- 9.6.3 与资产增长相关的发展能力指标分析 …… 173
- 9.6.4 与净资产积累增长相关的发展能力指标分析 …… 175
- 9.6.5 企业发展的状态分析 …… 177

Chapter 10　现金流量表分析 ·· 181

10.1　现金流量表分析一般知识 ······································ 181
10.2　经营活动现金流量质量分析 ···································· 182
10.2.1　经营活动现金流量真实性分析 ························· 183
10.2.2　经营活动现金流量充足性分析 ························· 184
10.2.3　经营活动现金流量稳定性分析 ························· 186
10.2.4　经营活动现金流量成长性分析 ························· 187
10.3　现金流量表结构分析 ·· 189
10.3.1　现金流量表结构分析方法介绍 ························· 189
10.3.2　现金流量表结构分析举例 ······························· 191
10.4　现金流量表比率分析 ·· 195
10.4.1　现金流量表偿债能力分析 ······························· 195
10.4.2　现金流量表盈利能力分析 ······························· 199
10.4.3　现金流量表股利支付能力分析 ························· 202
10.4.4　现金流量表企业发展潜力分析 ························· 204
10.5　现金流量表趋势分析 ·· 204
10.5.1　现金流量表趋势分析的特点 ···························· 205
10.5.2　企业在不同发展时期，现金流量趋势的差异分析 ········ 206
10.6　现金流量与利润综合分析 ······································ 206
10.6.1　经营活动现金净流量与净利润的关系 ················ 206
10.6.2　从经营活动净现金如何看企业净利润 ················ 207
10.7　现金流量表分析的意义 ··· 209

Chapter 11　所有者权益变动表分析 ································ 210

11.1　所有者权益变动表整体分析 ···································· 210
11.1.1　所有者权益变动表编制逻辑分析 ······················ 211
11.1.2　所有者权益变动表各项目分析 ························· 213
11.2　所有者权益变动表指标分析 ···································· 214

11.2.1 资本保值和增值绩效的指标分析 215
11.2.2 企业股利分配指标分析 215

Chapter 12 账务报表重要项目分析 218

12.1 货币资金的秘密 218
12.1.1 货币资金变化分析 219
12.1.2 货币资金项目分析小结 221

12.2 存货的秘密 221
12.2.1 存货绝对值变化分析 221
12.2.2 存货结构变化分析 222
12.2.3 存货项目分析小结 225

12.3 应收账款的秘密 226
12.3.1 应收账款周转率深度剖析 226
12.3.2 应收账款账龄变化分析 229
12.3.3 应收账款主要客户分布分析 231
12.3.4 利用应收账款操纵利润行为"揭秘" 232
12.3.5 应收账款分析小结 236

12.4 应付、预收等负债项目的秘密 236
12.4.1 应付账款的秘密 237
12.4.2 预收账款的秘密 240

12.5 预付项目的秘密 240

12.6 在建工程的秘密 242
12.6.1 长期挂账的在建工程 243
12.6.2 凭空消失的在建工程 244
12.6.3 随意伸缩的在建工程 245
12.6.4 在建工程分析小结 247

12.7 固定资产的秘密 247
12.7.1 固定资产绝对值变化分析 248

12.7.2　固定资产比率分析 ………………………………………………… 249
12.7.3　固定资产分析小结 ………………………………………………… 251
12.8　管理费用的秘密 ……………………………………………………………… 251
12.8.1　管理费用绝对值变化分析 ………………………………………… 252
12.8.2　管理费用各组成部分结构变化分析 ……………………………… 253
12.8.3　管理费用分析小结 ………………………………………………… 256

第3篇　财务综合分析及案例

Chapter 13　财务综合分析法 ……………………………………………… 259
13.1　财务报表综合指标分析的含义和特点 ……………………………………… 259
13.1.1　财务报表综合指标分析的定义 …………………………………… 259
13.1.2　财务报表综合指标分析的特点 …………………………………… 260
13.2　杜邦财务分析体系 …………………………………………………………… 261
13.2.1　杜邦财务分析体系基本理论 ……………………………………… 261
13.2.2　杜邦财务分析法实例演习 ………………………………………… 263
13.3　沃尔综合评分法 ……………………………………………………………… 265
13.3.1　沃尔综合评分法基本理论 ………………………………………… 266
13.3.2　现代社会确定沃尔综合评分法的指标及权数的方法 …………… 268

Chapter 14　典型公司财务分析案例 …………………………………… 271
14.1　三大财务报表基本数据 ……………………………………………………… 271
14.1.1　资产负债表 ………………………………………………………… 271
14.1.2　利润表 ……………………………………………………………… 272
14.1.3　现金流量表 ………………………………………………………… 273
14.2　偿债能力分析 ………………………………………………………………… 275
14.2.1　短期偿债能力分析 ………………………………………………… 275
14.2.2　长期偿债能力分析 ………………………………………………… 276

14.3 营运能力分析 ·· 278
  14.3.1 资产类项目营运能力分析 ························· 278
  14.3.2 整体资产营运能力分析 ··························· 280
14.4 盈利能力分析 ·· 281
  14.4.1 从利润表项目分析企业的盈利能力 ················· 281
  14.4.2 从资产负债表项目分析企业的盈利能力 ············· 282
14.5 综合财务分析 ·· 283
  14.5.1 竞争公司数据对比 ······························· 283
  14.5.2 利用杜邦财务分析法 ····························· 286

Chapter 15 一次家庭聚餐引发的"淘金之路" ············ 290
15.1 老母亲餐厅 **02 年基本业务及记账情况 ·················· 290
15.2 从老母亲餐厅引发"淘金"的思考 ························ 296

第1篇

财务报表基础知识篇

Chapter 1 初识财务报表

要读懂财务报表,并能做简单财务分析,必须先了解财务报表的基本知识。这就好比好朋友让你评价他新装修的房子怎么样,你最起码需要了解他家有几间房子,各间房子的主要功能是什么,然后才能有针对性地进行评价。

通用的全套财务报表覆盖了一个企业生产、经营、投资、客户、供应商、员工信息、员工福利等所有状态,如果能静下心来慢慢读,我们能发现,千篇一律的报表格式,永远只是0~9共10个数字的组合,却恰恰是一部真正的"大百科全书",每月都在讲述着一个企业在这个月中发生的大小事情。

本章通过一个通俗的"家庭组织聚餐"的例子,来说明财务报表的定义、分类、作用,以及我们读懂财务报表的意义。

1.1 什么是财务报表?

财务报表作为本书的唯一主角,我们对它所有的细节都要进行观察和分析。

1.1.1 通过一个故事介绍什么是财务报表

财务报表是对企业财务状况、经营成果和现金流量的结构性表述。财务报表至少应当包括下列组成部分:①资产负债表;②利润表;③现金流量表;④所有者权益(或股东权益)变动表;⑤附注。

为了给大家一个直观的印象，我们用图来展示一下，如图1-1所示。

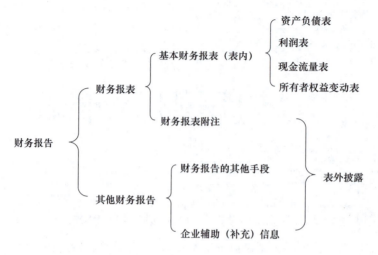

图 1-1　财务报告的内容和构成

上述解释出自《企业会计准则第30号——财务报表列报》，是非常专业的描述。我们不妨来举个例子，轻松地说说其本质。

【例 1-1】 旧社会，穷人夏洛是一个大家庭四个兄弟姐妹中的老大，他和他的弟弟妹妹都各自成家，大家住得有点远。某一天，老母亲说："你是老大，你帮我在家组织大家吃个饭，这个钱我出，也不知道会花多少，我先给100元，剩下的你自己想办法，最后花了多少我们再算，一般的厨房用具都有，你直接用就好。"然后把饭菜规格包括几个凉菜几个热菜一说，扔下100元就回自己屋了。

这顿饭后，夏洛要给老母亲一个交代：花了多少钱，钱是怎么筹备的，都办了哪几个菜，大家吃饱没有，老母亲是否满意等。这就是财务报表。

夏洛做饭前要筹款，除了老母亲给的那100元，家里只有60元，向弟弟借了30元，向高利贷借了40元，大米是自家产的，不用买了，如此等等，就是财务状况，用资产负债表来反映。

他买了鸡、鸭、鱼、肉等，请了村子里的厨师二胖，当时就付了高利贷利息；人太多，家里用具不够，租赵三家的锅碗瓢盆用了12元，如此等等。大家吃完饭，觉得这饭够280元的档次，于是老母亲说："夏洛两口子辛苦了，大家都满意，我总共给你280元，多的当你们的工钱吧。"夏洛推辞不掉收下了，他一算,除了本钱、利息和工钱等,还"挣"了 20 元,这就是利润表。

最后夏洛两口子还要算算,包括借的,刚开始有多少钱,花出多少钱,多出来的鱼啊、鸭啊,是卖了回收现金,还是留着自己吃——反正也要买,但这样可能就还不上高利贷了,如此等等,就是现金流量表。

除了这些,可能还有一些与组织这顿饭相关的其他事情,比如夏洛自己那 60 元本来计划要做什么,邻居家的吴老太太也想要付工钱请夏洛帮忙筹备一个饭局,再同老母亲说说,这就是附注(此处我们暂且不提所有者权益变动表)。

1.1.2 不同的人对报表数据的关注点

从财务报表的定义和组成我们不难看出,财务报表包含的内容非常丰富,但是,对不同的报表使用人,其关注点可能是不一样的。

一般来说,投资者最关注的是企业的利润表,也就是如何让他的钱能生出最多的钱来。这就好比我们买股票,从一定期间来看,我们希望自己买的那只股票天天能涨停,至于大盘,如果我们买的股票和大盘的涨跌没有太多关系(事实上这是不可能的),我们甚至不在乎大盘是 3 000 点还是 5 000 点。投资者也一样,只要利润高就好。在前面"家庭组织聚餐"的例子中,老母亲就是一个投资者,她不关心夏洛借了多少钱,请了几个厨师,她只关心最后这饭是不是令大家都满意,能不能"卖"出好价钱。

而对于企业的经营者(管理者),他们重视的是企业的绩效,对利润表和现金流量表都很关注,只有利润丰厚,才能让投资者、债权人、企业员工和管理者本人都能受益。在前面"家庭组织聚餐"的例子中,夏洛充当了这一角色,他需要同时考虑老母亲(投资方)、兄弟姐妹各个家庭(客户)、债权人(高利贷)以及雇员(厨师二胖)的感受。同时,他需要确认,手头有现金,可以买到东西来筹备这次聚餐。

对于债权人,他们重视的是企业的现金流量表,因为只有足够多的现金,才能归还他们的欠款。在前面"家庭组织聚餐"的例子中,高利贷放贷者,不会关注聚餐组织得怎么样,他最关心的是夏洛能不能按期还本付息。

其他，比如企业员工，可能重视的是企业的经营现状，期望能在企业经营好的情况下，得到更多薪水，所以他们也关注利润表。而对供应商而言，更关注资产负债表，只有企业的资产运转良好，供应商才能与其长期合作、收回货款等。

> **注 意**
>
> 虽然与企业关系不同的人对财务报表的各个表的关注度是有差异的，但事实上，由于财务报表各个表之间存在严密的逻辑勾稽关系，故在阅读财务报表的时候，一定不能只是单纯地看其中的某张表，"只见一叶不见树木"的做法不适用于读财务报表。

1.2 财务报表全景概览

如我们在第 1 节说到的那样，财务报表共包括五个部分。在本节，我们来详细说说各个表的定义和作用。

1.2.1 认识资产负债表

资产负债表是反映企业某一特定日期资产、负债、所有者权益等财务状况的会计报表。它的作用主要有如下几个方面：

（1）能够体现企业在特定时点（比如 2018 年 6 月 30 日当天就是一个时点），拥有的资产及其分布状况；也就是说，它表明的是，企业在特定时点所拥有的资产总量有多少，资产是什么。同时能了解到流动资产有多少，固定资产有多少，长期投资有多少，无形资产有多少等。

（2）能够表明企业在特定时点所承担的债务、偿还时间及偿还对象。如果是流动负债，就必须在 1 年内偿还；如果是长期负债，偿还期限就可以超过 1 年。因此，从资产负债表可以清楚地知道，在特定时点上企业欠了谁多少钱，该什么时候偿还。

（3）资产负债表能够反映在特定时点投资人所拥有的净资产及其形成的原因。依据复式记账法的平衡公式（关于复式记账，我们在第 2 章中会介绍），资产等于负债加股东权益，也就是说，企业的所有资产，除了用来偿还债务以外，剩下的不管多少，都归投资人所有。

【例 1-2】 为了让大家直观地了解资产负债表的上述作用，我们针对家庭组织聚餐的例子，在"做饭前"编制了相应的报表。我们暂且叫它老母亲餐厅，结果如表 1-1 所示。

表 1-1　老母亲餐厅聚餐前资产负债表

编制单位：老母亲餐厅　　　　　　**01 年 12 月 01 日　　　　　　（单位：元）

资产	聚餐前	负债及所有者权益	聚餐前
流动资产		流动负债	
货币资金	230	短期借款——夏洛	60
存货	0	短期借款——夏洛弟弟	30
		应付账款	0
流动资产合计	230	**流动负债合计**	90
固定资产		长期负债	
固定资产原值	200	长期借款——高利贷	40
减：累计折旧	0	**长期负债合计**	40
固定资产净值	200	**负债合计**	130
无形资产	0	股东权益	
		股本	300
		股东权益合计	300
资产合计	430	**负债和股东权益合计**	430

备注：我们将老母亲提供的一般厨房用具全部折现，金额为 200 元，这样老母亲共投资 300 元（其中 100 元为现金）。

从表 1-1 左列（资产列）中，我们可以非常清楚地看出，在聚餐前，老母亲餐厅有资产 430 元，分别是 230 元现金和 200 元的厨房房产及餐厅用具等。同样，从表 1-1 右列（负债及所有者权益列）中，我们能看出来，这个家庭餐厅对外欠款是 130 元，其中 90 元是需要短期内归还的，还有 40 元可以适当延期归还，但是是高利贷，利息费用比较高。

通观整个表格，联系左右两列，我们可以知道，老母亲餐厅除了 130 元欠款外，剩下的全部为净资产，共 300 元。

1.2.2　认识利润表

利润表是反映企业在一定会计期间的经营成果的会计报表。它的作用主要有以下几个方面：

（1）可以反映企业一定期间内收入的实现情况，如实现的营业收入有多少，实现的投资收益有多少，实现的营业外收入有多少，等等。

（2）可以反映企业一定期间内成本费用的耗费情况，如耗费的营业成本有多少，营业税金及附加有多少，以及销售费用、管理费用、财务费用有多少，营业外支出有多少等等。

（3）可以反映企业在一定期间内收入和成本费用情况以及获得利润或发生亏损的数额，从而衡量企业收入与盈利情况之间的关系。

【例1-3】　为了让大家对利润表有直观的印象，沿用前面家庭组织聚餐的例子中发生的行为（财务分析中称为经济业务），我们来编制一个利润表，并分析一下这个利润表的作用。

从前面的描述中可以了解到，这次聚餐取得的收入为280元，假设成本主要有如下内容，详见表1-2。

基于上面费用表汇总，得出的利润表如表1-3所示。

从表1-3中我们可以很直观地看出，经历聚餐经营后，老母亲餐厅的全部收入是280元，而为了实现这个收入（做好这顿饭），主营业务成本为195元，也就是夏洛花了195元，实现的营业利润是42.3元（本次挣的钱），如此等等。老母亲看了夏洛列出来的利润表，觉得这孩子用心了，组织得还不错。

1.2.3　认识现金流量表

现金流量表是以现金为基础编制的，反映企业一定会计期间内经营活动、投资活动及筹资活动等对现金及现金等价物产生影响的会计报表。通俗地讲，就是关于企业现金流出和流入的信息表。它的作用主要体现在以下几个方面：

（1）它可以体现出企业的现金净流量信息，从而能够对企业整体财务状况做出客观评价。

Chapter 1 初识财务报表

表1-2 老母亲餐厅费用支出表

编制单位：老母亲餐厅　　　　　　　**01年12月01日~31日　　　（单位：元）

行次	成本费用项目明细	支出金额	通过成本里会计科目的核算和结转，最终归属利润表科目
第1行	购买鸡、鸭、鱼、肉及蔬菜水果等原材料开支（计划花170元，剩大约20元没有用完）（备注1）	150	营业成本
第2行	请村子里的厨师二胖并支付工钱	20	营业成本
第3行	夏洛的妻子协助厨师工作的工钱	15	营业成本
第4行	厨房磨损费	10	营业成本
第5行	支付村子里的"人头税"	4	营业税金及附加
第6行	租用赵三家的碗筷等	12	销售费用
第7行	夏洛本人筹划整个事情应得的工钱	25	管理费用
第8行	支付夏洛垫付款、夏洛弟弟借款及高利贷利息	1.7	财务费用
第9行	夏洛的大妹从自家带来大米一袋（备注2元）	2	营业外收入

备注1：准备聚餐的过程中个别物品由夏洛直接从自家取用，假设每一笔都是付钱买的；

备注2：夏洛的大妹送来一袋米，坚决不收钱；

备注3：为了成本核算得准确，对夏洛和夏洛的妻子的劳动都计划支付工资，对于所有借款，不管是夏洛垫付的资金还是他弟弟暂时借给家庭组织聚餐的钱，全部计算利息；

备注4：厨房磨损费为10元；

备注5：所有的费用都不是直接计入利润表科目，而是通过生产成本等科目归集和核算后，结转到利润表科目的，这个问题不在本处赘述。

表1-3 老母亲餐厅聚餐经营后的利润表

编制单位：老母亲餐厅　　　　　　　**01年12月31日　　　（单位：元）

行次	项目	本期金额	数据来源说明
第1行	一、营业收入	280	消费者老母亲同意付款金额
第2行	减：营业成本	195	表1.2中第1、2、3、4行
第3行	税金及附加	4	表1.2中第5行
第4行	销售费用	12	表1.2中第6行
第5行	管理费用	25	表1.2中第7行
第6行	财务费用（收益以"—"号填列）	1.7	表1.2中第8行
第7行	资产减值损失		
第8行	加：公允价值变动收益（损失以"—"号填列）		
第9行	加：投资收益（损失以"—"号填列）		
第10行	二、营业利润（亏损以"—"号填列）	42.3	
第11行	加：营业外收入	2	表1.2中第9行
第12行	减：营业外支出		
第13行	三、利润总额（亏损总额以"—"填列）	44.3	
第14行	减：所得税费用		
第15行	四、净利润（净亏损以"—"填列）	44.3	

（2）它能够说明企业在一定期间内现金流入和流出的原因，或者说体现出现金来源和去向，从而全面说明企业的支付能力和偿债能力。

（3）由于区分了不同经济活动的现金净流量，它能分析和评价企业经济活动的有效性并对其效率做出评价。

【例 1-4】 家庭组织聚餐活动后，老母亲餐厅的现金流量表如表 1-4 所示。

表 1-4　老母亲餐厅现金流量表

［假设条件具体为：应该支付的工资全都支付了，应该归还的短期借款（也就是夏洛和他弟弟垫付的资金及利息）都支付了，高利贷的利息也支付了，但高利贷本金没有支付。］

编制单位：老母亲餐厅　　　　　　　**01 年 12 月 31 日　　　　　　（单位：元）

行次	项　目	本期金额	数据来源说明
第 1 行	一、经营活动产生的现金流量		
第 2 行	销售商品、提供劳务收到的现金	140	备注 1
第 3 行	收到的税费返还		
第 4 行	收到其他与经营活动有关的现金		
第 5 行	**经营活动现金流入小计**	140	
第 6 行	购买商品、接受劳务支付的现金	170	源于表 1-2 第 1 行，备注 2
第 7 行	支付给职工以及为职工支付的现金	60	源于表 1-2 第 2、3、7 行合计
第 8 行	支付的各项税费	4	源于表 1-2 第 5 行
第 9 行	支付其他与经营活动有关的现金	12	源于表 1-2 第 6 行
第 10 行	**经营活动现金流出小计**	246	
第 11 行	**经营活动产生的现金流量净额**	−106	
第 12 行	二、投资活动产生的现金流量		
第 13 行	收回投资收到的现金		
第 14 行	取得投资收益收到的现金		
第 15 行	处置固定资产、无形资产和其他长期资产收回的现金净额		
第 16 行	处置子公司及其他营业单位收到的现金净额		
第 17 行	收到其他与投资活动有关的现金		
第 18 行	**投资活动现金流入小计**		
第 19 行	购建固定资产、无形资产和其他长期资产支付的现金		
第 20 行	投资支付的现金		

Chapter 1 初识财务报表

（续）

行次	项　　目	本期金额	数据来源说明
第 21 行	取得子公司及其他营业单位支付的现金净额		
第 22 行	支付其他与投资活动有关的现金		
第 23 行	**投资活动现金流出小计**		
第 24 行	**投资活动产生的现金流量净额**		
第 25 行	三、筹资活动产生的现金流量		
第 26 行	吸收投资收到的现金	100	投资人老母亲的初始投入
第 27 行	取得借款收到的现金	130	备注 3
第 28 行	收到其他与筹资活动有关的现金		
第 29 行	**筹资活动现金流入小计**	230	
第 30 行	偿还债务支付的现金	90	备注 4
第 31 行	分配股利、利润或偿付利息支付的现金	1.7	源于表 1-2 第 8 行
第 32 行	支付其他与筹资活动有关的现金		
第 33 行	**筹资活动现金流出小计**	91.7	
第 34 行	**筹资活动产生的现金流量净额**	138.3	
第 35 行	四、汇率变动对现金及现金等价物的影响		
第 36 行	五、现金及现金等价物净增加额		
第 37 行	加：期初现金及现金等价物余额	0	
第 38 行	**六、期末现金及现金等价物余额**	32.3	备注 5

　　备注 1：在这个例子中，老母亲同时是消费者，我们为了分析，假设她认可这顿饭值 280 元，但是聚餐后只付了 140 元餐费，剩下的 140 元需要等她有钱了再付。
　　备注 2：虽然记入成本的材料费用只有 150 元，但因为备料时共花费 170 元，也就是现金减少了 170 元。
　　备注 3：为了组织聚餐，夏洛垫付了 60 元，向弟弟借 30 元，向高利贷借 40 元。
　　备注 4：假设夏洛本人和其弟的借款在聚餐当天就归还了。
　　备注 5：本栏数据等于本表第 11 行、第 24 行、第 34 行、第 35 行、第 36 行、第 37 行的和。

　　从表 1-4 中可以看出来，由于消费者（老母亲）只支付了一半的餐费，导致目前餐厅财务状况不好，如果想承接邻居吴老太家的家庭聚餐，恐怕吴老太不事先付款是没有办法采购菜品的。更为糟糕的是，由于目前只有 32.3 元，不够支付高利贷的欠款，放高利贷的债主可能天天来催款，影响夏洛的生活。

1.2.4 认识所有者权益（或股东权益）变动表

所有者权益（或股东权益，下同）变动表是反映企业在一定会计期间内，所有者权益构成及增减变化情况的报表。在新颁布的《企业会计准则30号——财务报表列报》中，所有者权益变动表成为主要会计报表之一（以前我们都只说三个表），其原因是：所有者权益变动表本身就是联系资产负债表和利润表的纽带，企业投资者理应非常关注自己"股东"身份以及份额的变化。该表的主要作用如下：

（1）通过该表，可以清楚地了解企业当期损益、直接计入所有者权益的利得和损失。

（2）通过该表，可以一目了然地看到所有者权益各组成部分增减变动的结构性变化情况。

（3）通过该表，可以直观地了解到企业利润的分配情况。

（4）通过该表，还能揭示出企业使用留存收益和公积金的情况。

【例1-5】 仍然以家庭组织聚餐的例子来展示一下所有者权益变动表，让大家对该表有一个直观的印象，同时说明其作用。在这里，我们假设老母亲对夏洛进行了游说，觉得通过这次家庭聚餐，还可以在每年节假日期间做这样的事情：针对那些家里没有佣人，节假日还想休息的"中农"家庭提供聚餐服务。在**02年1月，夏洛同意出资100元，与母亲共同经营这个老母亲餐厅，主要由夏洛来经营，夏洛除得到正常工资外，还可以按5：5的比例来分红。这样，老母亲餐厅在夏洛注入资本前后的所有者权益变动表如表1-5所示。

表1-5 老母亲餐厅在夏洛注入资本前后的所有者权益变动表

编制单位：老母亲餐厅　　　　　　时间：**01年12月　　　　　　（单位：元）

项 目	本期金额					上期金额				
	实收资本	资本公积	盈余公积	未分配利润	所有者权益合计	实收资本	资本公积	盈余公积	未分配利润	所有者权益合计
一、上年年末余额	300				300	0				0
加：会计政策变更										
前期差错更正										
二、本年年初余额	300				300	0				0

Chapter 1 初识财务报表

（续）

项　目	本期金额					上期金额				
	实收资本	资本公积	盈余公积	未分配利润	所有者权益合计	实收资本	资本公积	盈余公积	未分配利润	所有者权益合计
三、本年增减变动金额（减少以"-"号填列）										
（一）净利润				44.3	44.3					
（二）直接计入所有者权益的利得和损失										
1.可供出售金融资产公允价值变动净额										
2.权益法下被投资单位其他所有者权益变动的影响										
3.与计入所有者权益项目相关的所得税影响										
4.其他										
上述（一）和（二）小计				44.3	44.3					
（三）所有者投入和减少资本										
1.所有者投入资本	100				100	300				300
2.股份支付计入所有者权益的金额										
3.其他										
（四）利润分配										
1.提取盈余公积										
2.对所有者（或股东）的分配										
3.其他										
（五）所有者权益内部结转										
1.资本公积转增资本（或股本）										
2.盈余公积转增资本（或股本）										
3.盈余公积弥补亏损										
4.其他										
四、本年年末余额	400			44.3	444.3	300				300

备注：假设夏洛的100元投资在报表日后才支付，此前计入"其他应收款"科目，这样就无须修改前面的现金流量表。

通过表 1-5 可以看出，经过一期经营和游说其他投资者加入，老母亲餐厅的所有者权益大幅增加，这些增加，一部分来源于有效经营，另有一部分来源于新的投资者直接投入。对老母亲而言，餐厅开办初期，自己投资了 300 元，占股份 100%；在引入新投资者后，老母亲的股份由原来的 100% 变为 75%。

1.2.5　认识财务报表附注

财务报表附注是对在资产负债表、利润表、现金流量表和所有者权益变动表等报表中列示项目的文字描述或明细资料，以及对未能在这些报表中列示项目的说明等。按照新颁布的《企业会计准则第 30 号——财务报表列报》应用指南的规定，企业财务报表附注主要包括下列内容：

（1）企业的基本情况。

（2）财务报表的编制基础。

（3）遵循企业会计准则的声明。

（4）重要会计政策和会计估计。

（5）会计政策和会计估计变更以及差错更正的说明。

（6）报表重要项目的说明。

（7）或有事项。

（8）资产负债表日后事项。

（9）关联方关系及其交易。

从应用指南规定的内容可以看出，财务报表附注包含的内容非常丰富，其主要作用如下：

（1）它提供的会计政策、会计估计等的披露，提高了财务报表信息的可比性。

（2）它提供资产负债表日后事项的说明等内容，增强了财务报表信息的可理解性。

（3）它提供的报表重要项目的说明等，突出了财务报表信息的重要方面，有利于报表使用人关注报表的重要项目。

总之，财务报表附注改变了过去单一数字式财务报表的概念，使财务报表对企业整个经营状态和财务状态的披露更加充分、详细。

1.3 "结识"财务报表的意义

　　企业作为以盈利为目的的从事生产经营活动的经济组织，其根本目的是要赚取利润，而企业经营状况的好坏直接体现在对外披露的财务报表里。财务报表提供的资料与其他核算资料相比，具有更集中、更概括、更系统和更有条理性的特点。事实上，只有读懂了财务报表，才能深刻地理解报表所反映的经济实质，才能对企业财务报表披露的经营业绩做出评价。不管是经营者还是投资者，甚至企业员工，如果能有效地解读财务报表带给我们的信息，我们就能做到以下几点：

　　（1）如果是投资人，就能从财务报表中了解到企业的利润实现情况和利润分配方案，从而了解自己的投资收益如何，可以支配的收益有多少。

　　（2）如果是债权人，就能知道企业年终负债额的大小，能确认企业是否有足够的现金偿还欠款，至少能知道自己在外资金的风险有多大。

　　（3）如果是企业员工，就能知道一年的付出所创造的利润有多少，企业未来有多大发展空间，进而确定自己职业规划的方向和节奏等。

2 Chapter 亲密接触资产负债表

在本章中,我们将通俗地介绍资产负债表的账户式结构、借贷平衡原理,同时通过沿用第 1 章中的老母亲餐厅的实例来逐一说明资产负债表各个项目的含义和包含的内容。

2.1 资产负债表的结构及借贷平衡原理

资产负债表作为反映企业在某一特定日期财务状况的报表,目前国际上流行的格式主要有账户式和报告式两种。我国会计准则规定,资产负债表的格式一律采用账户式结构,"有借必有贷,借贷必相等""资产 = 负债 + 所有者权益"是资产负债表编制的理论基础,是资产负债表成立的基本原理。

2.1.1 资产负债表"婀娜多姿"的结构

资产负债表的账户式又称为水平式,其资产项目按一定顺序列示于报表的左方,负债及所有者权益项目列示于报表的右方,报表左右两方总额相等。其优点是资产、负债和权益的恒等关系一目了然。

【例 2-1】 资产负债表如表 2-1 所示。

Chapter 2
亲密接触资产负债表

表 2-1　老母亲餐厅聚餐前的资产负债表

编制单位：老母亲餐厅　　　　　　**01 年 12 月 01 日　　　　　　（单位：元）

资产	聚餐前	负债及所有者权益	聚餐前
流动资产		流动负债	
货币资金	230	短期借款——夏洛	60
存货	0	短期借款——夏洛弟弟	30
		应付账款	0
流动资产合计	230	**流动负债合计**	90
固定资产		长期负债	
固定资产原值	200	长期借款——高利贷	40
减：累计折旧	0	长期负债合计	40
固定资产净值	200	**负债合计**	130
在建工程	0	股东权益	
无形资产	0	股本	300
其他资产	0	股东权益合计	300
资产合计	430	**负债和股东权益合计**	430

备注：该表同表 1-1。

从表 2-1 中我们不难看出：

（1）资产负债表分为左右两方，左侧为资产，表明了老母亲餐厅营业前的总资产状态，当前为 430 元；右侧为负债及所有者权益，反映的是资产的来源，有 130 元资产是借来的，另外 300 元是股东投入的。因为左右两方内容说的是同一件事，故资产总额等于负债加所有者权益合计数额。

（2）资产负债表左侧资产内部各个项目的排列规则为：按照各项资产的流动性的大小或变现能力的强弱进行排列。流动性越大，变现能力越强的资产项目越往前排；反之，越往后排。

（3）资产负债表右侧负债及所有者权益内部各个项目的排列规则为：所有项目按照求偿权的先后顺序进行排列。一旦破产，越需要优先偿付的，越排在前面。具体到老母亲餐厅，一定是先偿还借款，最后再考虑老母亲投资收回的事情。

2.1.2 资产负债表借贷平衡原理

如我们通过表 2-1 看到的那样,资产负债表总是保持左右两列的平衡,那么其编制的理论依据是什么呢?来源是什么呢?

会计是随着经济管理的发展而产生的,准确地说,是随着信贷业和单纯金融投资者的兴起,随着所有权和经营权的分离而产生的。其来源可以采用【例 2-2】做直观描述。

【例 2-2】 如同我们在老母亲餐厅的例子中说到的,老母亲本人是投资人,但是她不参与企业的经营管理,却需要了解自己的企业有多少钱。夏洛为了能清楚地同母亲解释目前企业的状态,引入了借贷记账方式。

夏洛告诉老母亲:"您的餐厅没有营业前,值 430 元,其中包括现金多少、厂房(厨房设备等)多少。"老太太一听,很高兴:"我明明只投了 100 元现金和 200 元的厨房用品,组合一下就值 430 元了?"夏洛就又告诉她:"您不能只看资产,要看看我右边给您提供的资料,也就是这些钱的来源。除了您自己的,还有 130 元是生产要用的,是我借来的,要还本付息的。"

> **注意**
>
> 所谓"借贷平衡原理",就是对于一笔经济业务,必须同时在相互联系的账户的借方和贷方登记,并且借方登记的数额等于贷方登记的数额。

通俗地说,就是老母亲餐厅规模变成多大,都在报表的左侧记录,但是为了能准确体现这些能管控的资产,在右边还要记上:哪些是为了经营需要从外边借来的,哪些是老母亲自己投资的,或者是企业经营赚取的。

2.2 "鸟瞰"资产负债表

如我们在表 2-1 中看到的,资产负债表是按照规定的项目顺序,对企业某一特定日期的资产、负债、所有者权益加以适当的排列而成的。其基本内容包括以下几个项目。

1. 资产类项目

资产类项目按变现能力的强弱，可分为流动资产和长期资产。

流动资产类项目包括：货币资金、短期投资、应收账款、应收票据、预付账款、其他应收款及存货等。长期资产类项目包括：长期投资、在建工程、无形资产和其他资产等。

2. 负债类项目

负债类项目按偿还时间的长短的不同，可分为流动负债和长期负债。

流动负债项目包括：短期借款、应付票据、应付账款、预收账款、其他应付款、应付工资、应付福利费、未交税金和未付利润等。长期负债项目包括：长期借款、应付借款、应付债券和长期应付款等。

3. 所有者权益类项目

所有者权益按形成来源不同，可以分为投入资本、资本公积和留存收益三类。针对所有者权益，其排列原则为：永久性越强的，越排在前面。

2.3 "端详"资产类各项目

资产，就是告诉别人我都有什么：你看，我有厂房、有机器设备，这就是固定资产；我有1万元现金，这就是货币资金；我有大米200斤，猪肉50斤，这就是存货；昨天老王在我的餐厅吃顿饭，还没有给钱，这就是应收账款。至于房子是不是贷款买的，大米是从隔壁老刘家借的等烦心事，在讨论资产的时候，我是只顾"显摆"我"富有"，不考虑欠债等问题的。

我们在前面的章节中提到，资产类项目可以分为流动资产和长期资产，下面我们将依据该分类，针对重要的资产类项目逐一进行解释。

【例2-3】为了能直观地解释所有报表项目，我们结合前面老母亲餐厅的业务情况，先来编制聚餐前后的资产负债表，如表2-2所示。

从期初与期末的资产总额来看，企业总资产减少了45.7元，按前面表1-3的利润表来看，企业明明盈利44.3元，为什么总资产反而减少了呢？出现这种"怪现象"的魔术师就在"短期借款"这个项目，该项目期末时减少了90元，也就是我们归还了90元的债务。

表2-2 老母亲餐厅组织第一次聚餐后的资产负债表

编制单位：老母亲餐厅　　　　　　**01年12月30日　　　　　　（单位：元）

资产	聚餐前	聚餐后	负债及所有者权益	聚餐前	聚餐后
流动资产			流动负债		
货币资金	230	32.3	短期借款	90	0
应收账款	0	140	应付账款	0	0
其他应收款			预收款项	0	
预付款项			应付职工薪酬		0
			应交税费		
存货	0	22	应付股利		0
			其他应付款	0	
流动资产合计	230	194.3	**流动负债合计**	90	0
长期股权投资			长期负债		
固定资产			长期借款——高利贷	40	40
固定资产原值	200	200	**长期负债合计**	40	40
减：累计折旧	0	10	**负债合计**	130	40
固定资产净值	200	190	所有者权益（或股东权益）		
在建工程			实收资本（或股本）	300	300
无形资产	0	0	资本公积		
			盈余公积		
			未分配利润		44.3
非流动资产合计	200	190	**股东权益合计**	300	344.3
资产合计	430	384.3	**负债和股东权益合计**	430	384.3

备注：该表数据对应表1-3的利润表、表1-4的现金流量表。

为了充分说明资产负债表各个项目的含义，在原有数据的基础上，我们再做如下假设：

（1）假设夏洛与母亲达成了协议，同意投资100元，协议已经签订，他将在次年1月饭店运转前将资金注入。

（2）为了保证餐厅有足够的物质采购来源，夏洛和母亲商量后，决定参股投资村里唯一的肉铺，通过谈判，肉铺刘老板同意：老母亲餐厅出120元，以后就可以保证餐厅能随时购买到新鲜肉类，质量可靠，且每个月月底再付款，到年底还可以分红12元。协议已经签订，但夏洛说钱需要缓一阵子，让刘老板先记账，他也签字画押确认了。

（3）隔壁吴老太太觉得夏洛聚餐组织得很好，她也想召集儿孙们吃团圆饭，自己不想做，马上就给了夏洛 50 元定金，要夏洛 10 天后给她家准备一顿家庭餐。

通过上述扩展，如表 2-3 所示。

表 2-3　老母亲餐厅组织第一次聚餐并适当投融资后的资产负债表

编制单位：老母亲餐厅　　　　　**01 年 12 月 31 日　　　　（单位：元）

资产	聚餐前	第一次聚餐及投融资后	负债及所有者权益	聚餐前	第一次聚餐及投融资后
流动资产			流动负债		
货币资金	230	82.3，备注 1	短期借款	90	0
应收账款	0	140	应付账款	0	0
其他应收款		100，备注 2	预收款项	0	50
预付账款			应付职工薪酬		0
			应交税费		
存货	0	22	应付股利		0
			其他应付款	0	120
流动资产合计	230	344.3	流动负债合计	90	170
长期股权投资——肉铺		120，备注 3	长期负债		
固定资产			长期借款——高利贷	40	40
固定资产原值	200	200	长期负债合计	40	40
减：累计折旧	0	10	负债合计	130	210
固定资产净值	200	190	所有者权益（或股东权益）		
在建工程			实收资本（或股本）	300	400
无形资产	0	0	资本公积		
			盈余公积		
			未分配利润		44.3，备注 4
非流动资产合计	200	310	股东权益合计	300	444.3
资产合计	430	654.3	负债和股东权益合计	430	654.3

注 1：吴老太太把 50 元给了夏洛，所以，老母亲餐厅目前的货币资金在原"现金流量表"余额的基础上增加了 50 元，即 =32.3+50=82.3 元。

注 2：假设夏洛同意投资该餐厅 100 元，但是到报告日，他尚未将钱交给老母亲餐厅，我们将其计入其他应收款。

注 3：与肉铺的合作协议已经签订，尚未付款，计入了其他应付款科目，同时增加了长期投资。

注 4：利润表上的本期利润为 44.3 元。

2.3.1 "端详"流动资产类项目

流动资产是指企业可以在一年内或者超过一年的一个营业周期内变现或者运用的资产,是企业资产中必不可少的组成部分。货币资金、应收账款、应收票据、预付账款、其他应收款及存货等都属于流动资产。具体到老母亲餐厅,从表2-3可知,目前流动资产为344.3元,其组成如下:

(1)货币资金,通俗地讲,就是现金,或者流通性与现金类似的现金等价物,如银行存款,在本例中,就是夏洛口袋中还有多少钱。

(2)应收账款,是指企业因销售产品、材料、提供劳务等业务而应向购货方、接收劳务方收取的款项。形成应收账款的直接原因是赊销。具体到本案例,就是老母亲本来应支付280元,却只支付了140元,剩下的一半没有支付,记账时就是应收账款。如果企业销售货物时全部是应收账款,那么企业迟早因为没有周转资金而不能开展业务。所以我们在看报表时,关注企业一定期间收入的时候,一定要同时关注应收账款增长的幅度。

(3)其他应收款,是指除了应收账款、预付账款等以外的其他各种应收、暂付款项,如应收的赔款、罚款,应向员工收取的各种垫付款项,以及已不符合预付账款性质而按规定转入的原来在预付科目的款项等。具体到本案例,夏洛同意不久后就将投资款投入,在他没有存款之前,计入了其他应收款。

> **注 意**
>
> 其他应收款项目在资产负债表中作为一个"杂货铺",如果数额很小,就可以忽略不看,但是如果在期初和期末变化很大,就需要关注。

很多上市公司的控股股东或者实际控制人、董事、监事、高级管理人员恶意掏空上市公司的资产时都通过这个科目的"其他应收款——员工公务借支"等形式来列账。正如老母亲餐厅本来没有其他应收款,怎么在本期突然增加了100元?我们需要去关注它变化的原因是否合理。

(4)预付账款,是指用来核算企业按照购货合同规定,预付给供货单位的货款。

(5)存货,是指企业在日常活动中持有、以备出售的产成品或商品,处在生产过程中的在产品，在生产过程或提供劳务过程中耗用的材料和物资等。具体到本案例，就是夏洛上期买了 170 元的米、面和蔬菜等，只用了 150 元，还有 20 元的留存，另外夏洛大妹从自家带来的一袋大米，也是餐厅的存货。

从上面的定义和分类可以看出，存货就是指企业有多少可以用于生产和经营用的商品、物资等。

> **注 意**
>
> 我们在阅读报表时，除了看存货绝对值（即数量）外，还需要关注存货质量。

比如夏洛说 20 元存货中有 5 元的豆腐，其实都已经臭了，根本不能用，那么这就需要对存货计提存货跌价准备。针对不同性质的企业，我们对存货的关注会不一样。假如是有色金属公司，在有色金属一直涨价的情况下，我们知道其存货是"货真价实"的；如果是经营海鲜的公司，那么我们就要谨慎考虑其超额存货可能意味着企业资产"有名无实"的风险了。

总之，流动资产作为企业资产的重要组成部分，各个项目都反映了企业目前的财务状态，也直接影响企业未来的经营，需要我们逐一认真对比和考量。

【例 2-4】 以老母亲餐厅为例，目前流动资产为 344.3 元，占整个资产的 53%，看上去好像不少，但其中货币资金比较少，只有 82.3 元，应收账款和其他应收款却有 240 元。如果夏洛组织吴老太太家的聚餐需要买菜、买米的话，货币资金（现金）明显周转不过来。

2.3.2 "端详"非流动资产类项目

非流动资产（也叫长期资产）是指一年以上或者超过一年的一个营业周期以上变现或耗用的资产。流动资产以外的资产就是非流动资产，主要包括长期股权投资、固定资产、在建工程和无形资产等。

我们仍然以老母亲餐厅的资产负债表，也就是表 2-3 来逐一解读非流动资产各项目。

（1）长期股权投资，是指通过投资取得被投资单位的股份。一个企业对其他单位的股权投资，通常是为长期持有，以期通过股权投资达到控制被投资单位，或对被投资单位施加重大影响，或与被投资单位建立密切关系的目的，以分散经营风险。

【例2-5】 具体到老母亲餐厅，夏洛的动机很明显：要想保证餐厅营业，肉类不能少，现在餐厅在肉铺有投资，刘老板就不能说谁着急要肉就卖给谁，他一定得给我预留我需要的肉，这样我的经营就有保证。当然，他还答应货款可以月结，每年年底给我们餐厅分红，这都是我投资的回报，也是我希望的——投资的最终目标是为了获得较多的经济利益。

> **注　意**
>
> 企业进行投资时可能基于很多目的。企业可能会投资同一产业中的其他公司，这样能扩大规模，增加市场占有份额和增强企业整体竞争力，通俗地讲，就是将来某一天，夏洛要投资开老母亲餐厅第一分店；企业也可以投资于本企业产业链的上下游的企业，以便产业链上生产过程的各个环节能更好地配合，就老母亲餐厅投资肉店而言，可以规避原材料短缺的风险，现实生活中，京东商城大力发展自己的物流，以至于物流仓储成为京东商城最重要的竞争力之一，就是纵向投资最好的例子。当然，经济活动本身不是单一动机的，企业还可能基于很多其他原因进行投资。

对于我们来说，怎么看长期股权投资这个项目呢？

其一，要看其占总资产的比例。

【例2-6】 如果一个餐厅投资一个肉铺，其长期股权占了整个餐厅资产的90%，我们就可以认为这个餐厅在"挂羊头卖狗肉"，因为餐厅老板应该直接说自己是肉铺老板。餐厅经营得好不好并不重要，肉铺是大头儿，肉铺经营得好才是重点。

> **注　意**
>
> 除非是专门做投资的投资公司，对一个有自己主业的生产型或者服务型企业来说，其长期股权投资占总资产的比例不应该太高，也就是要主次分明。红极一时的乐视，曾是智能电视领域第一个吃螃蟹的企业，后来发展到影视、体育、手机、音乐、商城、汽车等领域，业务扩张过快，未能形成企业核心竞争力的优势产业，这也是乐视最终走向溃败的重要原因之一。

其二，要看被投资企业的业绩如何。因为如果被投资企业经营状况不佳，或者出现破产时，投资企业作为股东，也需要承担相应的投资损失。

【例 2-7】 比如老母亲餐厅投资了肉铺，如果肉铺关门了，餐厅投进去的 100 元收回困难不说，因为这家店是村里唯一的肉铺，以后餐厅买肉也不方便，且没有保障了。

（2）固定资产，是指为了生产商品、提供劳务、出租或经营管理而持有，且使用寿命超过一个会计年度的有形资产。

【例 2-8】 具体到老母亲餐厅，固定资产就是老母亲给的房间、厨房用品等，这些东西是餐厅营业的必需品，而且不像米和面，用一次就需要再买——做完这顿饭，下顿饭还可以接着用，这就是固定资产的本质特点。

虽然厂房、机器设备等固定资产在短期内不需要更换，但是每件东西都有其使用寿命，所以用它就有成本：假设一个灶 15 元，用 3 年就要报废，那么折合到每一年的成本就是 5 元，这就是累计折旧。

累计折旧是"资产价值损耗的计量"，它把固定资产的价值按照一定标准分摊到固定资产预计可使用的年限内，以实现收入与费用的分配。卖出去一顿饭，可能米、面等需要花 50 元，那么用灶需要多少钱呢？我们假定一年能安排 100 次聚餐，那么一次聚餐分摊的灶钱就是 50÷100=0.5（元）。总之，折旧表示的是固定资产价值的减损，因为固定资产参与了生产经营活动，它的价值就转移到了产品中，就可以从销售收入中得到补偿。

所以，从表 2-3 中我们可以看到，资产负债表的固定资产项目下面总是跟着累计折旧，这就说明了资产的使用年限和已经转移到收入中的比例是多少，进而算出的固定资产净值才是目前企业的固定资产的"身价"。具体到老母亲餐厅：原来固定资产为 200 元，分配到第一次聚餐的成本是 10 元，故目前餐厅的固定资产净值是 190 元，这也符合我们常识的理解——物品用过后，变旧了，不值钱了，比原来便宜了。当然，会计上的计提累计折旧不会等同于我们理解的"市场价格变便宜"了，但意思是类似的。

> **注 意**
>
> 这里需要提醒读者的是，简单看固定资产净值也不能完全体现企业固定资产的价值。可能有的资产维护得比较好，尚可使用的年限要大于我们约定的年限，那么这个固定资产是"有实无名"的；也有可能个别资产虽然账面价值很高，却已经过时，是"有名无实"的。

（3）无形资产，是指企业拥有或者控制的没有实物形态的可辨认非货币性资产。无形资产有如下特征：

其一，它没有实物形态，比如著名跨国公司可口可乐总裁曾说，即便可口可乐公司所有工厂在一夜之间被大火焚毁，只要有可口可乐品牌在，就会重造一个可口可乐公司，立即重新恢复生产供应。这就是可口可乐公司的无形资产。

其二，能在较长的时期内为企业带来经济利益。比如大家都可以卖汉堡，但是你不能随便说你卖的是麦当劳的汉堡，那样说是侵权。如果你要以麦当劳的名义卖汉堡，你就需要付给麦当劳公司商标使用费，这就是商标权给麦当劳公司带来的经济效益。

其三，能给企业提供的未来经济利益具有较大的不确定性。这是因为无形资产的价值受到多种因素的影响，比如受三聚氰胺的影响，曾经在中国乳品业称雄的三鹿集团一夜之间失去了所有消费者的信赖，也因此导致了企业的破产。

无形资产分为可辨认无形资产和不可辨认无形资产，可辨认无形资产包括专利权、非专利技术、商标权、著作权、土地使用权和特许权等；不可辨认无形资产是指商誉。

现代企业的资产已经不能仅用账面资产来衡量，包括品牌在内的无形资产对企业占领市场份额、扩大规模等方面的影响已经不容忽视。作为消费者，各种产品的品牌效应也在不断左右着我们的选择。

> **注 意**
>
> 无形资产的特征给我们的启示是，阅读企业资产负债表时，我们也要关注无形资产项目，确认它是否已被其他新技术所替代，或者无形资产的市价在当期是否大幅下跌，或者像专利权等，是否已超过法律保护年限。这些可能很平常的细节，有时会影响整个企业的发展。

【例 2-9】 具体到老母亲餐厅,虽然目前从报表上看不到它无形资产的价值,但邻居吴老太太想要把聚餐交给夏洛来做,就是无形资产的"雏形"。有那么一天,老母亲餐厅净资产是 1 000 元,却有财主想要花 1 200 元买下老母亲餐厅时,我们就可以说老母亲餐厅也产生 200 元的无形资产了。

(4)其他资产,是指除流动资产、长期投资、固定资产、在建工程、无形资产等以外的资产,如长期待摊费用等。长期待摊费用是指企业已经支出,但摊销期限在一年以上(不含一年)的各项费用,包括固定资产大修理支出、租入固定资产改良支出等。如果一个企业的这个项目在本期内有大额变化,我们需要了解其是否合理。

2.4 "端详"负债类各项目

为了能直观地解释负债类项目的含义,我们先通俗地说说负债项目的意思。所谓负债,就是欠别人的钱,具体包括:短期借款和长期借款等,就是欠银行或者其他债主的钱;应付账款,就是欠供应商的钱;应付职工薪酬,就是欠员工的钱;应交税费,就是欠税务局的钱;应付股利,就是欠股东分红的钱;其他应付款,就是除上述这些外,其他各种杂项的欠款。

在本章第 2 节中,我们提到过,负债可分为流动负债和长期负债。下面我们将依据该分类,针对重要的负债类项目逐一进行解释。

2.4.1 "端详"流动负债类项目

流动负债是指企业在一年内或者超过一年的一个营业周期内需要偿还的债务总和。短期借款、应付账款、预收款项、应付职工薪酬、应交税费、应付利息、应付股利、其他应付款以及一年内到期的长期借款等都是流动负债。

(1)短期借款是指企业向银行或者其他金融机构等借入的期限在 1 年以下(含 1 年)的各种借款。它形成的原因主要是企业为了弥补自身资金不足,通过借贷取得资金,用于生产经营等。如老母亲餐厅为了经营,必须向夏洛和夏洛的弟弟借钱,以购买经营用的材料(米、面等),一般在一个经营周期内需要归还。

(2)应付账款是指企业因购买材料、商品和接受劳务供应等而应付给供应单位的款项。这种由于商业信任产生的流动负债一般利息非常低,甚至没有利息,所以很多企业在资金短缺时会争取采用延期付款、月结等方式来实现。但一个企业的应付账款必然是另一个企业的应收账款,所以应付账款不可能成为企业短期融资的主要渠道,也就是说,企业不可能期望太多的应付账款。而且,应付账款迟早要付,所以本身也有偿还风险。

(3)预收账款是指企业按照合同规定向购货单位预收的款项。如果一个企业不存在舞弊行为,则预收账款不需要被关注,事实上,在各期经营状态没有明显变化时,企业的预收账款也应该保持在一个比较稳定的范围内。但是,因为预收账款作为企业收入实现的"暂存性"项目,有的企业为了延后确认收入,可能把已经销售的货物而客户又不需要发票的收入长期挂在该项目下,达到延后纳税或者操作报表数据的目的。

【例2-10】 比如某企业经营的是机电产品。根据我们的了解,该类产品属于非紧俏商品,基本是买方市场,购货单位先付款后提货的可能性比较小,一直以来,该企业预收账款也非常少。如果在某期预收账款的余额明显增加,就需要了解是否是将销售货款挂在"预收账款",未及时转入"营业收入"。

当然,我们了解一个企业,会受到多种因素的限制,但只要用心,便能发现问题。

【例2-11】 比如2004年年初ST东锅对外的财务报表显示,该企业总股本为2亿元,上年年销售收入为20亿元,但打开其资产负债表,预收账款却非常扎眼——该公司上年的预收账款竟有36亿元以上。结合这个企业的产品——主要是供应电厂锅炉,这样的电厂产品,各"老大哥"电厂在电站还没有建好前,能预付多少货款呢?如此等等,只需要对预收账款科目有常识性认识的人,都可以推测该企业在报表上一定有问题。至少,预收账款挂账金额如此巨大就是值得怀疑的。

(4)应付职工薪酬是指企业根据有关规定应付给职工的各种薪酬,包括职工工资、奖金、津贴和补贴,职工福利费,医疗、养老、失业、工伤、生育等社会保险费,住房公积金,工会经费,职工教育经费,非货币性福利等因职工提供服务而产生的义务等。该项目包括职工在职期间和离职后提供给职工的全部货币性薪酬和非货币性福利。提供给职工配偶、子女或其他被赡养人的福利等,也属于职工薪酬范围

Chapter 2 亲密接触资产负债表

> **注 意**
>
> 从其定义和包含的范围来看,应付职工薪酬体现的是企业使用各种人力资源所付出的全部代价,以及产品成本中人工成本所占的比重。我们依据资产负债表列示的该项目余额和财务报表附注提供的本期数据,可以分析评估企业人力资源的劳动效率;还可以通过该项目不同年度的发生额,对企业生产经营趋势做评价,甚至可以洞察企业的某些异常动向。

【例2-12】 2008年时,浦发银行的年报披露,截至2007年年末,该公司应付职工薪酬余额为62.9亿元,较当年年初增加了22.6亿元。而浦发银行员工总数为14 000多人,这么一算的话,该公司人均工资结余高达45万元,如果每个员工都还有40多万元的工资没有发放,那么这个企业的问题就应该不小了。是没有钱可以发,还是有别的原因呢?这个项目的年末和年初数的变化,马上就能让我们对其财务报表产生关注。

(5)应交税费用来核算企业按照税法等规定计算应缴纳的各种税费,包括增值税、消费税、所得税、资源税、土地增值税、城市维护建设税、房产税、土地使用税、车船税、教育费附加和矿产资源补偿费等。企业代扣代缴的个人所得税等也通过该科目核算。企业不需要预计应交数,直接计算缴纳的税金,如印花税、耕地占用税等,不在本科目核算。

税费与企业的生产经营息息相关。我们依据资产负债表列示的该项目余额和财务报表附注提供的本期发生额,可以了解企业的很多信息:比如没有减免税优惠的情况下,如果一个企业的收入非常高,其缴纳的税费却非常低,我们就需要关注其是否逃避缴纳税款;而反过来,如果一个企业本期的收入同上期比较没有明显的增长,而本期税费却增加了很多,我们就需要了解企业是否因为上期违犯税法而补征税款,或者是行业税率有调整,这种变化对企业本期和以后的经营会产生什么样的影响等。如果一个企业长期有大量的应交税费挂账,也需要合理评估这一负债可能带来的偿债风险。

【例2-13】 财政部于2006年3月22日出台消费税调整方案,将原本属于护肤护发品征税范围的高档护肤类化妆品列入了化妆品税目。这意味着原本按税率8%征收消费税的高档护肤类化妆品,2006年4月1日起按照30%的化妆品税率征收消费税。这对欧莱雅、宝洁等国际化妆品巨头的税赋影响应该是非常大的，相应地，其应交税费也一定增加。

（6）应付利息用来核算企业按照借款合同约定应支付的各种利息，包括分期付息到期还本的长期借款、企业债券等应支付的利息。

由于应付利息直接与企业借款相关，所以我们可以通过该项目的报表数反向推算确认企业长期借款和企业债券是否列示。如果一个企业各类负债在两年间没有明显变化，但应付利息突然大幅增加，则要结合财务费用和企业实际借款情况，了解企业最近一年的融资情况，甚至进而分析企业经营性收款是否存在困难。

【例2-14】 一个企业几年来长期借款均为100万元，历年末应付利息余额在3万元左右，本期末应付利息却达到20万元。我们就有疑问，是什么原因导致企业应付利息突然增加？有可能是本年企业全年拖欠利息（一般银行都会要求企业按季度归还利息，所以资产负债表日显示的应付利息为第四季度尚未支付的利息）？但是仔细一算，也不对，一个季度3万元，全年在12万元左右。后来会计师事务所的审计报告中说明性的文字告诉我们，企业正新上一个项目，但从银行融资失败，故以高利息吸引员工投资，一次性筹资300万元，全部挂在"其他应付款"科目，年底预提了这部分借款的利息支出。由此，应付利息异常帮我们揭开了该企业非正常融资的面纱。

（7）应付股利是指企业根据股东大会或类似机构审议批准的利润分配方案确定分配给投资者的现金股利或利润，在确认分配方案、宣告分派现金股利或利润后，实际支付前，需要将预计分配的股利计入该科目。也就是说，企业在宣告给投资者分配股利或利润时，一方面将冲减企业的所有者权益，另一方面也形成"应付股利"这样一笔负债；随着企业向投资者实际支付利润，该项负债即行消失。

（8）其他应付款是指除应付账款、应付票据、预收账款、应付职工薪酬、应交税费、应付股利等经营活动以外的其他应付、暂收款项，如应付租入包装物租金，存入保证金，职工未按期领取的工资，应付的暂收所属单位、个人的款项等。

> **注 意**
>
> 从上面的解释中可以看出,其他应付款是财务会计中的一个往来科目,所以在通常情况下,该科目只核算企业应付其他单位或个人的一些零星款项。虽然不同年度内其绝对值变化额没有明显的规律,但一般不会太高,如果企业其他应付款突然增多,就需要关注其原因。

【例2-15】 曾有某金属物资公司将预提的上交管理费挂账达2年之久。经调查,这笔所谓的"上交管理费"已经没有了"婆家",显然是一笔不需支付的收入。然而该公司依旧不屈不挠地在新的一年再次计提了管理费,将10万元转入"其他应付款",这种只见"应付",不见"支付"的日积月累,会使该科目余额越来越大,实际是企业多提费用,转而将企业资金转入"小金库"的常用伎俩。

(9)一年内到期的长期借款是指反映企业长期负债中自报表报出日起一年内到期的长期负债。这种负债形式上是长期负债,但其本质是一种流动负债,所以需要在资产负债表流动负债中单独列示。

上面9个项目均属于流动负债。由于流动负债偿还日较近,且一般需要用企业的流动资金来偿还,所以我们需要确认企业不能有过高的流动负债。通俗地讲就是,老母亲餐厅需要马上就还的钱不能太多,如果太多了,餐厅一时还不上,债主又天天催债的话,会影响正常的经营。

2.4.2 "端详"非流动负债类项目

非流动负债(也叫长期负债)是指偿还期限在一年以上或者超过一年的一个营业周期以上的债务。长期借款、应付债券、长期应付款等都属于非流动负债。

(1)长期借款是指企业为了生产经营的需要,向银行或其他金融机构借入的期限在一年以上或一个营业周期以上的各种借款。

长期借款作为企业融资的重要渠道之一,我们需要关注其总量变化。比如老母亲餐厅,目前向高利贷借有长期借款,但金额不是很多。

(2)应付债券是指企业为了筹措长期资金而发行债券形成的一项非流动负债。

(3)长期应付款是指企业除长期借款和应付债券以外的其他各种长期应付款

项，包括应付融资租入固定资产的租赁费、以分期付款方式购入固定资产等发生的应付款项等。

非流动负债与流动负债相比，具有数额较大、偿还期限较长的特点。因此，举借长期负债往往附有一定的条件，如需要企业指定某项资产作为还款的担保品，要求企业指定担保人，设置偿债基金等，以保护债权人的经济利益。我们在关注企业非流动资产的总额的同时，也需要通过会计报表附注和企业公布的其他资料来了解这些对企业资金使用上有限制的条件。

非流动负债作为企业偿还期较长的负债，具有如下几个优点：

其一，可以保持企业原有的股权结构不变和股票价格稳定。

其二，不影响原有股东对企业的控制权。

其三，在资本利润率高于举借债务的利息率的情况下，可以增加股东的收益。

其四，非流动负债所支付的利息具有抵税功能。

> **注 意**
>
> 长期借款就是"借鸡生蛋"，鸡生的蛋归我，我把鸡连同借鸡的利息还给债主，我的鸡场规模扩大了，仍然只有我自己是老板，我自己说了算。当然，万一遇上鸡瘟，债主也不承担责任，我还得归还借来的鸡和说好了要付的利息。

2.5 "端详"所有者权益类各项目

所有者权益，是企业在对外说："我多么有实力（资产）。我也和各债主把债务算清楚了，剩下的，就是我真正拥有的了。"就好比老母亲餐厅营业一段时间了，老母亲把夏洛叫过来："你说说吧，我这个店，到底有多少家底是我自己的？"这就是所有者权益。

在本章第 2 节中我们提到过，所有者权益按形成来源不同，可以分为投入资本、资本公积和留存收益三类。下面我们将依据该分类，针对重要的所有者权益类项目逐一进行解释。

为了能直观地解释所有者权益类项目的含义，我们仍然以老母亲餐厅为例进行说明。

2.5.1 "端详"投入资本项目

投入资本是指企业根据国家有关规定和合同的协议实际收到投资人投入的资本总额。投资人可能用货币资产投资，也可能用实物资产和无形资产投资。如房屋、建筑物、机器设备及其他物料等为实物资产，如工业产权、非专利技术和土地使用权等为无形资产。

【例 2-16】 老母亲餐厅中老母亲投入了 300 元（其中有 200 元是固定资产），夏洛投入了 100 元，那么餐厅的投入资本（也就是股本）总计为 400 元。

> **注意**
>
> 现在社会是法制社会，企业也受法律规范，所以企业成立时，各个投资者计划投资多少，应该投资多少，除了投资者协议约定外，还需要符合公司法的要求。受投资者协议（或者公司章程）和国家法律的双重约束下，投资者应该投入的资金就是投入资本，在资产负债表上以股本表示。

【例 2-17】 现在假设夏洛又有新想法了：他觉得自家的 30 斤鸡蛋（可以折合为 2 元钱）放着会坏掉，想连同鸡蛋一起投资到餐厅来，合同说好了夏洛只需要投 100 元，现在他投了 102 元，是不是都计入投入资本呢？当然不是，夏洛的 100 元是投入资本，但他心甘情愿多投 2 元，因为在协议范围外，不能计入股本，而是计入"资本公积"，因为按最新颁布的《企业会计准则》的规定，如果企业收到的投资者出资额超过其在注册资本或股本中所占份额的部分，只能作为资本溢价或股本溢价，在"资本公积"科目核算。也就是说，夏洛投了 102 元，我们承认是 102 元，但是归你个人份额的是 100 元，多出来的 2 元，你既然自愿给了餐厅，老母亲就要和你共享。

2.5.2 "端详"资本公积项目

按最新颁布的《企业会计准则》,资本公积的核算只设置两个明细科目,分别是资本(或股本)溢价和其他资本公积。

所谓资本(或股本)溢价,是指投资者或者他人投入企业、所有权归属于投资者,并且投入金额超过法定资本部分的资金本。通俗地讲,就是第 2.5.1 中夏洛比协议要求的 100 元多投入企业的 2 元钱。

所谓其他资本公积,包含的内容要多一些,大体有如下几方面:

(1)自用房地产或存货转为"投资性房地产"日,公允价值大于原账面价值的差额。为了方便理解,我们举个例子来说明。

【例2-18】 假设,老母亲餐厅在集市临街建了栋房子,花了 180 元。餐厅经营了一段时间,这个房子所在的街道周边规划成了布艺市场,不让餐厅经营了,老母亲和夏洛只好重新把餐厅搬到村子里,把临街房子租给卖布的商人。这时候这栋房子升值了,已经值 220 元了,我们在将房子由固定资产转到"投资性房地产"时,要按 220 元转,明显地多出来的 40 元,就计入"资本公积——其他资本公积"项目,归所有的投资者受益。

(2)"可供出售金融资产"的公允价值变动差额,在"权益法"下,享有被投资企业除损益外的所有者权益变动的份额等也属于资本公积——其他资本公积。

总体来说,资本公积就是除法律正常确认的投资者投入的注册资本外,由投资人、其他相关人员在注入资本、经营中"白"给企业的,但纯粹的捐赠和带有捐赠性质的关联交易有意降低价格的部分,扣除税金后通过营业外收入转入本年利润,故不在这个项目中体现。

2.5.3 "端详"留存收益项目

1. 留存收益

留存收益是指归全体投资者共有的、企业在经营过程中所创造的,但由于企业经营发展的需要或由于国家法定和投资方协议要求的原因等,没有分配给所有者而留存在企业的盈利。它主要包括法定盈余公积、法定公益金、任意盈余公积和未分配利润等。

2. 法定盈余公积

法定盈余公积是指企业按照规定的比例从净利润中提取的盈余公积。它的提取比例一般为净利润的10%，当法定盈余公积累计金额达到企业注册资本的50%以上时，可以不再提取。

【例2-19】以老母亲餐厅为例。本来呢，企业是夏洛一家人辛苦办的，挣了钱，各个投资人愿意怎么分就怎么分，但是衙门说："你们也要想想将来，多少留一些存放在企业，作为企业发展壮大的启动资金，这样有利于社会的繁荣。"响应衙门的号召，老母亲餐厅在规划把净利润分给投资者前，先将44.3元（假设免除所得税）净利润的10%，也就是4.43元以餐厅的名义存起来作为以后经营用。

3. 法定公益金

公司制企业按照本年实现净利润的5%～10%提取法定公益金，其他企业按不高于法定盈余公积的提取比例提取公益金。企业提取的法定公益金用于企业职工的集体福利设施。

【例2-20】以老母亲餐厅为例。衙门说："你们光想着企业发展还不行，在分蛋糕前，也要想想辛苦的企业员工。他们虽然不是企业的主人，但也是社会的一分子。为了社会的稳定，你们就再提个法定的公益金，用于给企业员工盖个澡堂子什么的，让他们的日子也过得舒坦些。"

4. 任意盈余公积

企业在提取法定盈余公积和法定公益金后，经股东大会决议，可以提取任意盈余公积。任意盈余公积的提取比例由企业视情况而定。法定盈余公积和任意盈余公积的区别就在于其各自计提的依据不同。前者以国家的法律为依据提取，后者则由企业自行决定提取。

【例2-21】以老母亲餐厅为例。通俗地讲，就是老母亲和夏洛开窍了，坐下来一商议："现在我们的日子也能过，不如少分点，多放点钱在餐厅，免得餐厅东借西借的。"至于留4.43元还是留2.2元后再分，就要看各个股东商议的结果了。

> **注意**
>
> 实际业务中,企业应将本年净利润(或亏损)与年初未分配利润(或亏损)合并,计算出可供分配的利润。如果可供分配的利润为负数(即亏损),则不能进行后续分配;如果可供分配的利润为正数(即本年累计盈利),则进行后续分配。企业当年实现的净利润,应当按"计算可供分配利润→提取法定盈余公积金→提取任意盈余公积金→向股东(投资者)支付股利(分配利润)"的顺序进行分配。

5. 未分配利润

未分配利润是指企业在经过半年或者一年的努力后取得的净利润,再扣除上面我们说到的法定盈余公积、法定公益金、任意盈余公积等,最后属于投资者随时可以分配的,但因为种种原因而暂时没有分配的利润。

> **注意**
>
> 利润没有分给投资者,会有很多原因。可能是因为没有现金,比如老母亲餐厅还债的现金还不够,当然没有办法分钱;也可能是有营利性较好的项目要上,为了公司的长远发展而暂时不分利润。

Chapter 3 亲密接触利润表

对于全部是数字和专业术语的财务报表，我们可能对大部分项目一知半解，但对利润却能马上有直观印象：利润不就是企业挣了多少钱嘛。虽然不会看账，但是拿着利润表，企业挣没挣钱还是能明白的。这听起来似乎有道理，但是利润是怎么来的呢？而且，一会是营业利润，一会是利润总额，一会是净利润，不看还好，一看还真糊涂，来了这么多"七大姑、八大姨"的，到底谁是咱"亲姨"？到底哪个是我们真正要关注的呢？为解决这些问题，在本章中，我们将介绍利润表的结构和计算步骤，并通过沿用第1章中老母亲餐厅的实例，逐一说明利润表各项目的含义和包含的内容。

3.1 "端详"利润表各项目

利润表是反映企业在一定会计期间经营成果的报表。例如，表1-3老母亲餐厅聚餐经营后的利润表，说的就是：组织了一次聚餐后，餐厅经营成果如何，是挣钱了还是亏本了。

利润表中，企业通常按各项收入、费用以及构成利润的各个项目分类分项列示。也就是说，收入按其重要性进行列示，主要包括：营业收入（通常分为主营业务收入和其他业务收入）、投资收益、公允价值变动收益和营业外收入等；成本费用按其性质进行列示，主要包括营业成本（通常分为主营业务成本和其他业务成本）、营业税金及附加、销售费用、管理费用、财务费用、资产减值损失、营业外支出和所得税费用等。为了充分考量企业基本经营活动的成果，利润表通过营业利润、利润总额和净利润三个层次来分别列示企业的获利情况等。

3.1.1 "端详"收入类各项目

收入是指企业在日常经营活动中所形成的、会导致所有者权益增加的、与所有者投入资本无关的经济利益的总流入。通俗地讲，收入就是"卖东西"挣的钱：销售商品、劳务有收入，让渡资产使用权有收入，把钱借给别人使用有利息收入，把房子租出去有租金收入，投资股票有股利收入等。利润表依据收入来源的不同，将收入划分成了如下四大类：

1. 营业收入

营业收入是指企业通过销售商品、提供劳务或让渡资产使用权等日常经营活动形成的收入。它分为主营业务收入和其他业务收入。

（1）主营业务收入是指企业在销售商品、提供劳务及让渡资产使用权等日常活动中所产生的收入。顾名思义，主营业务收入就是企业生产经营中最主要的赖以生存的收入来源方式。

【例3-1】 对老母亲餐厅来说，销售做好的饭菜取得的收入是主营业务收入。隔壁老郝家后来也开餐厅了。一天，他家没有米了，临时从我家匀点米用，我的米成本价是6元钱一斤，我卖给他7元钱一斤。卖米的收入算不算主营业务收入呢？不算，因为我们不是以卖米为生，卖米的事情一年也不会发生几次，所以其不是主营业务收入。但是如果是米店，卖米就是其主营业务收入。

（2）其他业务收入是指企业除主营业务收入以外的其他销售或其他业务的收入，如材料销售、代购代销、包装物出租等收入。比如我们在前面说到的老母亲餐厅偶然卖米的情况，卖的其实是企业的原材料，取得的收入就归集在这个项目下。

2. 投资收益

投资收益是指企业对外投资所取得的收益或者发生的损失。

【例3-2】 比如老母亲餐厅投资了肉铺。到了年底，肉铺刘老板把之前承诺的12元钱给了餐厅，这个收入就是投资收益。

3.公允价值变动收益

公允价值变动收益是指一项资产在取得之后的计量，即后续采用公允价值计量模式时，期末资产账面价值与其公允价值之间的差额。公允价值高于账面价值的是收益，反之为损失。这个项目专门用来反映企业的投资性房地产、债务重组、非货币交换、金融工具等非经营性收益或损失。通俗地讲，老母亲餐厅如果炒股、倒卖房地产等，某一时点的股票或房产的市价与账上记载的账面净额的差额就是公允价值变动收益。

4.营业外收入

营业外收入是指企业发生的与生产经营无直接关系的各种收入，包括固定资产盘盈、处置固定资产净收益、罚款净收益等。比如我们在老母亲餐厅的例子中提到的，夏洛的大妹把一袋大米捐赠给了餐厅，这就是营业外收入。

> **注 意**
>
> 企业可能还有另外一些收入，比如企业代替政府或国际组织履行了一定的义务后，从政府或某些国际组织得到的补贴，这部分收入是补贴收入。按补贴的性质，它可能冲减企业发生的成本费用，也可能确认为其他业务收入。

3.1.2 "端详"成本、费用类各项目

成本和费用作为企业的支出，都是为获取收入服务的：成本是指企业为生产产品、提供劳务而发生的各种耗费，如主营业务成本等；费用是指企业为销售商品、提供劳务等日常活动所发生的经济利益的流出，如销售费用、管理费用、财务费用等。

1.营业成本

营业成本是指企业销售商品或者提供劳务发生的各类成本。营业成本应当与所销售商品或者所提供劳务而取得的收入配比而存在。与营业收入的分类一致，它分为主营业务成本和其他业务成本。

（1）主营业务成本是指企业因销售商品、提供劳务或让渡资产使用权等日常

活动而发生的实际成本。

【例3-3】 比如老母亲餐厅之前为了做好饭，买了170元的原材料，但是餐后一看，并没有全部用完，还余下20元的原材料，那么这顿饭耗费的材料成本就是150元，不是170元；我们还请了村子里的厨师二胖，支付了20元工钱，夏洛的妻子协助厨师工作并支付工钱15元，这些都是为做饭购买的劳务，也就是这顿饭耗费的人工成本为35元。还有，做饭对厨房的磨损费是10元，也要计入这顿饭耗费的成本（财务上叫制造费用）。所有这些成本都与做饭（生产出已销售的产成品）直接相关，故全部归集到了主营业务成本中。

> **注意**
>
> 主营业务成本直接与主营业务收入形成对应关系。做一盘土豆丝的成本是3角，做两盘自然就需要6角，至少也需要5角6分，因为固定资产的折旧费，或者说厨房的磨损费，并不与产品的产量形成完全的比例关系。

（2）其他业务支出是指除主营业务成本以外的其他销售或其他业务所发生的支出，包括销售材料、提供劳务等发生的相关成本、费用等。

【例3-4】 在老母亲餐厅的例子中，通俗地讲，隔壁老郝家从餐厅买了米，虽然只此一次，我也得知道卖的价格是否合理。我卖给他7元钱一斤，那我买米的时候是多少钱一斤呢？6元。这个6元就属于其他业务支出，不能算主营业务成本。

> **注意**
>
> 其他业务支出直接与其他业务收入形成对应关系。如果老郝家不从我这儿买米，我的米就会用来做自家的饭菜，那在使用后就归集到了主营业务成本中。因为老郝家买走了一斤米，导致收入计为其他业务收入，我才把它的进货花销计入了其他业务支出。

2. 销售费用

销售费用是指企业在销售商品过程中发生的费用。它包括运输费、装卸费、包装费、保险费、展览费、广告费，销售人员的工资福利、销售部门使用固定资产的折旧等。通俗地讲，只要是发生在销售环节的费用，就都归集到这个项目下。比如我们在表1-2中说到的"租了赵三家的碗筷"，碗筷是销售饭菜时使用的，我们将它计入销售费用。

> **注意**
>
> 销售费用中的大部分会随着企业收入的增加而增加，但并不呈线性正比例关系。比如销售一件产品只需要支付一笔运费，但如果是按月给销售人员发工资，则多销售一件产品就需要多支付销售人员工资。

【例3-5】卖空调时，卖一台就要运输一台，这个成本不会减少。当然，卖得多，单位销量的营业成本能少一些。还说卖空调吧，不管我最终卖出去一台空调还是五台，上个星期在商场门口的展销会上花的500元展览费已经支付了。卖一台，其展销成本是500元；如果卖五台，每台分摊的展销成本就只有100元。

3. 管理费用

管理费用是指企业为了组织和管理企业整个运作所发生的管理费用。它包括现在流行的董事会费用、行政部门的工资及奖金、办公费、企业注册费、咨询服务费、律师费和审计费等。

【例3-6】比如老母亲餐厅的管理人员夏洛。他忙着筹钱、规划饭菜口味、组织厨师来帮忙做饭等，只有他考虑周全了，餐厅才能运转起来，所以他的工资等开销就要计入管理费用。

> **注意**
>
> 在企业规模没有做调整的一定期间内，大部分管理费用比较稳定，与营业收入变化没有线性关联。我们这个月卖出去三顿饭，夏洛会要求发工资；如果只卖出去一顿饭，我们也得给他发工资。就是这个道理。

4. 财务费用

财务费用是指企业为了筹集生产经营所需资金而发生的费用。它包括利息支出（减利息收入）、汇兑损失（减汇兑收益）以及相关手续费等。这个很好理解，借款需要付利息，这就是财务费用。

> **注意**
>
> 财务费用的高低，直接与企业对外借款的多少相关。借钱越多，还的利息也越多，财务费用也就越高。

5. 资产减值损失

资产减值损失是指由于技术更新、产品换代等原因导致企业资产的账面价值高于其实际可收回金额，企业资产出现"贬值"而造成的损失。新会计准则规定资产减值范围主要包括固定资产、无形资产等。

6. 营业外支出

营业外支出是指企业发生的与生产经营无直接关系的各种支出。如固定资产盘亏了，企业被工商部门罚款了，捐赠支出等。

> **注 意**
>
> 营业外支出虽然与营业外收入作为"比对"关系列示在利润表的上下栏次，但它们之间很多时候没有必然的因果关系。

【例3-7】 比如老母亲餐厅中，夏洛的大妹捐赠的大米计入营业外收入，这个收入并没有可以直接一一对应的成本需要核算。还有很多只有营业外支出，并没有与之匹配的收入的情况，如税务局罚款，罚就罚了，没有收入作为补偿。

3.1.3 "端详"税金类项目

列宁说："所谓赋税，就是国家不付任何报酬而向居民取得东西。"这句话深刻地揭露了税收的本质。不管税收以什么名字出现，在哪个环节征收，其本质就是你要交给政府的钱。在利润表中，涉及税金的项目有如下两个。

1. 税金及附加

税金及附加用来核算企业日常应负担的税金及附加，包括消费税、城市建设维护税、资源税、教育费附加及房产税、土地使用税、车船税和印花税等相关税费。

> **注 意**
>
> 依据财会〔2016〕22号文件规定，全面试行"营业税改征增值税"后，原"营业税金及附加"科目名称调整为"税金及附加"科目，该科目也不再包含营业税。

2. 所得税费用

所得税费用用来核算与企业计入利润表的净所得相配比的税收成本。

【例 3-8】直观地说，就是夏洛把所有该剔除的成本、费用、税金都剔除掉了以后，算出来一个利润总额。衙门说："你挣了这么多钱啊？街道要修整，衙门的人也要吃饭，以后每次你算好净挣了多少钱，把其中的 10% 交给我来用。"这就是所得税费用。所以，利润表上明确写着：每次我挣了钱，减去所得税费用后，才能得出净利润。

3.1.4 "揭秘"各种利润项目

利润是指企业一定时期内的经营成果。通俗地说，就是你挣了多少钱。利润表上涉及如下几个与利润相关的概念。

1. 营业利润

营业利润是指企业所有与生产经营及投资活动相关（包括销售商品和提供劳务等活动）所实现的利润。它包括企业最基本经营活动的全部成果及投资收益。也就是说，只要是我付出了的，不管主业、副业还是"投机倒把"，统统一锅端，看看我到底挣没挣钱。

为了管理需要，企业通常在内部分别核算主营业务利润、其他业务利润和投资收益。

> **注 意**
>
> 随着现代企业多元化发展的趋势，主营业务收入和其他业务收入在财务报告中加以区分的意义不再明显，甚至对很多大型集团来说，不能单纯地从各类收入在总收入的占比来确定哪类收入是企业的主营业务收入，最新的企业会计准则顺应了这一历史发展方向。因此，财务人员既可以在建账时区分主营业务和非主营业务，也可以不分，这可以依据公司管理需求而定。

（1）主营业务利润也称为基本业务利润或产品销售利润，是指企业主营业务收入扣除主营业务成本、主营业务税金及附加后的利润，不包括其他业务利润、投资收益和营业外收支等因素。

【例3-9】 老母亲餐厅卖掉一顿饭的收入为280元,那么做这顿饭的直接成本是多少呢?米面等材料为150元,直接参与做饭的人工费为35元,资产磨损费为10元,这部分就是主营业务成本,还有税金4元,剩下的利润=280-(150+35+10)-4=81(元),这就是主营业务利润。

> **注意**
>
> 主营业务利润是企业全部利润中最为重要的部分,是影响企业整体经营成果的主要因素。企业要良性发展,必须要有主要业务利润作为支柱。

(2)其他业务利润是指企业经营主营业务以外的其他业务活动实现的利润,即其他业务收入减去其他业务成本、费用及其他业务负担的税费后的差额。

【例3-10】 比如前面提到的,我们要看看把一斤大米卖给老郝家是不是合适,就用其他业务利润来评估。6元的进价,7元卖出去,一斤还挣1元钱呢。这1元钱就是其他业务利润。

2. 利润总额

营业利润减营业外收支进行调整后,即得到利润总额。它与营业利润比较,考虑了与企业经营及投资无关的收益(或损失)。

3. 净利润

净利润是指利润总额减除需要缴纳的所得税后的余额。这才是企业最终实实在在拥有的"挣来"的钱。

3.1.5 利润表项目属性分类表

在前文中我们讲解了营业收入、营业成本及营业税金及附加等。为了能清楚地认识利润表各个项目要表达的"身份",我们列了表3-1,给所有项目验明正身。

表3-1 利润表项目属性表

利润表项目	用于归集企业哪类经营活动的收入或支出
一、营业收入	归集各类经营活动形成的收入
减:营业成本	归集各类经营活动的成本费用
税金及附加	归集企业日常经营活动应负担的税金及附加
销售费用	整个企业经营活动中销售行为相关费用

（续）

利润表项目	用于归集企业哪类经营活动的收入或支出
管理费用	整个企业经营活动中管理行为相关费用
财务费用（收益以"-"号填列）	筹资活动发生的费用（即为债权人所得）
资产减值损失	企业资产的减值
加：公允价值变动收益（损失以"—"号填列）	企业投资性房地产、债务重组、非货币交换、等非经营性收益或损失
加：投资收益（损失以"—"号填列	投资活动的收益（或亏损）
二、营业利润（亏损以"-"号填列）	核算全部经营活动利润（已扣债权人利息）
加：营业外收入	其他非经营活动收益
减：营业外支出	其他非经营活动损失
三、利润总额（亏损总额以"-"填列）	全部活动净利润（未扣除政府所得）
减：所得税费用	全部活动费用（政府所得）
四、净利润（净亏损以"—"填列）	全部活动净利润（投资者所得）

3.2 利润表计算利润的步骤

虽然利润表要表达的内容很直观，但从前面章节中我们介绍的各种利润就能看出来，企业经营涉及的收入、成本、费用等很繁杂。为了全方位地考量企业的业绩，利润表赋予了利润各种"身份"。但是，即便行业不同，规模不同，利润表计算的步骤却都一样。各种身份的"利润"只要在那里，我们就能知道企业的总体经营效果如何，其税负水平如何，如此等等。

【例3-11】 下面，我们依据表3-1（同表1-3）来介绍利润表计算利润的步骤。如表3-2所示。

如我们在表3-2中看到的，企业计算利润的步骤如下：

（1）从营业收入出发，减去为取得各类营业收入而发生的营业成本、税金及附加，在此基础上，减销售费用、管理费用、财务费用后得出营业利润。按国资委最新发布的利润表格式，企业计算营业利润，除了减销售费用、管理费用和财务费用三类费用外，还应减掉资产减值损失，加公允价值变动收益和投资收益，才是营业利润。

表 3-2　老母亲餐厅"聚餐经营"后的利润表

编制单位：老母亲餐厅　　　　　　**01 年 12 月 31 日　　　　　　（单位：元）

行次	项　目	本期金额	数据来源说明
第 1 行	一、营业收入	280	消费者老母亲同意付款金额
第 2 行	减：营业成本	195	表 1.2 中第 1、2、3、4 行
第 3 行	税金及附加	4	表 1.2 中第 5 行
第 4 行	销售费用	12	表 1.2 中第 6 行
第 5 行	管理费用	25	表 1.2 中第 7 行
第 6 行	财务费用（收益以"-"号填列）	1.7	表 1.2 中第 8 行
第 7 行	资产减值损失		
第 8 行	加：公允价值变动收益（损失以"—"号填列）		
第 9 行	加：投资收益（损失以"—"号填列）		
第 10 行	二、营业利润（亏损以"-"号填列）	42.3	
第 11 行	加：营业外收入	2	表 1.2 中第 9 行
第 12 行	减：营业外支出		
第 13 行	三、利润总额（亏损总额以"-"填列）	44.3	
第 14 行	减：所得税费用		
第 15 行	四、净利润（净亏损以"—"填列）	44.3	

（2）在营业利润的基础上加（减）营业外收支净额后得出利润总额（或亏损总额）。

（3）在利润总额（或亏损总额）的基础上，减去本期计入损益的所得税费用后得出净利润（或净亏损）。

综上所述，企业利润的形成可分为三个层次：首先是营业利润，其次是利润总额，最后是净利润。

Chapter 4
亲密接触现金流量表

如我们在第 1 章中介绍的那样，现金流量表是反映企业一定会计期间内经营活动、投资活动及筹资活动中现金及现金等价物变化的会计报表。编制现金流量表的目的主要是为了确认企业在短期内有没有足够现金开展生产经营活动和偿还即将到期的债务。

为什么要关注企业的现金流量呢？因为只有拥有足够多的现金，才能买到企业生产用的材料和人力；只有拥有现金，企业才能进行投资项目，以钱生钱。

曾经红遍全国的巨人集团，2 年内销售额近 4 亿元，却在不到 4 年的时间就如同泡沫般破裂了。导致巨人集团陷入绝境的一个重要原因，就是其投资房地产，用超出自己能力十几倍的资金投资建造巨人大厦，其间频繁出现现金流的短缺，由此最终引发了巨人集团的陨落。听别人的故事，思考自己的前途，我们关注一个企业，就不得不关注企业的现金流状况。

4.1 "端详"现金流量表

现金流量表是指以收付实现制为编制基础，反映企业在一定时期内现金收入和现金支出情况的报表。所谓收付实现制，就是不管你卖产品时报价多少，合同签多少，发票开多少，收到现金才算是本期真的收入，成本费用也一样。尽管未来可能需要付很多工程款，但只要本期还没有付，就暂且"掩耳盗铃"，至少本期先不计入现金流量表。

【例 4-1】 比如前面老母亲餐厅卖出去的第一顿聚餐，虽然消费者同意给 280 元，我们在利润表中算收入时也确认了 280 元，但编制现金流量表时，我们以实际收到的现金 140 元入账。剩下的一半，什么时候收到，什么时候再在收到当期的现金流量表中确认收入。

在企业的经营过程中，我们可能有很多种"收钱"的方式，卖掉产品可以收钱，卖掉资产也能收钱，实在不行，向别人借钱也是"收钱"；"付钱"也一样，买东西可能付现金（关于赊账，现金流量表不考虑），对外投资、分配股东股利都可能付现金。为有效地评价不同的"收钱"和"付钱"行为对企业经营的影响，现金流量表把企业的现金流量分成了三类，分别如下：

（1）经营活动产生的现金流量。

（2）投资活动产生的现金流量。

（3）筹资活动产生的现金流量。

在下面的小节中，我们将逐一详细认识各类现金流量。

4.1.1 "端详"经营活动产生的现金流量

经营活动产生的现金流量是指生产经营活动中所发生的现金收入与支出之差。通俗地讲，它就是将销售商品、提供劳务收到的现金与购进商品、接受劳务付出的现金进行比较。通过这种比较可以大致知道企业产品现销和材料人工费等现购形成的企业现金结余（或者现金短缺）有多少，从而知道企业是否保有持续经营所需的现金。依据表 1-4 老母亲餐厅的现金流量表我们可以直观地看出以下项目：

（1）经营活动现金流入。该项目用来归集销售商品、提供劳务收到的现金，收到的税费返还，收到其他与经营活动有关的现金等。

（2）经营活动现金流出。该项目用来归集购买商品、接受劳务支付的现金，支付给职工以及为职工支付的现金，支付的各项税费，支付其他与经营活动有关的现金等。

通过表 1-4 的计算可知，老母亲餐厅经营活动产生的现金流量为 –106 元，如果餐厅不能从投资和筹资中取得现金，恐怕就没有现金进行以后的经营了。

事实上，对于一个经营良好的公司，在正常的情况下，经营活动现金净流量应该为正值。道理非常简单，如果经营现金净流量为负值，下期就没有钱买米、面等原材料，也没有钱支付厨师工资，餐厅就没有办法开展下一步的经营了。企业经营资金周转欠缺，可能有市场萎缩、产品积压、赊账过多等不利于企业生存和发展的原因。

> **注意**
> 也有可能在经营现金净流量为负值的情况下，企业总的现金净流量仍为正值。这就说明企业是通过投资收益、出售资产、大量举债、吸收股东投资等方式来维持周转的。

【例4-2】世界知名企业安然公司的破产曾引起全球范围的轩然大波。因为破产前，安然公司的财务报告显示盈利连年增长，它怎么会在一夜之间破产呢？而实际上，安然公司经营现金净流量为负数已经持续了相当长的时间，该公司完全是依靠出售资产、对外投资及作假来实现巨额"盈利"的。强撑硬顶只能坚持一时，破产是必然的。

4.1.2 "端详"投资活动产生的现金流量

投资活动产生的现金流量是指投资活动中现金流入和现金流出的差额。

现金流量表中的"投资活动"比我们通常理解的"对外投资"范围要广。我们通常认为的投资就是短期和长期对外投资，而现金流量表的投资活动包括：非现金等价物的短期投资、长期投资的购买与处置、固定资产的购建和处置、无形资产的购置与处置等。也就是说，与企业资产相关业务活动的现金流量的变化都在该项目下反映。它包括的内容如下：

（1）收回投资收到的现金。该项目仅指收回的以前投出去的本金，而且是以现金方式收回的。

【例4-3】还以老母亲餐厅为例。假如若干年后某天，肉铺老板想转行开包子铺了，他对夏洛说："你不是投了120元在我这儿吗？我不开肉铺了，也不想还给你120元现金,我给你相当于140元的排骨吧。"要这样做,老母亲餐厅此时"收回投资收到的现金"就是零。因为餐厅收到的是存货(或者说原材料)。夏洛不同意,说:"你给我126元现金吧。"肉铺老板权衡了一下,同意了。这样的话,老母亲餐厅"收回投资收到的现金"就是120元。这个项目只体现本金,至于比本金多出来的6元钱,在接下去的项目中会有它"专属"的位置,反正比本金多出来的6元不能放在这儿。

(2)取得投资收益收到的现金。该项目包括现金股利和利息等,而且不管股利和利息是归哪一年的。

【例4-4】 沿用前面的例子。肉铺老板最后给了夏洛126元现金,120元归"收回投资收到的现金",而多出来的6元钱自然就是"取得投资收益收到的现金"了。可后来,夏洛发现肉铺刘老板之前答应的,每年给餐厅12元的分红(详见第2章2.3节),已经三年没有给了,现在想一并向他要回来。刘老板一算,还真是,他说:"你不要排骨,我给你相当于30元钱的大砍刀和砧板,再给你10元钱现金,你看行吗?"夏洛也不好为难刘老板,就接受了,这样"取得投资收益收到的现金"就再增加了10元,用来抵钱的大砍刀和砧板虽然也是投资收益,但不是现金,自然就不属于这个项目。

(3)处置固定资产、无形资产和其他长期资产收到的现金净额。该项目用来归集处置固定资产、无形资产引起的企业现金流量的变化。

> **注意**
>
> 在研读现金流量表时,不能看到"投资活动产生的现金净流量"为正数就简单地判断企业的投资眼光不错,一定要分析投资活动现金流量增加的具体项目是什么。如果一个企业本期突然有大量的"处置固定资产、无形资产和其他长期资产收到的现金净额",就要进一步看看,是否是以前的多元化经营投资失败,被迫折价卖掉资产,或者是古话说的赔老本、败祖业。

【例4-5】 比如夏洛把老母亲餐厅的一个多年不用的小水缸卖了。小水缸账面价值是7元,卖了5元钱,可是雇人帮买家送过去还花了4毛钱,那么在这个项目下,夏洛应该记录自己收了多少现金呢?4.6元。现金流量表只看本期收钱付钱,不考虑成本,夏洛卖出水缸得5元,后来还因为卖水缸花了4毛,所以"处置固定资产的现金净额"就是 4.6 元。

（4）处置子公司及其他营业单位收到的现金净额。这是指买卖子公司的净现金流量，其数值归集方式与第（3）个项目类似。

（5）收到其他与投资活动有关的现金。该项目包括的内容是企业在购买股票和债券时支付的已经宣告发放但尚未领取的现金股利或者已经到期但尚未领取的债券利息收回时收到的现金。一般企业发生这种业务的情况很少，所以不多介绍。

（6）构建固定资产、无形资产和其他长期资产支付的现金。该项目用来归集购买固定资产、无形资产、在建工程、工程物资时支付的现金。如果我们用自己的材料换取固定资产，或者购入固定资产，但尚未付款，则无现金流出。

（7）投资支付的现金。该项目用于归集对外投资支付的现金。

（8）取得子公司及其他营业单位支付的现金净额。该项目与第（3）项正好相反，反映的是购买或投资子公司的现金支出。

（9）支付其他与投资活动有关的现金。该项目反映的是企业在进行投资时支付的，已经宣告发放但尚未支付的现金股利和已经到期但尚未领取的利息。

上面 9 项就是投资活动产生的现金流量的全部内容。

我们在阅读投资活动产生的现金流量时，如果发现一个企业对外投资产生的现金净流入量大幅增加，则既可能说明该企业正大量地收回对外投资额，也有可能因为该企业内部的经营活动需要大量资金，而其内部现有的资金不能满足其经营活动的资金需要，无奈之下只好收回原本计划"以钱生钱"的对外投资。这就提醒我们反过来去关注企业目前的经营活动产生的现金流量是否正常。

相反地，如果一个企业当期对外投资活动的现金净流出量大量增加，则说明该企业的经营活动没有充分吸纳自有资金，从而游离出大笔资金，通过对外投资为其寻求获利机会。如通过阅读某些上市公司的财务报告我们能发现，其从资金市场圈得的大量资金，并未用于本企业的实业发展，而是反过来在股票市场寻找获利机会，长期如此的话，这样的上市公司不值得被投资。因为一个良性发展的企业，从长远来看，需要拥有自身优势的经营性产品和市场占有率，才能发展和壮大。

> **注 意**
>
> 在分析投资活动产生的现金流量时，还应该联系到筹资活动产生的现金流量来综合考查。在经营活动产生的现金流量不变时，如果投资活动的现金净流出量主要依靠筹资活动产生的现金净流入量来解决，这就说明企业的规模扩大主要是通过从外部筹资来完成的，意味着该企业正处在扩张阶段。

4.1.3 "端详"筹资活动产生的现金流量

筹资活动产生的现金流量是指在企业筹资活动过程中发生的现金流入和现金流出的差额。众所周知，资金是企业的"血液"，是企业生产经营的起点，没有一定数额的资金，企业一切生产经营活动就无从谈起。筹资活动包括增加企业资本和债务规模两种方式。筹资活动现金流量包括如下项目：

（1）吸收投资所收到的现金。该项目用来反映企业收到的投资者投入的现金，包括以发行股票、债券等方式筹集的资金，实际收到的款项等。发行股票筹资是投资人投入的资金，属于所有者权益，代表了企业外延式扩大再生产；而发行债券是债权人投入的现金，属于企业负债，在一定程度上代表了企业商业信用的高低。

【例4-6】 比如老母亲餐厅经过第一次聚餐后的2月1日，夏洛投入100元资金入股餐厅。对餐厅来说，在此期间编制现金流量表时，吸收投资所收到的现金就增加100元。

（2）借款所收到的现金。该项目用来反映企业举借各种短期、长期借款所收到的现金。借款是企业最常见的筹资方式之一，从前面关于资产负债表的分析我们已经知道，短期借款主要用于满足企业的日常生产经营的需要，而长期借款或者项目借款主要用于满足企业扩大再生产的需要。

> **注 意**
>
> 确认企业"借款所收到的现金"能同时衡量企业从金融渠道取得资金的合理性、稳定性和风险程度。

（3）收到的其他与筹资活动有关的现金。该项目用来反映企业除上述第（1）

（2）项目外，收到的其他与筹资活动有关的现金流入，如接受现金捐赠等。一般该项目数额较少。如果某期数额突然增大，就属异常情况，需要我们做进一步分析和关注。

（4）偿还债务所支付的现金。该项目用来反映企业以现金偿还债务的本金，包括偿还金融企业的借款本金、偿还债券本金等。企业偿还的借款利息、债券利息，在"分配股利、利润或偿付利息所支付的现金"项目反映，不包括在本项目内。

【例4-7】 比如老母亲餐厅在第一期经营时，归还了欠夏洛和夏洛的弟弟的短期借款共90元，也归还了0.9元利息。在编制现金流量表时，偿还债务所支付的现金项目只填列90元本金。

（5）分配股利、利润或偿付利息所支付的现金。该项目用来反映企业实际支付的现金股利，支付给其他投资单位的利润以及支付的借款利息、债券利息等。比如老母亲餐厅在第一期经营时，归还了欠夏洛和夏洛的弟弟的短期借款利息0.9元就归属在该项目。

能否用净利润支付"分配股利、利润或偿付利息所支付的现金"，代表了企业现时的支付能力。如果一个企业净利润尚不能支付"分配股利、利润或偿付利息所支付的现金"，企业经营的效益就比较差。通俗地讲，企业资金来源于股东和债权人，债权人最基本的要求是按期归还利息，股东也要求分配适量股利，不管是债权人还是股东，他们付出的资本是有成本的，或者说需要收益的——这就好比说："我拿这个钱放银行，也有利息的；我拿这个钱投到与目前这个企业类似规模、类似风险的其他企业，我也要求分得这么多的利息或股息。"

注意

> 如果一个企业经营期内满足不了投资人和债权人的基本要求，企业就很难继续发展——一个利息都还不起的企业，怎么可能有社会资金流入呢？——因为别的高利贷商会想：我们怎么敢借钱给这个企业？它连老的利息都还不上呢，甭说什么时候还本金了。

（6）支付的其他与筹资活动有关的现金。该项目反映了企业除了上述第（4）（5）项外，支付的其他与筹资活动有关的现金流出，如捐赠现金支出、融资租入固定资产支付的租赁费等。一般该项目数额较小。如果某期出现异常，如企业因归还投资款或缩小经营规模减少注册资本而支付巨额现金时，则需要我们特别关注其变化原因和衡量由此对企业未来经营的影响。

> **注意**
> 总之，通过筹资活动中的现金流量各项目的分析，可以帮助债权人了解企业目前现金流量的状态，帮助投资者预计企业未来现金流量的要求，也能大致地衡量企业获得目前的现金净流量而付出的成本和代价。

4.1.4 将企业现金流量划分为经营活动、投资活动和筹资活动的意义

前面三小节，我们分别介绍了企业经营活动、投资活动和筹资活动中产生的现金流量包含的内容，那么为什么要做这样的区分，并且每一种活动产生的现金流量又分别揭示流入、流出总额呢？从表1-4中不难看出，通过区分不同现金流量的性质，能使企业的财务信息更具明晰性和实用性。

（1）经营活动产生的现金流量，包括购销商品、提供和接受劳务、经营性租赁、缴纳税款、支付劳动报酬、支付经营费用等活动形成的现金流入和流出。在权责发生制下，这些流入或流出的现金，其对应收入和费用的归属期不一定是本会计年度，但是一定是在本会计年度收到或付出的。例如收回以前年度销货款、预收以后年度销货款等。企业的盈利能力是其营销能力、收现能力、成本控制能力、规避风险能力等相结合的综合体。由于商业信用的大量存在，营业收入与现金流入可能存在较大差异，能否真正实现收益，还取决于企业的收现能力。

> **注意**
> 通过单独了解经营活动产生的现金流量，有助于分析企业的收现能力，从而全面评价其经济活动的成效。

（2）筹资活动产生的现金流量，包括吸收投资、发行股票、分配利润、发行债券、向银行贷款、偿还债务等收到和付出的现金。其中，"偿还利息所支付的现金"项目反映企业用现金支付的全部借款利息、债券利息，而不管借款的用途如何，利息的开支渠道如何，不仅包括计入损益的利息支出，而且还包括计入在

建工程的利息支出等。

> **注意**
>
> 通过分析可知，现金流量表的"偿还利息所支付的现金"项目比损益表中的财务费用更能全面地反映企业偿付利息的负担能力。

（3）投资活动产生的现金流量，主要包括购建和处置固定资产、无形资产等长期资产，以及取得和收回不包括在现金等价物范围内的各种股权与债权投资等收到和付出的现金。其中，分得股利或利润、取得债券利息收入而流入的现金，是以实际收到为准，而不是以权益归属或取得收款权为准。这与利润表中确认投资收益的标准不同，这也是收付实现制与权责发生制的区别所在。

【例4-8】某上市公司投资的子公司本年度实现净利润100万元。该上市公司拥有其80%的股权，按权益法应确认本年度的投资收益80万元。但子公司实现的利润不一定立即分配，而且不可能全部分完，还需要按规定提取盈余公积等。如果该子公司当年净利润暂不分配，就没有相应的现金流入该上市公司。该上市公司当然也就不能在当年的现金流量表中将此项投资收益作为投资活动现金流入反映。

企业投资活动中发生的各项现金流出，往往反映了其为拓展经营所做的努力，报表使用人可以从中大致了解企业的投资方向。一个企业从经营活动、筹资活动中获得现金是为企业今后的发展创造条件。现金不流出，是不能为公司带来经济效益的。

> **注意**
>
> 投资活动一般较少发生一次性大量的现金流入，而发生大量现金流出。导致投资活动现金流量净额出现负数往往是正常的，这是为企业的长远发展，为以后能有较高的盈利水平和稳定的现金流入打基础的。当然，错误的投资决策也会导致事与愿违。

总之，这种划分有利于报表使用人有区别地分析企业的现金来源和现金支出。

4.2 现金流量表功能分析

很多年以来，我国财务报告体系中并没有包含现金流量表。随着国际化进程的加快，我国经济越来越多地与世界接轨，顺应国际经济一体化需要公开、透明、高质量的会计信息支撑的需求，财政部 2006 年 2 月发布的会计准则才正式定义现金流量表，它是指反映企业在一定会计期间现金和现金等价物流入和流出的报表，明确规定了合并现金流量表的编制和列报的适用依据，并对外币现金流量表的编制做了详细规定，从而奠定了现金流量表在企业财务报告体系中的重要地位。

事实上，随着金融市场的大发展，投资者在对企业进行评价时，对现金流量表的依赖一点都不比资产负债表和利润表低。

4.2.1 现金流量表与其他报表的比较分析

依据一直以来的财务报告模式，资产负债表反映了企业的财务状况，利润表说明了企业经营状态，我们对企业财务状态报告得实在不少了，那么编制现金流量表的目的是什么呢？事实上，现金流量表作为企业财务报告的重要组成部分，是反映企业"血液循环"——现金及其现金等价物的增减及变化状况的动态报表，能从"现金流量"这个关键循环系统表达出资产负债表和利润表所不能表达的企业信息。

1. 现金流量表与资产负债表的比较分析

资产负债表是反映企业期末资产和负债状况的报表，而通过现金流量表的有关数据与资产负债表相关数据的比较，可以更为客观地评价企业的偿债能力、盈利能力和支付能力。

比如，虽然资产负债表的流动资产是能在一年内或一个营业周期内变现的资产，但其实许多流动性不强的项目，如果滞的存货、有可能收不回的应收账款、待处理流动资产损失和预付账款等，它们虽然具有流动资产的性质，但转变为现金的可能性却很小，所以不再具有偿付债务的能力。而运用现金流量表中的经营活动现金净流量与资产负债表相关指标进行对比，作为企业资产流动性分析的补充，就能更真实地了解企业的偿债能力。

【例 4-9】 针对老母亲餐厅，我们看看聚餐后的流动资产（见表 2-3）。餐厅目前的流动资产为 344.3 元，与 210 元的总负债比，餐厅似乎随时可以归还所有借款。而事实上呢？再看看现金流量表（表 1-4），餐厅在期末仅有 32.3 元，而且经营活动产生的净现金流量是负数，所以此时从资产负债表得出的资产的流动性是不真实的，也是不可靠的。

2. 现金流量表与利润表的比较分析

利润表是反映企业一定期间经营成果的重要报表，它揭示了企业利润的计算过程和利润的形成过程。利润被看成是评价企业经营业绩及盈利能力的重要指标，却也存在一定的缺陷。

众所周知，利润是收入减去成本费用的差额，而收入、成本费用的确认与计量是以权责发生制为基础的，是广泛地运用收入实现原则、费用配比原则、划分资本性支出和收益性支出原则等来进行的，其中包括了太多的会计估计。尽管会计人员在进行估计时要遵循一定的会计准则，并有一定的客观依据，但不可避免地要运用主观判断。而且，由于收入与费用是按其归属来确认的，不管是否实际收到或付出了现金，以此计算的利润常常使企业的盈利水平与其真实的财务状况不符。

> **注 意**
> 有的企业账面利润很多，看似业绩可观，而现金却入不敷出，举步维艰；而有的企业虽然巨额亏损，却现金充足，周转自如。所以，仅以利润来评价企业的经营业绩和获利能力有失偏颇。

基于以上原因，为了真实地了解企业财务状态，就需要将现金流量表所提供的现金流量信息，特别是经营活动现金净流量的信息与利润表的利润结合起来分析。

> **注 意**
> 其实，利润和现金净流量是从两个不同的角度反映企业业绩的指标，利润表利润可称为"应该有"的利润，现金净流量则是"实际收到的"收付实现制利润。两者的关系，通过现金流量表的补充资料联系在一起。

比如，我们可以对经营活动现金净流量与净利润进行比较，这样能在一定程度上反映企业利润的质量。也就是说，企业每实现1元的账面利润中，实际有多少是收到现金的，比率越高，利润质量越高。但这一指标只有在企业经营正常——既能创造利润又能产生现金净流量时才可比，分析这一比率也才有意义。为了与经营活动现金净流量计算口径一致，净利润指标应剔除投资收益和筹资费用。

又如，我们可以对销售商品、提供劳务收到的现金与营业收入进行比较，通过这一比较，可以大致了解企业销售回收现金的情况及企业销售的质量。收现数所占比重越大，说明销售收入实现后所增加的资产转换现金速度越快、质量越高。

4.2.2　现金流量表的作用

通过前面小节的分析可知，现金流量表的作用主要体现在以下几方面。

1. 能弥补资产负债表信息量的不足

资产负债表是利用资产、负债、所有者权益三个会计要素的期末余额编制的；利润表是利用收入、成本费用、利润三个会计要素的本期累计发生额编制的（收入、费用期末无余额，利润结转下期）。但资产类项目的本期发生额与本期净增加额得不到合理的运用，不能不说是一个缺憾。而依据现金流量表附表资料，我们可以把资产负债表的平衡公式变成：本期现金 = 负债 + 所有者权益 − 非现金资产。也就是说，现金的增减变动来源于公式右边因素的影响：负债、所有者权益的增加（减少）导致现金的增加（减少），而非现金资产的减少（增加），导致现金的增加（减少）——这一点非常好理解，我们举例来进一步说明。

【例 4-10】 以老母亲餐厅为例，我们在第一期经营过程中计提了固定资产折旧 10 元，这使非现金资产减少了。它对现金流量表的影响是什么呢？当然是揉在饭菜价格里卖掉了。只要经营活动收回现金，折旧就会引起现金增加。

2. 便于从现金流量的角度对企业进行考核

对一个经营者来说，如果没有现金，由此引发的缺乏购买与支付能力是致命的，所以企业的经营者由于企业管理的要求急需掌握现金流量信息。另外，在商业信誉体制没有很好建立的情况下，与企业有密切关系的供应商、个人投资者、银行、税务部门等，不仅需要了解企业的资产、负债、所有者权益的结构情况和企业经营结果，更需要了解企业的现时支付能力，现金流量表正好提供了相应的信息。

如我们在前面说到的，利润表的利润是根据权责发生制原则核算出来的，是"应该有"的利润。利润表上有利润，银行账户上没有钱的现象屡见不鲜。随着

Chapter 4 亲密接触现金流量表

大家对企业现金流量的重视，所有人都深深体会到：根据权责发生制编制的利润表不能反映企业现金流量是个很大的缺陷。

> **注意**
> 企业也不能因为上面提到诸多不足而废除权责发生制改为收付实现制，因为收付实现制也有很多不合理的地方。在这种情况下，坚持权责发生制原则进行核算的同时，编制收付实现制的现金流量表，不失为"鱼"与"熊掌"兼得，是个两全其美的方法。

3. 便于了解企业筹措现金、生成现金的能力

前面我们也说过，现金流量就是企业的"血液"，企业要想生存，就必须不断地有新鲜"血液"的补充。怎么补充呢？从现金流量表可以一目了然地知道：企业可以"自己生成血液（自我造血）"——通过经营活动净现金流入方式来实现；实在不行，也可以通过"输血"的方式——也就是通过筹资活动吸收投资者投资或借入现金来实现。

如果用"输血"的方式来增加企业现金流量，由于企业使用的是外部资金，就不可避免地要还本付息；而如果企业的"造血功能强大"，能通过经营过程中取得利润并同时收到大量现金，企业自我发展的空间就有比较大的自主性。

现金流量表通过"经营活动现金净流量""筹资活动现金净流量"，很直观地给报表使用人提供了这些关键信息，便于报表使用人了解企业筹措现金、生成现金的能力。

4. 便于确认企业是否有效地利用已有资金

不管是对于投资者还是债权人，很多时候，愿意向企业投资或借给企业钱，是因为企业管理者之前承诺过"我将做什么""我这样做能给投资者什么样的回报和利润保障"等，我们且称其为"忽悠"钱。一旦拿到钱以后，管理当局有没有确实执行相应的项目呢？给你钱的目的明明是要你买厨具、开餐厅，你却转而去了赌博的地下钱庄，投资者和债权人能踏实吗？所以，投资者和债权人其实很关注企业最后拿钱做什么，以及做得怎么样。

资产负债表和利润表都不能直观地说明企业把钱投到了哪里，现金流量表却

能通过"投资活动现金净流量"等明细项目，逐一告诉报表使用人："你看看，我用现金购买了固定资产，或者补充了生产经营用的流动资金。"如此等等。这些关于企业如何使用资金的重要信息，是其他两张报表所不能提供的，也是现金流量表的重要作用之一。

4.2.3 现金流量表的局限性

企业编制现金流量表的目的是给报表使用人提供某一会计期间企业现金赚取和支出的信息，其"平衡公式"可表述为：当期现金净增加额＝经营现金净流量＋投资现金净流量＋筹资现金净流量。直观地看，现金流量表就是对资产负债表中"货币资金"的期初、期末余额变动原因的详细解释。

许多投资者会认为"经营活动现金净流量"可以提供比"净利润"更加真实的经营成果信息，或者认为现金受"银行中转"监督，应该不太容易受到上市公司的操纵。但是，受其编制来源等的影响，现金流量表有其固有的局限性，主要表现在以下几方面：

（1）现金流量表的编制基础是收付实现制，即只记录当期现金收支情况，而不考虑这些现金流动是否归属于当期损益，甚至不考虑是否归企业所有。因此，企业当期经营的业绩与"经营活动现金净流量"并没有必然联系。而在权责发生制下，企业的利润表可以真实地反映企业当期赊销、赊购等应该确认的收入、结转的成本，从而确认其当期实际可以挣多少钱——虽然可能有一部分钱没有收回来，但是我们取得了在将来某个时候收回现金的权力。

> **注意**
>
> 基于上面的原因，我们绝对不能抛开利润表，简单地把"经营活动现金净流量"等同于"企业的经营业绩"。

（2）现金流量表只是一种"时点"报表，一种针对某一时点内关于企业货币资金项目的信息表。特定时点的"货币资金"余额是很容易被操纵的，企业可以通过期末最后一天或需要的某个期间"突击"收钱、花钱，以实现某一时点某个现金流量项目"无懈可击"。

【例 4-11】 以老母亲餐厅为例,第一期聚餐服务后的现金流量并不好,但是管理当局如果仅仅为了让现金流量表"顺眼",他们完全可以操纵现金流量表数据。比如让消费者今天去向高利贷借款 140 元,就借两天,在结账日后的第二天把 140 元还回去,周转一天而已,实际消费者还欠着老母亲餐厅的钱。如果管理者和消费者像这样联合起来,完全可以在没有真实现金流量的情况下,把现金流量表做得很"漂亮"。

目前国内不少上市公司就采用临时协议还款方式,采取在年末收取现金,年初又将现金拨还债务人的"做秀"行为。这样,年末企业现金余额表面上很多,应收款项也大幅冲减,从而使资产负债表和现金流量表都非常"好看",而其真实的现金持有却并不让人满意。

> **注 意**
>
> 不管怎么捣腾现金的进与出,利润表基本不受影响(当期坏账费用会有少量变化),仍能比较真实地反映企业当期的经营状况。

(3)现金流量表的编制方法存在缺陷。目前我国要求上市公司采用直接法编制现金流量表,但并非所有企业都实现了规模化的会计电算化,加上代理业和商业企业直接用本企业收到的现金采购商品(会计上称为坐支),现金直接交易较多,用直接法归集、编制现金流量表的难度很大。所以,绝大多数企业仍然采用间接法(该方法在接下来的第 3 节中将要介绍),通过对"净利润"数据的调整来计算"经营活动现金净流量"。这样的编制方法没有真正核算出企业本期经营活动中货币资金的变动额,只是对利润表项目和资产负债表项目的简单调整,而不是企业业务的真实现金变化。所以,对于一些规模较小、财务操作欠规范的企业报出的现金流量表数据,其实是需要打问号的。

4.3 间接法下编制现金流量表介绍

如我们在前面的章节中提到的,关于企业现金流量表的编制,会计准则规定,企业经营活动产生的现金流量可采用间接法和直接法两种方式来反映。

通过前面章节关于直接法下现金流量表各个项目的分析,我们不难看出,直接法下，各项目直观地反映了企业经营活动的现金流量，既非常好理解，也便于报表使用者获得自己想要的信息；而间接法是以利润表中"本期净利润"为起点进行调整，计算并列示企业经营活动产生的现金流量，是倒推法，涉及了较多的会计基本理论和概念。要读懂并充分利用这些信息，需要我们仔细了解间接法下各个项目的含义，并与直接法下的对应项目建立勾稽关系。

4.3.1　间接法下确认经营活动现金流量的原理

我们都知道，利润表核算出来的净利润是以权责发生制为基础的，而现金流量表是以收付实现制为基础编制的。两者属于完全不同的"道德标准"。同样是"赊点大米来做饭"，前者讲道理，因为我用了你的米，我就欠你钱，我做饭的成本自然要计算"米"这一项；而后者呢，我是用了你的米，可是我不是没有付钱吗？没有付钱，我口袋里的钱没有减少，我就先不算成本了，典型的过了今天不考虑明天的派头。为了说明间接法的基本原理，我们通过实例来阐明。

【例4-12】间接法的基本原理就是，讲道理的人自己琢磨：算着我挣了15元，可我口袋里怎么只有8元呢？仔细一算，原来李四还欠我30元，而我呢，还欠着张三23元，这样里外抵销（8+30−23=15元），我口袋里还真就应该是8元钱。

> **注意**
>
> 以间接法核算经营活动净现金流量，就是以企业报告期内按照权责发生制计算的净利润为起点，通过调整不增减现金的收入与费用的项目、调整与经营活动无关的营业外收支项目，将净利润转换为按照收付实现制计算出来的企业当期经营活动产生的现金净流量的计算过程。

【例4-13】为了能直观地了解间接法编制现金流量表的内容，我们先来编制老母亲餐厅在第一次聚餐后，尚未融资前（指没有对肉铺投资，也没有邀请夏洛入股前）的间接法下的现金流量表。详见表4-1。

Chapter 4 亲密接触现金流量表

表 4-1 老母亲餐厅在第一次聚餐后的现金流量表附注

（单位：元）

行次	补充资料项目	本期金额	数据来源介绍
第 1 行	1. 将净利润调节为经营活动现金流量：		
第 2 行	净利润	44.3	利润表，表 1-3 第 18 行
第 3 行	加：资产减值准备		
第 4 行	固定资产折旧、油气资产折耗、生产性生物资产折旧	10	表 1-2 第 4 行
第 5 行	无形资产摊销		
第 6 行	长期待摊费用摊销		
第 7 行	处置固定资产、无形资产和其他长期资产的损失（收益以"－"号填列）		
第 8 行	固定资产报废损失（收益以"－"号填列）		
第 9 行	公允价值变动损失（收益以"－"号填列）		
第 10 行	财务费用（收益以"－"号填列）	1.7	表 1-2 第 8 行
第 11 行	投资损失（收益以"－"号填列）		
第 12 行	递延所得税资产减少（增加以"－"号填列）		
第 13 行	递延所得税负债增加（减少以"－"号填列）		
第 14 行	存货的减少（增加以"－"号填列）	−22	表 1-2 第 1 行，增加存货 20 元；表 1-2 第 9 行，夏洛姐姐捐赠的大米 2 元计入企业存货
第 15 行	经营性应收项目的减少（增加以"－"号填列）	−140	表 2-2 应收账款增加 140 元
第 16 行	经营性应付项目的增加（减少以"－"号填列）		
第 17 行	其他		
第 18 行	经营活动产生的现金流量净额	−106	
第 19 行	2. 不涉及现金收支的重大投资和筹资活动：		
第 20 行	债务转为资本		
第 21 行	一年内到期的可转换公司债		
第 22 行	融资租入固定资产		
第 23 行	3. 现金及现金等价物净变动情况：		
第 24 行	现金的期末余额	32.3	来源于表 2-2 的资产负债表
第 25 行	减：现金的期初余额	230	来源于表 2-2 的资产负债表
第 26 行	加：现金等价物的期末余额		
第 26 行	减：现金等价物的期初余额		
第 27 行	现金及现金等价物净增加额	−197.7	

从表 4-1 中可以看出，用间接法编制现金流量表，就是将企业本期的净利润调整为经营活动现金流量的信息披露过程。这种转换需要分三步进行：

（1）以权责发生制下的净利润（即"利润表"中的净利润）为起点，剔除非经营活动所产生的利润，将"净利润"调整为经营活动产生的净利润（权责发生制）。

因为计算利润时减去各种成本费用，还原的话，就是加上那些不应该减的项目。第一步我们先调整曾经减少利润但与经营活动无关的项目，如处置固定资产等的损失、固定资产报废损失、财务费用（利息等）、各种资产减值准备等，再减去曾经增加利润但与经营活动无关的项目，如处置固定资产等的收益、投资收益等。把与经营活动无关的支出剔除，由此得出经营活动产生的净利润（权责发生制下），具体到表 4-1，是指第 7~11 行的内容。

（2）通过对经营活动中与利润有关但与现金无关的项目进行调整，将权责发生制下的经营活动的净利润调整为"收付实现制下的净利润"。

虽然引起企业利润减少，却没有现金流出的项目主要有：存货增加、递延税款贷项、计提坏账准备、提取的存货跌价准备、固定资产折旧、无形资产摊销、长期待摊费用摊销等，这些项目在计算利润时是利润的减少项目，但是从现金流动的角度来说，并没有真正的现金流出，还原的话，需要加回来（如果是反方向发生额，则减掉），具体到表 4-1，是指第 4、5、6 三行的内容。

（3）通过对经营活动中与利润无关但与现金有关的项目进行调整，将"收付实现制下的净利润"调整为"经营活动产生的现金净流量"。

财务报表中还有一些项目，虽然与利润增减没有关系，却有现金流入或流出，比如企业的应收账款，期初是 100 元，到期末只有 30 元，则说明本期收回了 70 元前期产生的应收账款，增加了企业当期的现金流量。这样的项目主要有：应收账款的减少、应收票据的减少、预收账款的增加等，这些都增加了企业现金，需要加回来，如果是相反方向的业务，就减掉。具体到表 4-1，是指第 12、13、14、15、16、17 共六行的内容。

由此可见，整个调整过程就好比扒柚子皮：第一层，把与果肉完全无关的大黄皮去掉，这就是去掉与经营活动无关的内容；第二层，把与果肉相连，但其实不是果肉的小白皮去掉，这就是利润表中虽然与经营活动相关，但是却没有现金流入和流出的项目；第三层，要去掉包裹酸甜可口果肉的那个白膜片，这就是本期与利润无关，但减少了（或增加了）企业现金流量的项目。

总之，间接法以企业的净利润为出发点，通过对若干项目的调整，最终计算确定经营活动产生的现金流量。该过程主要需要调整四大类项目：

（1）实际没有支付现金的费用。

（2）实际没有收到现金的收益。

（3）不属于经营活动的损益。

（4）经营性应收应付项目的增减变动。

其基本原理是：经营活动产生的现金流量净额 = 净利润 + 不影响经营活动现金流量但减少净利润的项目 − 不影响经营活动现金流量但增加净利润的项目 + 与净利润无关但增加经营活动现金流量的项目 − 与净利润无关但减少经营活动现金流量的项目。

4.3.2　间接法与直接法的联系与区别

编制现金流量表的关键问题是如何确认和计量经营活动的现金流量，而间接法和直接法作为确认和计量经营活动现金流量的两种方法，既相互联系又有区别。

1. 间接法和直接法的联系

（1）间接法和直接法都是经营活动现金流量的报告方式。现金流量表编制的目的是向报表使用者提供企业报告期内现金流入与流出的信息。如前面我们介绍的那样，现金流量按交易性质的不同，分为经营活动现金流量、投资活动现金流量和筹资活动现金流量。间接法和直接法都是用来确定经营活动现金流量的方法。

（2）间接法和直接法都需要把权责发生制转换为收付实现制。间接法以本期利润（或亏损）为基础，通过调整应收、预付款项和应付、预收款项以及存货的增减变动，将按权责发生制确认的本期利润（或亏损）转换成以收付实现制为基础的经营活动的现金流量。

直接法是以本期营业收入为基础,通过调整应收、预收款项的增减变动,将权责发生制下的收入转换成收付实现制下的收入。通过调整存货及应付、预付款项的增减变动,将权责发生制下的购货成本转换成收付实现制下的购货成本;同理,通过调整其他应收、预收收入及其他应付、预付费用的增减变动,将权责发生制下的其他收入与其他费用转换为收付实现制下的其他收入与其他费用,最终确定经营活动的净现金流量。

(3)间接法和直接法编制现金流量表工作底稿所需的主要资料相同。间接法和直接法编制现金流量表工作底稿所需要的资料都包括比较资产负债表、利润表、以及非流动科目增减变动的有关资料。

(4)间接法和直接法确定经营活动现金流量的结果相同。尽管间接法和直接法确定经营活动现金流量的计算起点不同,具体调整的项目也不尽相同,但两者都是揭示同一经营活动的现金流量,所依据的计算资料相同,这在客观上决定了两种方法确定经营活动现金流量的结果必然相等。

> **注 意**　间接法和直接法所确定的经营活动现金流量可以互相验证。

2. 间接法和直接法的区别

(1)两者的起点不一样:直接法以营业收入为起点,而间接法以本期净利润为起点。

(2)两者的编制原理不一样。由于起点不一样,要达到的目标却是一样的,这就决定了两种方法的编制原理的差异。这就好比是过圣诞节装饰圣诞树:直接法是小松树上还什么都没有装饰,小挂件一个个放在筐里,装饰人需要按"一共7个红色灯笼、2个银色糖果、5个金色铃铛"的要求把适合的东西挂上去;而间接法是已经有人帮我们装饰了一番,但是没有按要求来:灯笼有9个,其中红色5个、紫色4个,而要求的是只有7个红色的就可以,糖果和铃铛也一样,数量颜色都不对。我们需要摘下来一些,再挂上去一些,最终按要求完成"一共7个红色灯笼、2个银色糖果、5个金色铃铛"的圣诞树。

两种方法编制的具体原理在本章前面的章节中已经有详细介绍。

（3）两者编制完成后，给报表使用人提供的信息不一样。如我们前面说到的装饰圣诞树的例子，由于树上什么也没有，被干扰因素就少，所以采用直接法编制的现金流量表的编制原理简单明了，即从现金收入中扣除现金支出得出净现金流量，报表使用者很容易理解。同时，这种方法还揭示了经营活动产生的现金收支总额，可以得到经营活动现金流入的来源和经营活动现金流出的用途的信息，有助于报表使用人以此为基期数据，结合企业其他信息，合理地估计将来的现金流量。而且，经营活动产生的现金流量，代表企业运用经济资源创造现金流量的能力，便于报表使用人分析一定期间内产生的净利润与经营活动产生现金流量的差异；而投资活动产生的现金流量，代表企业运用资金产生现金流量的能力；筹资活动产生的现金流量，代表企业筹资获得现金流量的能力。

注 意

现金流量表辅以其他的财务信息，可以分析企业未来获取或支付现金的能力。这些信息正是其他报表所提供不了的，所以说现金流量表起到了对资产负债表、利润表的补充作用。

采用间接法，就如前面说的，是对已经做了一番装饰的小松树的调整，看上去就有点乱。有的饰品需要摘下来，有的饰品又需要添上去，装饰人需要思路特别清晰才能做好。间接法编制的现金流量表，由于以净利润为起点，调整非现金业务收入和支出，以及过去或未来的营业性现金收支的应计额，有助于从现金流量的角度分析企业净利润的质量。编制时只需找调整数，因此工作量小。整个编制过程揭示了现金流量表与资产负债表之间的内在联系，很好地反映了获利能力和偿债能力的差异。

（4）两者各有不足：采用直接法编制现金流量表时，如果企业的现金流动种类多、收支渠道复杂，不借助信息化记账软件的话，编制起来就比较困难，不能很好地揭示现金流量表与损益表之间的关系。当然，近几年随着电算化的推广，直接法的编制也变得更方便和快捷。而间接法虽然编制简单，只做调整，但编制过程中未能详细列示经营活动的各项现金流入的来源和现金流出的用途。

5 Chapter 亲密接触所有者权益变动表

财务报表包含所有者权益（或股东权益，下同）变动表，这是我国财务制度改革里程中非常重要的一步，体现了我国会计准则与国际会计准则的趋同性，也反映出所有者权益（股东权益）的重要性。

在本章中，我们将介绍所有者权益变动表的定义、组成要素、各个要素要表达的财务相关信息以及作用等内容。

5.1 所有者权益变动表的定义及组成要素

所有者权益（股东权益）变动表是指反映企业内构成所有者权益（股东权益）的各组成部分在一定期间内增减变动情况的会计报表。

通俗地讲，所有者权益变动表就是介绍投资者投入资本及其增值在企业内留存时，分别计入了哪些项目，投资人的这些权益在一定期间内有何变化。如第1章中的表1-5就是所有者权益变动表的标准格式。从表1-5中可以看出，该表包括如下内容：

（1）本期的净利润。企业经营产生收益，扣除所有成本、费用和税金后，得到净利润。而净利润是能直接引起所有者权益增加的项目，所以在所有者权益变动表中理应详细列示。

（2）本期直接计入所有者权益的利得和损失项目及其总额。企业在经营过程中，产生了与经营活动无关，而直接计入企业利得和损失的项目，如"可供出售金融资产公允价值变动净额"等，其增加或减少直接影响了企业的权益，对投资人来说，就是"白得的"，所以也需要关注。同时，为了与企业经营引起的权益变化区分开来，所以需要单独列示。

（3）会计政策变更和差错更正的累积影响金额。前面我们也提到过，同一经济业务，采用的会计方法不同，计入会计报表项目后的数值就会有差异，由此就会最终引起所有者权益的变动。为了有直观印象，我们举例来说明。

【例】 某生物制药企业2016年年底购入用于新项目的固定资产共60万元，购入后企业按一直以来的财务核算方法，采用直线法分5年对固定资产计提折旧（假设没有残值）。但在2018年年底复核固定资产状态时发现，此项固定资产处于高度腐蚀状态，使用直线折旧法不能真实地体现该资产的使用与其经济利益的预期实现方式的一致性，通过与税务部门沟通后，确认改为加速折旧法。如果按直线法，则该项固定资产共提折旧24万元，而改采用加速折旧——双倍余额递减法的情况下，2年共应提的折旧为42万元，相应地应减少所有者权益18万元。这就是会计政策变更累积影响所有者权益的金额。

（4）所有者投入资本和股份支付计入所有者权益的金额。该项目用来归集和体现企业与投资者针对"股本"的互动结果。当投资者增加对企业资本的投入时，记入"所有者投入资本"栏；而当企业处于等待期中的权益结算的股份支付当年计入资本公积时，则记入"股份支付计入所有者权益"项目。

（5）利润分配项目。企业按规定提取的盈余公积，记入"提取盈余公积"项目；企业在当期分配给股东的利润或股利，记入"对所有者（或股东）的分配"项目。

（6）所有者权益内部结转。该项目用来反映企业构成所有者权益的组成部分之间的增减变动情况。

当企业以资本公积转增资本或增加股本时，记入"资本公积转增资本"项目；当企业以盈余公积转增资本或增加股本时，记入"盈余公积转增资本"项目；当企业以盈余公积弥补亏损时，记入"盈余公积弥补亏损"项目。

上述所有项目反映的都是企业所有者权益的变动情况，并通过同时列示权益类项目的上期余额，让报表使用人对本期内权益资本的变化一目了然。

5.2 所有者权益变动表的革新及作用

5.2.1 所有者权益变动表的"革命运动"

在新的企业会计准则中,原来以资产负债表附表形式出现的所有者权益增减变动表,成了必须与资产负债表、利润表和现金流量表并列披露的第四张财务报表——这就是所有者权益变动表。这一"革命"不仅仅是由原来的"附表""扶正"为"主表"这种地位上的变化,其形式和内涵也发生了根本性的变革。这些变化主要体现在以下几方面:

(1)所有者权益变动表的列报格式发生了彻底的变化。

旧的所有者权益变动表,主要按照所有者权益的组成项目列示,包括实收资本(或股本)、资本公积、法定盈余公积和任意盈余公积、法定公益金和未分配利润,只是一种简单的财务项目的罗列。

新的所有者权益变动表,是根据所有者权益(股东权益)变动的性质,分别按照当期净利润、直接计入所有者权益的利得和损失项目、所有者投入资本和向所有者分配以及所有者权益内部结转等情况分别列示的。报表本身对不同项目按主次和轻重分别列示,方便报表使用人快速获得相关信息。

(2)新会计准则取消了利润分配表,企业净利润及其分配情况的内容也列示在新的所有者权益变动表中。这种变化体现在以下几方面:

会计政策变更和前期差错更正会对所有者权益期初余额产生影响,但这个项目与企业经营好坏无关,在报表中单独列示有利于报表使用人更全面地掌握企业权益变化的真正原因。

企业会计制度主要调整资产负债表的年初数,而利润表的上年数,以及利润表在本期被影响的项目,甚至是利润分配表的"年初未分配利润",虽然都反映出股东权益的变化,却都容易被报表使用者忽视。新的财务报表列报准则里,在所有者权益变动表上直接将利润表的这些重要项目的"上年金额""本年金额"在报表中列示,方便报表使用人对这些重要项目的阅读。

Chapter 5 亲密接触所有者权益变动表

本年利润的分配（包括对所有者或股东的分配和提取盈余公积）原先在利润分配表中列示，在新准则中取消了利润分配表，对应项目列示在所有者权益变动表中，反映了所有者权益的减少，充分体现了资本的流向（或者说分配），便于报表使用人理解财务信息。

（3）从所有者权益变动表的综合框架来看，体现了关注企业综合收益的理念。

综合收益又称为全面收益，是指一个会计主体（即企业）在某一期间与投资方以外的其他各方进行交易或发生其他事项和情况所引起的权益（净资产）变动。通俗地讲，就是把企业给投资者带来的各种收益进行分类，除了正常经营的净利润外，还有一些是与经营无关的，却能同样增加投资者的收益的项目。

> **注意**
> 综合收益项目并不稳定，不是每期都能有，它也不可预测，不是管理当局想要就能实现的。

综合收益包括的项目主要有：外币折算调整项目、可供销售证券上的未实现利得或损失、金融衍生产品未实现的利得或损失等。这些项目的共同特点在于它们都是未实现的，都不能够包括在净收益中，而是在资产负债表上作为所有者权益的组成部分列示。

> **注意**
> 与传统收益概念相比，综合收益包括的内容更广泛，不仅包括已实现的净收益，还包括未实现的、绕过利润表直接在资产负债表的所有者权益项目中列示的利得和损失。通过所有者权益变动表披露企业的综合收益，一方面可以满足投资者的信息需求，促进证券市场发展；另一方面，在国际会计准则制定机构对综合收益概念已完全认同的国际大趋势下，我国通过所有者权益变动表披露企业的综合收益，也有利于实现国内会计准则的国际化。

在新《企业会计准则第30号——财务报表列报》中，是通过所有者权益（股东权益）变动表来体现全面收益理念的。全面收益可以简单解释为不包括投资方的投资和分派给投资方的净资产期末比期初的增长额，即用公式表示为"全面收益＝期末净资产－期初净资产－本期所有者新增投资＋本期分配给所有者的股利"。在最新的所有者权益（股东权益）变动表中，第三项是净资产本年增减变动金额，包括本年净利润和直接计入所有者权益的利得和损失，其中的"直接计入所有者权益的利得和损失"体现的就是企业的全面收益。

5.2.2 所有者权益变动表的作用

如前面的小节介绍所有者权益变动表的"革新"中提到的那样，所有者权益变动表的作用主要体现在以下几方面：

（1）它把企业权益的增加分成了"最终属于所有者权益变动的净利润"和"与经营无关，直接计入所有者权益的利得和损失"两部分，后者是以往财务报告中没有提到过的企业权益的增加，体现了企业的综合收益的理念。

（2）它全面地体现了各项交易和事项导致的所有者权益增减变动的由来和去向，以及所有者权益各组成部分增减变动的结构性信息，有利于报表使用人全面地了解企业所有者权益项目的变化状态。

（3）简化了财务报表资料，以前的财务报表需要通过"利润分配表"来单独说明净利润及其分配情况。而引入所有者权益变动表以后，利润分配作为所有者权益变动的组成部分，不需要单独设表列示，直接通过权益的变动就可以知道利润的来源和去处。

Chapter 6 亲密接触财务报表附注

依据《企业会计准则——基本准则》关于"财务报告的构成"的解释,财务报告包括财务报表和其他应当在财务报告中披露的相关信息和资料。其中,财务报表由报表本身及其附注两部分构成,附注是财务报表的有机组成部分。这就确认了财务报表附注在企业财务信息披露方面的"主人翁"地位,财务报表附注也成为企业向报表使用人提供信息的重要载体之一,所以学会读懂财务报表附注与读懂四个基本财务报表一样重要。

财务报表附注(以下简称附注,下同)是对在会计报表中列示项目所做的进一步说明,以及对未能在这些报表中列示项目的说明等。附注由若干附表和对有关项目的文字性说明组成。企业编制附注的目的是通过对财务报表本身做补充说明,以更加全面、系统地反映企业财务状况、经营成果和现金流量的全貌,从而有助于向使用者提供更为有用的决策信息,帮助其做出更加科学合理的决策。为了让大家能直观地认识附注,在下面的章节中,我们将逐一介绍其所有项目。

6.1 "端详"财务报表附注

6.1.1 财务报表附注的内容介绍

财务报表附注作为会计报表的重要组成部分,是对报表本身无法或难以充分表达的内容和项目所做的补充说明和具体解释。为了给读者一个直观的印象,我们举例来说明。

【例 6-1】 表 6-1 提供了一个经简化过的财务报表附注内容提要。

表 6-1 财务报表附注内容提要

行次	具体填列项目
第 1 行	一、企业基本情况 企业应披露历史沿革、注册资本、法定代表人、治理结构与组织结构、所处行业、经营范围、主要业务板块情况等
第 2 行	二、不符合会计核算前提的说明
第 3 行	三、主要会计政策、会计估计的说明 企业应按照要求对如下会计政策、会计估计进行披露： （一）公司目前执行的会计准则和会计制度。纳入合并范围内的子公司与母公司执行的会计准则和会计制度不一致的，应披露子公司执行的会计准则和会计制度，并说明是否已按相关规定进行了调整。 （二）会计年度。企业设立不足一个会计年度的，应说明其会计报表实际编制期间；子公司如采用的会计年度与我国会计制度规定不符的，需说明是否进行调整。 （三）记账本位币。如果子公司的记账本位币与母公司不一致的，需详细说明。 （四）记账基础和计价原则。 （五）外币业务的核算方法及折算方法。说明外币业务的折算，汇兑损益的处理方法，以及外币报表折算差额的处理方法。 （六）现金及现金等价物的确定标准。 （七）短期投资。说明短期投资计价及其收益确认方法，短期投资跌价准备的确认标准、计提方法。 （八）应收款项。说明应收款项确认为坏账的标准，坏账损失的核算方法，坏账准备的计提方法和计提比例，以及应收款项转让、质押、贴现等会计处理方法。 （九）存货。说明存货的分类，取得和发出的计价方法，存货的盘存制度以及低值易耗品和包装物的摊销方法，存货跌价准备的确认标准、可变现净值的确定依据、减值准备计提方法。 （十）长期投资。说明长期股权投资计价及收益确认方法，长期股权投资的核算方法，股权投资差额的摊销方法和期限；长期债权投资计价及收益确认方法，债券投资溢价或折价的摊销方法；长期投资减值准备的确认标准、计提方法。 （十一）委托贷款。说明委托贷款计价、利息确认方法，委托贷款减值准备的确认标准、计提方法，以及委托贷款的保全措施。 （十二）固定资产。说明固定资产的标准、分类、计价方法和折旧方法，固定资产后续支出的会计处理方法，固定资产减值准备的确认标准、计提方法。 （十三）在建工程。说明在建工程结转为固定资产的标准，在建工程减值准备的确认标准、计提方法。 （十四）无形资产。说明无形资产的计价方法、摊销方法、摊销年限，无形资产减值准备的确认标准、计提方法。 （十五）长期待摊费用。说明长期待摊费用的内容、摊销方法、摊销年限。 （十六）应付债券。说明应付债券的计价及债券溢价或折价的摊销方法。 （十七）借款费用。说明借款费用资本化与费用化的原则，资本化金额的确定方法。 （十八）预计负债。说明预计负债的确认标准和计量方法。 （十九）递延收益。说明递延收益的内容和摊销方法。 （二十）收入确认原则。说明各类收入的确认原则。 （二十一）建造合同。说明建造合同收入、支出的确认原则和会计处理方法。 （二十二）租赁。说明租赁的分类、经营租赁会计处理方法和融资租赁的会计处理方法。 （二十三）所得税的会计处理方法。说明所得税的会计处理方法，所得税汇算清缴的方式，合并纳税情况。

Chapter 6 亲密接触财务报表附注

（续）

行次	具体填列项目
第 4 行	四、会计政策、会计估计变更及会计差错的更正的说明 （一）会计政策、会计估计变更。应披露会计政策、会计估计变更的批准程序，变更的内容、理由和对企业财务状况、经营成果的影响数，以及累积影响数不能合理确定的理由。其中对减值准备、固定资产折旧等重要会计政策和会计估计的变更情况应详细披露。 （二）会计差错更正。应逐笔披露重大会计差错更正的内容、金额，以及形成差错的原因。
第 5 行	五、或有事项的说明 凡涉及或有事项，应按或有事项准则规定披露，并符合以下要求： （一）按集团内、集团外分项列示担保项目； （二）说明本年度涉及起诉案件的情况； （三）或有负债预计产生的财务影响，如无法估计，应说明理由； （四）或有负债获得补偿的可能性。
第 6 行	六、资产负债表日后事项的说明 应说明资产负债表日后股票和债券的发行、对某个企业的巨额投资、自然灾害导致的资产损失以及外汇汇率发生较大变动等非调整事项的内容，估计对财务状况、经营成果的影响；如无法做出估计，应说明其原因
第 7 行	七、关联方关系及其交易 （一）在存在控制关系的情况下，关联方如为企业时，不论它们之间有无交易，都应说明如下事项： 1. 企业经济性质或类型、名称、法定代表人、注册地、注册资本及其变化； 2. 企业的主营业务； 3. 所持股份或权益及其变化。 （二）在企业与关联方发生交易的情况下，企业应说明关联方关系的性质、交易类型及其交易要素，这些要素一般包括： 1. 交易的金额或相应比例； 2. 未结算项目的金额或相应比例； 3. 定价政策（包括没有金额或只有象征性金额的交易）。 （三）关联方交易应分别对关联方以及交易类型予以说明，类型相同的关联方交易，在不影响会计报表使用者正确理解的情况下，可以合并说明。 （四）对于关联方交易价格的确定如果高于或低于一般交易价格的，应说明其价格的公允性。
第 8 行	八、重要资产转让及其出售的说明 报告期内发生资产置换、转让及出售行为的企业，应专项披露资产置换的详细情况，包括资产账面价值、转让金额、转让原因以及对企业财务状况、经营成果的影响等
第 9 行	九、企业合并、分立等重组事项说明 应披露本年度企业新设、收购、兼并、破产、转让等重大资产重组事项
第 10 行	十、合并会计报表的编制方法
第 11 行	十一、会计报表项目注释 包括货币资金、短期投资、应收票据、应收款项、预付账款、存货、长期投资、固定资产、在建工程、无形资产、其他长期资产、短期借款、应付款项、应交税金、预计负债、长期借款、应付债券、未确认投资损失、主营业务收入与成本、其他业务利润、财务费用、投资收益、补贴收入、营业外收支共计 30 多个项目，均逐一规定了其数据填列格式和内容，要求针对所有具体的报表项目的期初、期末、比例等做出注释

(续)

行次	具体填列项目
第12行	十二、母公司主要会计报表项目注释 对已编制合并会计报表的企业，在会计报表附注中，除对合并报表项目注释外，还应当对母公司报表的主要项目注释。按照以下要求披露： （一）母公司报表主要项目包括长期投资、主营业务收入和主营业务成本、投资收益、所得税等项目，应参照上述相应项目的要求加以注释； （二）母公司从子公司分取的红利情况； （三）子公司向母公司上交管理费情况； （四）母公司向子公司的补贴情况。
第13行	十三、非货币性交易和债务重组的说明 非货币性交易、债务重组应按非货币性交易及债务重组准则规定披露
第14行	十四、会计报表的批准 说明年度会计报表经公司董事会（总经理办公会）或类似机构批准的情况

从表6-1中可以看出，附注大体包含五部分内容，具体如下：

（1）公司的基本情况，具体包括表6-1第1行的内容。

（2）公司所采用的主要会计处理方法、会计处理方法的变更情况、变更原因，以及对财务状况和经营成果的影响，具体包括表6-1中第2、3、4行的内容。

（3）控股子公司及合营企业的基本情况，具体包括表6-1中第7、8、9、10、12行的内容。

（4）会计报表主要项目注释，具体包括表6-1中第11行的内容。该部分内容非常详细、具体，完全称得上是企业财务情况的"大百科全书"，通过对财务报表所有项目的期初、期末数据，本期发生额的列示，以及与之相关的比率列示，我们能全面地了解企业所有财务信息。

（5）其他事项的说明。具体包括表6-1中第5、6、13、14行的内容。

6.1.2　财务报表附注"变形虫"式的编制形式

财务报表附注的编制形式灵活多样，常见的有以下几种：

（1）尾注说明方式：这是附注的主要编制形式，就是在报表之外，单独成段、成文，详细说明企业所有财务信息细节，一般适用于说明内容较多的企业。前面表6-1就是一个简化了的标准格式的尾注说明的报表附注（在正常情况下没有表格，我们为了后面介绍方便，加入了"行次"和边框）。

(2)括弧说明方式：此种形式常用于为会计报表主体内容提供补充信息，因为它把对应的补充信息直接纳入了会计报表主体，所以比起其他形式来，显得更直观，不易被人忽视。但是为了使会计报表不至于过于累赘，一般内容比较简单，不能充分说明所有细节。

(3)备抵与附加账户方式：就是设立备抵与附加账户，在会计报表之后单独列示，这样能为报表使用人提供更多有意义的信息。

> **注意**
> 备抵与附加账户方式的附注形式目前主要是指坏账准备等账户的解释说明。

(4)脚注说明方式：这是指在报表下端进行的说明。比如，很多企业说明"汇票"项目时，会用脚注方式来标明已贴现的商业承兑汇票有多少；在列示"固定资产"项目时，也会用脚注方式标明已包括在固定资产原值内的融资租入的固定资产原值有多少，以便于报表使用人全面理解企业固定资产的内涵等。这些内容本身不是会计报表主表要求标明的，就属于附注性质的财务信息披露。

(5)补充说明方式：有些无法列入会计报表主体中的具体数据、分析资料等，可用单独的补充表进行说明，比如可利用补充表的形式来揭示关联方关系和交易等内容。

> **注意**
> 形式是为内容服务的，所以不管采用什么方式，财务报表附注的目的都是为了给报表使用人提供更具体和充分的财务信息，便于报表使用人了解企业财务信息。会计师事务所为企业出具审计报告时，通常采用尾注说明方式编制财务报表附注。

6.2 "侦察"财务报表附注

财务报表附注是为了便于报表使用者理解会计报表的内容而对会计报表的编制基础、编制依据、编制原则和方法及主要项目等做的解释。它是对会计报表的补充说明，是财务决算报告的重要组成部分，为报表使用人提供了充分、详实的企业财务信息，那么如何有效利用这些信息呢？在下面的小节中，我们将依据附注的结构顺序，逐一做出说明。

6.2.1 "侦察"企业基本情况

会计报表附注的第一部分是企业基本情况或企业概况，主要介绍企业的历史沿革和经营范围等内容。

了解企业基本情况对于第一次接触这个企业的"陌生人"尤其重要。这就好比相亲，女孩出门前，一定会问问红娘，男孩叫什么，多大了，家住哪里，做什么工作，家中排行老几，如此等等。了解一家企业也一样。你计划投资这家企业，就得知道它做什么吧，以前经营业绩如何等。所以在判断会计报表反映企业财务状况、经营成果和现金流量情况的真实程度之前，我们非常有必要通过附注资料了解企业的基本情况。

1. 了解企业概况、企业结构等基本内容

通过附注，企业一般会较全面地说明其注册资本、法定代表人、公司组织结构、所处行业和经营范围等内容。这就如同相亲的那个姑娘，太穷的男孩她接受不了，那就看看注册资本吧；她还想知道男孩家中有几个兄弟姐妹，这就是组织结构。

2. 了解企业的经营范围和主营业务等情况

在附注中，报告提供者一定会全面介绍企业的经营范围和主营业务情况，因为企业所在行业将被报表使用人充分关注。这就好比女孩很崇拜"最可爱的人"，所以男孩是个军人那就最好了。报表使用人也一样，企业从事的行业很重要：就像老母亲餐厅，在肉类匮乏的时候，与肉铺合作是为了餐厅的肉类供应有保障，所以夏洛对肉类销售行业较关注。你要给夏洛一个卖丝线的企业的报表，他一定不感兴趣。

> **注 意**
>
> 不同行业的企业，同一报表项目不具有可比性。比如钢铁企业是重资产企业，通常固定资产比重很大；而IT企业，尤其是软件企业，是轻资产企业，就算有资产，知识产权等无形资产类所占比重也很大。

【例6-2】 在现代社会流行的资本市场——股市，已经非常具体地把企业分成了"金融""地产""医药""农业""汽车""商业""电力"等板块,就是因为不同行业在不同时间段,受社会大环境的影响不一样。比如,2017年5月,从国土资源部传出"天然气水合物成矿预测技术研究"课题通过国家863计划海洋技术领域办公室组织的专家验收的消息,这一科研成果为天然气水合物(也就是新闻媒体称为的可燃冰)成矿预测提供了较完整的解决方案,填补了我国海域可燃冰成矿预测系统的空白。在接下来的相当长时间,江钻股份、神开股份和天科股份等可燃冰相关股票连连高涨。又如,网络曾经流传一句股民在熊市时的"心语"——"问君能有几多愁,恰似满仓中石油。"为什么中石油能成为影响股民心情的"领衔者"?因为它是能源股,而能源与人民生活、企业发展甚至社会稳定都息息相关。受国际大环境和国内市场调控的影响,能源的价格起起落落,变化非常大,股民也就"落也愁,涨也愁"。

3. 了解企业的历史发展

通过附注,我们还能了解到企业的历史沿革,而通过分析企业的重大历史事件,也能在一定程度上分析出可能影响企业盈利前景的一些因素。

这就好比那个相亲的姑娘,你要是告诉她,男孩离过一次婚,她可能说她不介意,但是她一定对男孩为什么离婚感兴趣。因为通过男孩离婚原因的分析,她能侧面地了解其为人处世的态度,对家庭的责任感,等等。

分析企业也一样。比如宜宾五粮液一直被股民追捧,也是金融业很多大投资者长期持有的重要对象,为什么?是因为他们都喜欢喝酒,期望将来能以股东身份"分得玉液一杯"?当然不仅仅如此。除了酒类行业的收入高、盈利能力强外,还有很重要的一点,就是五粮液是一家历史悠久,富含高、中、低档全部白酒品种的生产企业,在品牌知名度、产品品种定位及产品特性等方面都处于行业领先地位,有着得天独厚的发展优势。其"历史悠久""国际品牌"的积累,也是吸引投资者的一个重要因素。

6.2.2 "侦察"会计处理方法对利润的影响

如表6-1所示,附注的第二部分是企业所采用的主要会计处理方法、会计处理方法的变更情况、变更原因以及对财务状况和经营成果的影响的介绍。

由于根据相同的原始会计资料，使用不同的会计处理方法，就会编制出不同财务数据的会计报表，得出不同的净利润，所以我们必须关注企业当期使用什么样的会计处理方法，同前期比较，是否变更了会计处理方法，以及会计处理方法及其变更对净利润的影响。为了有直观印象，我们举例来说明。

【例6-3】依据新颁布的《企业会计准则》，固定资产的折旧方法可以采用年限平均法、工作量法、双倍余额递减法和年数总和法等。假设企业有一项固定资产，用以提折旧的金额是240万元，使用年限是5年，如果按直线法计提折旧，每年都提48万元；但如果企业采用年数总和法计提折旧，则从第一年起，五年内各年计提折旧的金额分别为：80万元、64万元、48万元、32万元、16万元。假设所有的折旧最终都记入了费用，那么在第一年，因为折旧方法由直线法变成年数总和法，利润表减少了32万元（80-48）。

由此可见，同一企业，如果改变了会计处理方法，计算出来的利润表数据就有变化；同一行业的不同企业，即便经营状态类似，却由于采用的会计处理方法不一样，得出的财务数据也完全不一样。这样会导致一个企业不同时期，或同一个时期的不同企业在收益确定和资产计价方面产生较大的差别。这就使财务报表使用者在阅读和理解财务报表上出现了不应该有的误解。所以，企业有必要在财务报表附注中披露编制报表所采用的会计处理方法。我们在阅读企业财务报表前，也需要先通过附注资料了解企业采用的会计处理方法。

6.2.3 "侦察"子公司对总利润的影响

如表6-1所示，附注的第三部分是控股子公司及关联企业的基本情况的介绍。

随着世界经济一体化的发展，规模化、多元化集团公司的运行模式在全球范围内越来越盛行，一家大公司可能经营多个主业，一个母公司可能有多家子公司和孙公司。企业与企业之间的关联关系也越来越密切。各家子公司对母公司的利润贡献是不同的，对母公司的盈利能力的影响也是不同的。通过分析一个企业的子公司和关联企业的基本情况，并关注其相互之间在财务数据上的关联，可以帮助我们确认一家企业经营状况和盈利能力的本质。

【例6-4】曾有一家资产过亿元，员工超过6 000名的老国有企业（我们称之为A公司），多年来一直亏损，持续经营无望后，经破产清算后将其中的少部分"良性"资产整合，成立了新的股份有限公司（我们称之为a），任命了新的老总。此后三年，新股份有限公司对外报出的报表显示，该公司连续三年盈利超过1 000万元，于是，在破产清算中买断工龄的大批员工就感叹了："看看吧，企业还是生产那些东西，并没有特殊的技术革新。留下来的300多人也还是那些人，可企业却能盈利。这新老总真不是一般人啊！"

为什么只要重组企业就能盈利呢？难道真的只要"股份制"，企业就能盘活？或者这个新老总真的是个能人？

带着这样的疑问，我们详细阅读了新股份有限公司（a公司）的报表及附注，看完后忍不住要哑然失笑：a公司完全没有改变A公司经营不善的本质，企业之所以盈利，就是因为在破产清算时"算"上了一笔好投资。原来，老国企在多年前慧眼投资了一家台资机械类合资公司，老国企占该合资公司40%的股份。老国企破产时，做出的最英明的决策就是保留企业在这家台资企业的股份份额不变，当然，老国企破产后其所占的股份理所当然地转到了新成立的股份公司（a公司）名下。随着这家合资企业的不断发展，在最近三年里，其净利润每年接近5 000万元，而（a公司）作为它的"继"母公司，自然而然地分得40%的利润，就是a公司什么也不做，利润表上也可直接增加2 000万元。

当资产过亿元并巨额亏损的老国企（A公司）分得2 000万元利润时，它还是亏损；而当甩掉包袱的新股份公司（a公司）拥有2 000万元"外来"利润时，他的确认投资收益后报表出现1000万元盈利再正常不过。只可惜破产清算中买断工龄的大批员工并不知道利润表中还有这样的秘密，也没有想到新老总所有的业绩完全是"移花接木"。

通过这个例子我们不难看出，分析企业所属的子公司的盈利对整个企业的利润的影响，是评价一个企业经营好坏的重要项目。

注 意

如果一家实业类公司的主业处于亏损状态，绝大部分利润来源于利润表的"投资收益"——持股的某些子公司的盈利，我们绝不会再认为该企业的主业发展良好，而应该说其投资有方。

6.2.4 "侦察"会计报表重要项目的明细资料

如表 6-1 所示,附注的第四部分是会计报表主要项目注释。该部分列示了会计报表中所有重要项目的明细资料,而这些明细资料是判断会计报表反映企业财务状况、经营成果和现金流量情况真实程度的重要线索。所有报表使用人应该逐一仔细阅读和分析会计报表重要项目的明细资料,这也是判断会计报表反映其财务状况、经营成果和现金流量情况真实程度的重要步骤。

由于附注对会计报表主要项目的注释内容非常详实,我们只从整体上来分析阅读这些项目的思路。

1. 关注会计报表重要项目的明细说明

会计报表重要项目,比如应收账款、存货、长期股权投资、固定资产、无形资产等,这些资产类项目的质量如何,直接反映出企业资产的"含金量"。当其出现贬值时,应及时计提减值准备。如果附注中完全没有提到这些资产目前的状态,或者含糊其辞,就应该引起报表使用人的警觉:是资产完全良性,还是有意回避要害不说?

2. 关注报表上数据异常的项目的明细说明

所谓数据异常,就是与我们常理认为的事物本来应该有的状态不一致的财务报表数据。比如:存货是负数,这是违背常理的;又如制造企业的固定资产原值的金额很小,占整个企业资产的比例非常低——没有资产,怎么从事生产制造呢?再如,预收账款或其他应付款项目的余额比本期营业收入还高,就有可能是大额的应计入收入的业务没有计入收入,等等。当我们阅读财务报表并发现这些异常时,就需要及时查阅报表附注资料对这些项目的明细说明,分析其解释是否合理,能否自圆其说。比如,为什么制造企业的固定资产原值的金额很小?企业可能会说其使用的资产全部是租来的,每月付租金而已。我们从附注中得到这个信息,就应该折回到附注的其他项目,看看企业的租赁相关支出是否能印证这一解释。

6.2.5 "侦察"附注其他重要事项的说明

除前面说到的四类说明外,附注中还列示了企业关于承诺事项的明细资料、或有事项的明细资料、资产负债表日后事项中的非调整金额,以及其他重要事项的说明。这些重要事项的说明可能成为辨别企业会计报表反映其财务状况、经营成果和现金流量情况真实程度的重要线索。针对这些项目,我们至少需要关注如下问题。

1. 关注承诺或担保事项的说明

所谓承诺或担保事项,是指资产负债表日已存在,企业正在履行或准备履行的具有法律效力的重要财务承诺。例如,投资合同、成套设备等重要物资采购合同、发包工程合同、租赁合同,以及对外提供的各种担保和抵押等。这些事项有时候能直接影响企业的生存。

【例6-5】 比如一个海鲜代理企业在2017年期末与某渔场签订了购买大批鲍鱼的采购合同,以一定的价格收购该渔场来年春天的鲍鱼,如果违约,就需要支付巨额违约金。这样的采购合同风险很大,我们看到附注中有这样的信息时,就需要进一步关注该企业目前的市场占有率情况,确认其是否有固定的客户群,这些客户目前的经营状态如何,现金流量如何。这些都是附注信息提示我们必须去进一步了解的信息。

2. 关注或有事项的披露

所谓或有事项,是指报表日已经存在但有较大的不确定性,其最终的结果有赖于未来的各种因素决定的事项。如未决诉讼、已贴现票据可能发生追索、为其他企业的贷款担保等。

这些可能导致企业发生损失或收益的不确定的状况或情形,其最终结果只有在未来发生或不发生某个事件时,才能得到证实。那么这样的事项对报表使用人有什么用呢?这就好比企业拿一个写有"小心地雷"的小红旗,插在有地雷的区域,当插上小红旗以后,如果还有人踩到了地雷,那是他自愿的。但是有地雷但没插上小红旗,导致别人踩到了地雷,那财务报告人就负有不可推卸的责任了。

> **注 意**
>
> 或有事项给企业带来的影响包括或有损失和或有收益两种。依据企业会计准则的规定，对于或有损失，如未决诉讼中可能发生的败诉，根据稳健性原则应在附注中充分披露；对于或有收益，如未决诉讼中可能发生的胜诉，则一般不需在附注中说明，如果属极有可能发生的或有收益，才可在附注中根据谨慎性原则以适当的方式予以披露。

【例 6-6】 某电机厂的应收账款余额较大。从本年年底的催款结果可知，有一个客户的财务情况恶化，其欠电机厂的 100 万元应收账款收回的可能性不大，即便收回，可能也只是追回部分已经卖给这个客户的电机，这就是电机厂的或有事项。电机厂需要在附注中对这一事实做充分披露。报表使用人在看到附注中的说明后，除了需要确认电机厂是否对该部分应收账款足额计提了坏账准备外，还需要进一步关注该电机厂类似这样的应收账款到底有多少，是否已经全部披露。通过这样的方式，来确认电机厂财务报表中"应收账款"项目余额的可信度。

3. 关注资产负债表日后的非调整事项

所谓资产负债表日后的非调整事项，是指在资产负债表日后才发生或存在的事项。它不影响资产负债表日的存在状况，不需对资产负债表日编制的会计报表进行调整，但由于事项重大，如不加以说明，会影响会计报表使用者对会计报表的理解，进而将影响报表使用者的决策。

【例 6-7】 企业计划在次年 1 月发行新的股票或债券。虽然这一举措对本年度企业的会计报表没有任何影响，但是对现有债权人来说，可能需要权衡发新债券后企业的负债比例是否太高，自己的债权是否安全等。

【例 6-8】 企业计划对另一企业进行巨额投资。这虽然是报表日后才发生的事情，但是对企业股东来说，新投资的项目风险有多大，利润水平如何，投资新项目是否会对企业现金流造成困难，是否会影响股东本期现金股利的及时发放等，都在其考虑内。

所以对于报表使用人而言，充分关注资产负债表日后的非调整事项，做到"未雨绸缪"，才不至于在企业规划内事件实际发生时茫然失措和手忙脚乱。现在的股市中评论员说的，年后，某某企业可能被收购，某某企业计划有新投资项目,某某企业因为环保产品,政府计划奖励多少资金等,用这样的方式吸引社会资金流入,打的就是"报表日后的非调整事项"的牌。

4. 关注重要资产转让及其出售情况

针对重要资产转让及其出售等情况,企业也应该在附注中做适当披露。例如,附注中披露,企业将非常重要的某一生产流水线整体转让给了其他企业。报表使用人获知这一信息后,应考察其转让或出售的原因、资产转让或出售价格、该资产的公允价值,以及企业如何做后续补充来满足自身生产需求等。

5. 关注重大投资和融资活动的说明

针对重大投资和融资活动,企业也应该在附注中明确说明。

【例6-9】 某企业的财务报表附注中披露,企业投出2 000万元(达到企业目前资产规模的20%)的资金,与某高科技企业联营,开发利用垃圾产品发电的新项目。报表使用人获知这一信息后,应进一步了解该项目的可行性、资金筹集方式、合作方(某高科技企业)的财力和技术支持能力、国家对此类项目是否鼓励等信息,以确认该项目的投入对企业未来现金流和整体发展的影响。

总之,阅读财务报表的同时,如果能结合财务报表附注来全面地分析互相关联的财务数据,则可以提高报表信息的可比性、相关性和可理解性。

6.3 财务报表附注优劣介绍

财务报表附注是为帮助理解会计报表的内容而对报表的有关项目等所做的解释。它的重要目的是提高财务信息的质量,使报表使用者对企业的财务状况和经营成果获得更充分的了解,以便做出正确的判断。由于社会统计水平的限制,财务信息来源的多渠道性以及企业财务人员和管理人员对财务信息的认同度的差异,目前国内财务报表附注在披露企业信息中也存在一定的局限性。

6.3.1 财务报表在信息披露上的"缺陷"揭秘

在最新的《企业会计准则——基本准则》第四十八条中明确规定,财务报表附注是指对在会计报表中列示项目所做的进一步说明,以及对未能在这些报表中列示项目的说明,它是财务会计报告的组成部分。

那么,为什么要在报表的基础上增加附注作为财务报告的组成部分呢?最根本的原因是,现行财务报表不能完全满足报表使用者的需要。现行财务报表本身存在的局限性主要表现在以下几方面。

(1)财务报表仅仅是数字列示,不能反映某些重要的资产类项目的质量水平。

【例6-10】 对于企业存货,资产负债表只列示了其总额,至于其分别由多少原材料、多少库存商品、多少受托代销商品组成,我们无法从报表中得到相应的数据。对于一个制造类生产型企业来说,期末同为600万元的存货,如果是原物料和库存商品各300万元,我们基本接受;如果600万元全部为库存商品,我们就会忍不住思考一下,企业生产是连续的,截至本月底,企业没有任何原材料,那么下月1日,企业怎么开工?难道工人们都在车间等着物料到了后再安排生产?企业没有任何原材料,却留存了如此多的库存商品,原因是什么?其产品目前的销量怎么样?是不是存在滞销问题?所有的这些,都反映出企业生产经营中可能存在的问题。如果仅仅看到一个存货总额,我们怎么能了解企业的这些真实状况呢?所以,需要通过附注补充说明类似信息。

(2)财务报表上反映的信息都是历史的、已经发生的经济业务事项,而对于会影响企业发展的未来事项,丝毫没有提及。

我们都知道,企业是持续经营的,也只有持续经营,才能生存和发展。正因为其持续性,我们通过过去事项产生的财务数据来预测和评估企业未来的发展。而现实生活中,有很多未来将要发生的事项在本期已经有征兆,有的事项甚至在本期已经发生,只是不能用数值准确地计量,所以不能在报表中体现。而这些事项,有可能就是影响报表使用人决策的主导因素。

【例6-11】 投资者一直看好也在投资某铜矿W企业。在本年度末,W企业的报表数据显示该企业的状况一切良好。但其实在本年10月份时,政府已颁发相关法令:为了保护国有矿产资源,将从明年4月开始,对区域内铜矿进行限量开采,而允许W企业的开采量远远低于目前企业的产量。这一信息,不管对于企业自身还是对于投资人,无疑都是至关重要的。但是W企业却不能用数据来说明未来要发生的事情,不能通过报表说明政府限制开采到底会给企业带来什么样的影响。所以,今天从报表上看到的风平浪静其实已经是历史,要真实地反映企业面临的波涛汹涌的严峻形势,要让投资人知道,你们需要与企业共同面对这个事实,只能在报表附注中进行说明。报表使用人需要特别关注报表附注中企业披露的类似信息。

(3)财务报表反映的信息具有高度的浓缩性,往往删略了许多重要项目的细节,而这些细节很可能是分析财务报表时所必需的。

【例6-12】针对货币资金项目,企业可能只列余额300万元。在外汇管制时期,对于一个原材料主要依靠进口的企业来说,需要大量的外币来周转,那么这300万元的货币资金中,有多少是人民币,多少是外币呢?因为报表数据的高度浓缩,不能告诉报表使用人这些信息。只有通过附注资料,我们才能知道,企业有200万元外币,完全能保证未来3个月的进口原材料,这就是附注信息于财务报表的优势。

6.3.2 财务报表附注的优点展示

通过前一节的分析,我们不难看出,财务报表本身的局限性决定了编制附注的必要性。附注相对于报表资料,其优点主要体现在以下几方面:

(1)附注拓展了企业财务信息的内容,打破了四张主表内容必须符合会计要素的定义,打破了会计信息必须同时满足"相关性"和"可靠性"的限制。

财务报表作为一个"通用模式",就好比给所有企业的财务信息都穿上了样式、颜色完全一样的制服,你只能报给我尺寸,不能修改任何细节。而附注不一样,它给了企业展示自己的空间:你可以在附注的"公司基本情况"中说说企业悠久的历史,描述一下企业行业领先的技术水平,这些与企业资产规模虽然没有关联性,却是吸引投资者的"软动力";你也可以通过附注的"或有事项明细资料"项目,告诉投资者:"您需谨慎,因为我最近一直官司缠身。"这些都是会计报表硬梆梆的数据所不能表达的。

(2)附注突破了提供企业信息必须用货币加以计量的局限性。

财务报表设定的项目是固定的,企业财务人员的职责就是把企业的财务数据统计、分类，填列到指定的项目中，与数值无关的、不能用数值来说明的，就不能在报表中体现。

【例 6-13】 企业新投资了办公大楼，刚刚打了个地基，财务人员可以通过财务报表的"在建工程"项目，归集已经发生的资本支出 500 万元。至于这个大楼总投资多少，位置在哪里，主要用途是什么，只有附注资料能帮助企业表达。报表使用者也只有通过附注才能获得相关信息。

（3）附注作为对财务报表的补充，能更好地诠释"企业财务报告是为其使用者提供有助于经济决策信息"的本质，增强了会计信息的可理解性。

（4）附注还能提高会计信息的可比性。

比如，通过揭示会计政策的变更原因及事后的影响，可以使不同行业或同一行业不同企业的会计信息的差异更具可比性，从而便于报表使用人对同一行业不同企业的经营绩效进行对比分析。

6.3.3 财务报表附注的局限性分析

虽然财务报表附注为财务信息的可理解性、可比性和充分性提供了很好的表达平台，但就目前企业对外报出的附注资料来看，附注本身还存在很多问题，需要完善的地方还很多，具体表现在以下几方面：

（1）附注信息披露不充分。附注信息要发挥应有的效用，有赖于其充分性的表达。考察目前企业的附注披露情况，可以发现很多重要信息并不令人满足，有的甚至避重就轻。

比如，对关联方交易的披露，有的企业"删繁就简"，有意回避——好像披露得多了，报表使用者就会怀疑企业通过关联交易来隐藏利润，规避税收。许多企业对其主要投资人、关键管理人员以及其关系密切的家庭成员的披露不够具体，甚至空白。其实，清者自清，客观地披露应该披露的事实，才是对企业负责，也便于报表使用人做出有效判断。

（2）附注内容滞后，有的企业甚至是故意使内容滞后。比如，对或有事项、提供担保等需要及时公布的企业信息，由于其可能会影响报表使用人对企业的评价，企业就有意延期披露，这其实就是一种欺骗报表使用人的行为。当然，有的企业并非故意为之，主要是因为企业高级管理层及会计人员的素质有待提高，当或有事项发生时，他们未能正确理解附注应披露哪些内容，从而造成了信息滞后披露。

（3）附注存在虚假信息。对于附注中的虚假信息局外人很难及时发现，所以容易被误导而做出错误决策，甚至造成经济损失。这一情况已经造成不少企业"身先士卒"。

【例6-14】对重要事项的说明，最近几年就有不少企业因为存在不实陈述而与证监会"过招"。如2012年，阳煤化工将关联交易在年报中确认为销售收入和成本，该公司多计收入约占2012年披露的年销售收入216亿元的19.66%，该公司因此收到了中国证监会对这一事项处罚的"大礼包"；又如，新三板企业时空客集团股份有限公司2014年和2016年存在重大的关联方资金交易，该公司未在2014年年报和2016年的临时报告中予以披露，受到大连证监局"警告并处以40万元罚款"的处罚。

> **注 意**
>
> 随着中国证券市场的日趋成熟，证监会对企业信息披露中存在的违法违规行为一直保持高压态势。

（4）附注内容中缺少相关部门的监督和评价。任何企业都不是孤立地存在于社会中，其不可避免地会与政府职能部门如工商、税务、银行、质检等部门有密切关联，而目前企业对外报出的附注资料，完全没有涉及这些部门如何评价企业的内容。如果能把国家监督机构对企业的经营状况、产品质量、信用等级和纳税情况的评价也展示给报表使用人，可能比企业说自己"怎么怎么好"更有说服力和可信度。

6.4 财务报表附注与财务情况说明书的比较

财务报表附注是为便于报表使用者理解财务报表的内容，而对财务报表的编制基础、编制依据、编制原则和方法及主要项目等所做的解释。它是企业年度财务会计报告的重要组成部分，是充分披露会计信息的手段之一。一份完整的年度财务会计报告书必须有会计报表附注。在阅读以往年度财务报告书的时候，我们还常常会看到财务情况说明书，而且会有一种错觉，财务报表附注和财务情况说明书好像很相似。那么到底什么是财务情况说明书？它和财务报表附注又有什么关系呢？

6.4.1　什么是财务情况说明书？

新准则颁布以前，财务情况说明书一直是我国财务报告体系的主要角色，它是企业财务会计报告的重要组成部分，为企业内部和外部了解、观察、衡量、考核、评价其报告期内的经营业绩和生产经营状况提供了重要依据。

财务情况说明书作为报表编制人对企业财务状况的简明扼要的说明，通常包括以下几个方面的内容：

（1）企业生产经营的基本情况。把企业的经营情况做一下解释，包括主营业务范围及经营情况；按销售额排名时，企业在本行业的地位；主要商品占销售市场的百分比；企业员工数量、专业素质及培养提高的目标；经营中出现的问题、困难以及解决方案；公司经营环境情况，如采购环境、生产环境和销售环境的变化；新年度的业务发展计划，如生产经营的总目标及措施、配套资金的筹措计划、新产品的开发计划等。

（2）企业利润实现和分配情况。在旧的财务报告体系的利润和利润分配表中，虽然对利润的实现情况都有详细列示，但可能有人还是对报表一知半解，更愿意看财务情况说明书，因此需要报表编制人把本年度企业盈利情况和利润分配情况简单做一下说明。

（3）企业资金的增减和周转状况。在资金增减和周转状况这部分中，一般需要说明的内容有：本年度内企业各项资产、负债、所有者权益、利润构成等项目的增减情况及其原因；存货、应收账款、流动资产、总资产等资产的周转率等。

（4）企业资产质量的简要分析。这部分主要涉及一些简单的财务分析，如应收账款账龄分析、投资收益分析等。

（5）企业的重要财务事项。具体内容有：本期内企业发生的重大资产损失、对外提供担保、涉及未决诉讼和仲裁、财产抵押、超过授权经营范围的风险性业务等。

（6）其他。如企业境外子公司驻在国（地区）的税收政策及纳税调整情况，以及对企业财务状况、经营成果和现金流量有重大影响的其他事项和需要说明或反映的其他事项等。

通过以上几个方面的内容介绍可以发现，财务情况说明书实际上就是用简明扼要的语言，把企业基本的财务情况做一个简单的说明。

6.4.2 财务报表附注与财务情况说明书的比较

通过上一节关于财务情况说明书内容的介绍，我们不难看出，财务情况说明书在信息披露方面，其方式灵活多样，内容也生动广泛，和报表附注有很多相似的地方，具体表现在以下几方面：

（1）它们不仅都可以披露会计信息，而且还可以披露与企业会计信息密切相关的非会计信息，如企业经营的行业、主要业务范围等。

（2）它们都能做适量的分析，如都有其他重要事项的说明，能分析企业的过去并预测将来。这弥补了财务报表只能反映过去了的"既成事实"的缺点。

（3）它们的披露方式较为灵活，受既定会计原则限制较少，因此披露的信息范围远比财务报表披露的信息广泛。

虽然财务情况说明书和财务报表附注都是企业财务信息披露的重要方式和了解企业财务信息的重要途径，但是两者各有偏重。财务报表附注以对企业资产负债表和损益表情况的说明为根本，不牵扯其他，其"中心思想"非常明确，而财务情况说明书更像是对整个财务报表的分析。

原企业会计准则关于报表的内容包括资产负债表、损益表、财务状况变动表（或者现金流量表）、附表及会计报表附注和财务情况说明书，而新准则调整为：财务报告体系至少应包括资产负债表、利润表、现金流量表、所有者权益变动表等报表及附注。

> **注意**
>
> 取消财务情况说明书的最根本原因是，财务情况说明书更多涉及了企业生产经营基本情况和财务分析的内容，没有完全围绕"财务信息"，很多项目不能通过会计准则来规范。

第 2 篇

财务报表分析篇

Chapter 7 财务报表分析的基本知识

通过前面六个章节的介绍，我们已经初识了财务报表，基本知道了财务报表包括的内容。要有效地读懂财务报表，通过财务报告了解企业的财务状况、经营成果和现金流量，只认识这些表还不够，还必须对财务报表进行分析。这就好比飞机驾驶员，仅仅知道驾驶舱内仪表上的各项数字的含义是不够的，还必须清楚各项数字之间的关系，清楚各个指标在什么范围内是正常的，在什么范围是异常的，这样才能合理判断飞机的飞行是否正常，在危机出现之前做出调整。投资和经营企业也一样，通过对企业报表中各个数字之间的比例、趋势分析得出的财务状况的判断，能帮助我们做出正确的决策。

从本章起，我们将系统地介绍财务报表分析的基本方法、步骤和技巧。

7.1 财务报表分析的定义和内容

要想进行财务报表分析，我们先需要知道什么是财务分析，涉及哪些内容，用什么方法来分析，财务分析的意义是什么。

7.1.1 财务报表分析的定义

财务报表分析是指以财务报表数据为依据，运用一定的分析方法和技术，对企业的经营情况和财务状况进行分析，评价企业以往的经营业绩，衡量企业现在的财务状况，预测企业未来的趋势。财务分析得出的结论不仅能说明企业目前的财务状况、经营成果和现金流量状态，更重要的是能为报表使用人展示企业未来发展的前景，为其做出决策提供依据。

如前所述，财务报表是企业财务状况和经营成果的信息载体。但财务报表所列示的各项目的金额，如果孤立地看，并无多大意义，也看不出其"优、良、中、差"，只有与其他数据相比较，才能成为有用的信息。

这就好比姑娘相亲，要是在旧社会，父母都包办好了，个子高矮，读书多少，都是确定的，好不好你也不能比较。所以，男方高一点还是矮一点，由于没有比较，你说多高都没有本质意义。现代社会就不一样了，女孩可以接触的人很多。六姨给她介绍的个子高，但是皮肤黑；八姨介绍的虽然矮了点，但是白面书生，帅气。女孩之所以有这样的结论，是因为对两个男孩进行了比较。或者多少是高，女孩有自己的标准。如果女孩只有150厘米，她可能认为170厘米就算高了；而如果女孩高170厘米，她就会认为180厘米的男孩才算高个子。

财务报表分析也一样，如果单纯地看报表的数字本身，很难对企业的经营情况和财务状况进行有效评价。分析财务报告，需要将企业过去和现在的数据进行比较，或者与同行业类似企业的同类数据进行比较。

> **注 意**
>
> 借助一定标准对已有数据的比较，就是分析。财务报表分析也一样，就是参照一定标准将财务报表的各项数据与有关数据进行比较、评价。

7.1.2 不同报表使用人对财务报表分析的喜好差异分析

如我们在第1章的1.1.2中提到的，不同的报表使用人，由于其身份的不同，与企业的关系不同，对企业财务报表关注的项目是不一样的。同样，不同的报表使用人出于各自不同利益的考虑，在对企业进行财务分析时也有着各自不同的要求，这就使得财务分析为满足不同人的需求，在内容上既有共性又有不同的侧重。就像我们在前面说过的相亲的例子，女孩因为自己身高的不同，对男孩身高的关注度是不一样的。

财务报表分析信息的需求者主要包括投资者、企业的经营者（管理者）、债权人、企业员工、供应商以及政府部门等。报表使用人对财务分析数据的侧重点各有喜好，具体表现为以下几种。

1. 企业投资者的喜好

投资人作为企业的所有者或者股东，是企业的老板，必然会高度关心其投入资本的保值和增值状况，从财务分析的角度，就是对企业的投资回报率极为关注。

如果只是一般投资者，就像我们说的股民中的"散户"，当然会关注企业是否盈利，但最关心的还是企业是否能提高股利、红利的发放；而对于拥有企业控股权的大投资者，考虑更多的是如何增强企业的竞争实力，扩大产品的市场占有率，降低企业的财务风险和纳税支出，从而实现长期的高额收益，其最关注的是企业的盈利能力和发展能力。

2. 企业经营者（管理者）的喜好

投资者把企业交给经营者来管理，经营管理者作为管家，"既当家，又不能完全当家"。所以为满足不同利益主体的需求，协调各方面的利益关系，企业经营者必须对企业财务分析的各个方面都充分关注，以便平衡各个利益主体。

> **注　意**
>
> 从财务分析的角度，经营者需要关注的财务指标包括营运能力、偿债能力、盈利能力及发展能力等全部信息。

3. 企业债权人的喜好

债权人，通俗地讲就是放贷人或者债主，也就是老母亲餐厅例子中的高利贷商人。他们不参与企业利润的分配，但绝不意味着他们不关心企业的盈利状况。为了保证所放贷款能顺利收回本金和利息，他们会关注给某企业提供贷款的风险有多高，期望的报酬是否能按期收回；为了解债务人的短期偿债能力，就会关注其资产的流动能力；为了解债务人的长期偿债能力，就会关注企业的盈利状况和资本结构。

4. 企业员工的喜好

企业员工作为企业生存和发展的主导元素之一，当然希望企业盈利，也希望企业能长期稳定发展。但是，从财务分析的角度看，员工更关注的是企业的现金流和支付能力。如果企业连工资都不能如期支付，员工连生存来源都没有。员工不可能"画饼充饥"。

5. 供应商的喜好

供应商表面上应该是不需要关注企业财务分析的，但是由于涉及自身产品销售的实现，同时也关心着自己的应收账款能不能及时收回，所以，为决定是否与企业建立长期合作关系，会关注企业的长期盈利能力和偿债能力，为制定应收账款的信用政策，需要关注企业的短期偿债能力。

6. 政府部门的喜好

随着市场经济的发展，政府部门直接参与企业管理、干预企业经营的情况已经越来越少，但其在市场经济的发展中仍然兼具多重身份：它既是国家宏观经济的管理者，又是国有企业的所有者；政府采购时，它又是消费者和市场参与者。

> **注　意**
>
> 政府作为一个"综合单位"，不同部门对企业财务分析的关注点因其身份的变化而不同。

在这里，我们假设政府部门单一地作为国家的管理者，为了实现其管理职能的财力需求，需要向企业征税，这样从财务分析的角度看，政府部门最关心的就是企业的盈利能力，因为只有企业盈利，税收才有保障，企业的盈利状态直接影响着政府财政收入的状况。

7.1.3　财务报表分析的内容

如上一节介绍的，不同的报表使用人对财务报表分析的喜好是有差异的，但所有的人对财务报表分析又有趋同性，财务报表的系统分析完全能满足所有报表使用人的需求。财务报表分析的内容主要有以下几方面。

1. 资产负债表分析

从资产负债表内部分析的角度来看，主要是对自身结构的分析，以及资产负债表各项目的分析等。

从涉及财务指标分析的角度来看，资产负债表分析主要是对企业偿债能力、营运能力的分析。

2. 利润表分析

从利润表本身项目分析的角度来看，对利润表的分析包括利润增减变动及其构成分析、营业利润分析、企业收入分析和成本费用分析等。

从涉及财务指标分析的角度来看，对利润表的分析主要包括对企业盈利能力、营运能力、发展能力的分析。

3. 现金流量表分析

从现金流量表自身项目分析的角度来看，主要是对报表项目的结构分析，包括现金流入、现金流出和现金净流量的分析。

从涉及财务指标分析的角度来看，现金流量表分析主要包括对企业的偿债能力、盈利能力和股利支付能力的分析。

4. 财务会计报告综合评价分析

随着财务理论研究的发展，对企业财务报表进行综合分析的方法也越来越多，其中主要的也经常被用来做分析的有杜邦分析体系、沃尔分析法等。

7.2 财务报表分析的标准和方法

7.2.1 财务报表分析的标准

进行财务分析，其本质就是通过一定关联项目的比较，来确认我们分析和关注的这个企业的财务状况如何。这种比较可能是同一企业过去与现在比，也可能是同一行业不同企业比，与不同的参照标准比较，得出的结论将完全不同。这就是所谓的"小马过河"：对于小松鼠来说，河水很深，深到了足以把它的同伴淹死；对于老牛来说，河水很浅，浅得只是没过脚脖子而已；小马最后也试了，河水却是不深不浅，正好及膝。河水并没有在一时猛涨猛落，只是参照的标准在变化，所以结论完全不一样。

既然比较和分析过程中"标准"的选择会直接影响我们得出的结论，那么应该选择什么样的标准呢？目前比较通用的财务分析标准有经验标准、历史标准、行业标准和预算标准。不同的标准各有利弊。

1. 经验标准

所谓经验标准，指的是依据大量且长期的实践经验而形成的标准（适当）的财务比率值。这就好比说，去相亲时，媒婆对姑娘说，这个小伙子可好了，他家世代书香，从来没有听说过有主人打骂下人的情形，对自己的夫人和孩子那就更是一个字——"好"。这就是一个经验标准，媒婆为什么能确认这家人不会有暴力行为？因为她有以前的"下人""夫人和孩子"的经验作为参考。

具体到财务分析标准，是指在长期的财务分析过程中，通过观察千万个企业生存和发展的状态后，学者们确定的一些常用财务指标的数值范围。这就是财务分析的经验标准。

【例7-1】 西方国家于20世纪70年代的财务实践就形成了流动比率的经验标准为2∶1，速动比率的经验标准为1∶1，通常企业比较稳妥。又如，通常认为，当流动负债对有形净资产的比率超过80%时，企业就会出现经营困难；存货对净营运资本的比率不应超过80%；资产负债率通常应该控制在30%~70%等。

> **注 意**
>
> 事实上，所有财务指标的经验标准主要是针对制造业企业的平均状况而言的，并不是适用于一切领域和一切情况的绝对标准。就好比说媒婆说得没有错，这家过去还真是从来没有暴力行为，可就偏偏出来个逆子，这孩子留过洋，做过买卖，就是一个喜欢打架的人，这种情况也有可能出现。

在具体应用经验标准进行财务分析时，一定要结合企业具体的财务信息来确认通过比率得出的结论是否可接受。

【例7-2】 假设计算一个企业的流动比率时，其数值是3∶1，绝对大于经验标准范围的2∶1，是否就可以认为该企业短期偿债能力很强呢？通过报表附注资料我们发现，企业存在大量被长期拖欠的应收账款和许多积压的存货，这两类资产的变现能力并无保障。而另外一个企业，它的流动比率可能略低于经验标准的2∶1，只有1.6∶1，但企业的应收账款、存货都很少，且应收账款账龄都不长。在这样的情况下，我们如何评价这两个企业？结果是显而易见的，在这两个企业之间，经验标准并不能帮我们做出正确的评价。

还有一个问题，就是"经验标准＝平均水平"吗？事实上，经验标准并非一般意义上的平均水平，也就是说，财务比率的平均值并不一定就构成经验标准。

> **注 意**
> 一般而言，只有那些既有上限又有下限的财务比率，才可能建立起适当的经验比率。而那些越大越好或越小越好的财务比率，如各种利润率指标，就不可以建立适当的经验标准。

经验标准的优点：相对稳定，由于是长期积累后得出的结论，通常在较长时间内不会改变；同时它也比较客观，因为有长期的经验证明，不是凭空而来的。

经验标准的不足：

（1）并非"广泛"适用于所有企业，可能会受行业或企业发展阶段的限制，一个企业如果处于创业初期，各类指标与标准值会存在较大差异。

（2）经验标准也会变化。随着时间的推移和经济水平的发展，甚至是经济全球化程度的变化，很多我们原来认为正好的"经验标准"可能会不再适用。这就好比全球气候变暖了，各地雨水都多了，小河这两年的水位还真涨了不少。

2. 历史标准

所谓历史标准，是指本企业过去某一时期（如上年或上年同期）该指标的实际值。历史标准对于评价企业自身经营情况和财务状况是否得到改善非常有用，因为任何两个企业即便行业、规模一样，其经营方式、内部管理等细节都可能千差万别，而企业的现在是在过去的基础上发展起来的，用企业历史数据作为标准，能很好地评价企业的成长情况。

历史标准既可以选择本企业历史最好水平，也可以选择企业正常经营条件下的业绩水平，或者也可以用以往连续多年的平均水平。

> **注 意**
> 在财务分析实践中，以企业上年实际业绩作为标准的方式被普遍地运用。

用历史标准来衡量企业财务状况的好处如下：

（1）比较可靠和客观，因为上期的数据也来源于本企业，是对本企业最客观真实的评价。

（2）本期与历史标准具有较强的可比性，只要企业没有大的投资项目或经济波动，历史标准是本期数据最好的尺子。

历史标准的不足如下：

（1）往往比较保守，"不进步就是倒退，因为别人都在进步"。如果以发展的眼光来看企业的话，历史数据应该都是偏低的。

（2）这一标准适用范围较窄，一般只能说明企业自身短期内的发展变化，不能全面评价企业的财务竞争能力。当企业主体发生重大变化，如企业扩大规模、涉足其他领域或发生收购时，历史标准就会失去意义，或至少不应该再直接使用。而且，当企业外部环境发生突变时，历史标准的"标尺"作用也会出现局限性。

3. 行业标准

财务分析时用到的行业标准，既可以是行业财务状况的平均水平，也可以是同行业中某一比较先进企业的业绩水平。要全面地评价一个企业的竞争力水平，就需要参照行业标准。

行业标准的优点主要体现在以下几方面：

（1）可以说明企业在行业中所处的地位和水平。在充满竞争的社会，知己知彼才能百战不殆，与行业标准的比较能使企业认清自己的水平。

（2）通过与行业标准的比较，企业可以判断自身的发展趋势。例如，在正常情况下，行业的平均利润率为10%，而企业的利润率为9%，当经济危机来临后，行业的平均利润率下降到6%，而企业的利润率下降到7%左右，那么我们就可以认为该企业的盈利状况相对于经济状况而言已经相当好了，虽然有降低，但降低幅度和降低后的绝对值都优于行业平均值。

行业标准的不足主要表现在以下几方面：

（1）同一行业内的两个公司，由于其内部差异、地域差异等的影响，财务数据并不完全具有可比性。

（2）同行业企业，会计计量、会计估计等的运用也有差异，这也可能使行业标准偏离企业本源。

4. 预算标准

所谓预算标准，是指实行预算管理的企业所制定的预算指标。

一般集团公司等都会制定周密的营销预算和财务预算，这些预算既结合了企业自身的实际状况，又考虑了经济发展形势和行业特点，可以说是为企业"量身打造"的。用预算标准来考量企业的优点是：它符合战略及目标管理的要求，是否达到，怎么达到的，都是规划在先，考量在后。

预算标准也存在一些不足，主要表现在以下几方面：

（1）因为制定预算前，不可能考虑到所有外部因素的影响，所以预算标准本身不完全可靠。

（2）预算编制时，或多或少地掺入了制定者的主观因素。本来客观的数据，由带主观意识的标准来评价，有可能得到不真实的结论。

> **注意**
>
> 在费用预算管理过程中，有时候企业的某些部门会出现年底突击花钱的情况，就是预算标准"惹的祸"。年底了，本年预算要花的钱由于这样那样的客观原因没花，可能是节约，也可能是情况变化，反正按理说，少花钱是好事。但是，考核中，一方面会被认为预算做得不切实际；另一方面，今年没花，明年说不定就不给预算了。基于这样令人无奈的原因，只好年底突击花钱，让实际与预算吻合。

7.2.2　财务报表分析的方法

我们进行财务分析时，可以结合企业的经营情况，从不同的角度、根据不同的标准来进行。前面的小节介绍了财务分析的标准，但是仅仅有标准还不够，还需要遵循一定的方法。

虽然财务分析的形式多样，但自始至终都贯穿着"比较分析"的原理。基本的分析方法主要有三种，分别是：比率分析法、趋势分析法和因素分析法。

1. 比率分析法

所谓比率分析法，是指核算同一张财务报表的不同项目之间，不同类别之间，或两张不同报表中有关联的项目之间的比率关系，从相对数上对企业的财务状况进行分析和考察，借以评价企业的财务状况和经营成果是否存在问题的一种分析方法。

比率分析法按用以计算比率的项目的不同，又可以分成结构比率、效率比率和相关比率等。

（1）结构比率是指某项经济指标的各个组成部分与总体的比率，反映部分与总体的关系。其计算公式如下：

$$结构比率 = 某个组成部分数额 / 总体数额$$

利用结构比率，可以考察总体中某个部分的形成和安排是否合理，以便协调各项财务活动。举个例子，就是老师问体育委员："今天体育课，没有穿运动鞋的同学有 5 个，占我们班 40 个同学的百分比是多少？"这就是结构比率分析。如我们在分析资产负债表各项目时曾提到过，考察一个企业长期负债占总资产的比率，能考核其资本结构的稳健程度，就是运用了结构比率分析法。

（2）效率比率是指某项经济活动中所费与所得的比率，用以反映企业投入与产出的关系。

利用效率比率指标，可以进行得失比较，考察经营成果，评价经济效益。

【例 7-3】你投资股票 10 000 元，一买一卖再扣除手续费，最后你的资金账户是 10 500 元，你就可以算一个盈亏比率，其计算公式 =[(10 500–10 000)/10 000] × 100%=5%，这样，你可以说在股市盈利了 5%。然后你就可以想，要是投资 100 000 元到股市，那按 5% 的盈利水平算，就可以挣 5 000 元了。这样不但算出了效率比率，还用上了效率比率。

（3）相关比率是指以报表某个项目和与其有关但又不同的项目加以对比所得的比率。

利用相关比率指标，可以考察有联系的相关业务安排得是否合理，以保障企业运营活动能够顺畅进行。如将流动资产与流动负债加以对比，计算出流动比率，据以判断企业的短期偿债能力等。

2. 趋势分析法

所谓趋势分析法，是指将企业两期或连续数期的财务报告中的相同指标进行对比，确定其增减变动的数额、方向和幅度，用以说明企业财务状况或经营成果变动趋势的一种方法。

Chapter 7 财务报表分析的基本知识

采用趋势分析法,可以分析引起变化的主要原因、变动的性质,并预测企业未来的发展方向。趋势分析法的具体运用主要有以下三种方式:

(1)财务报表数据绝对额的比较。该方法是将连续数期的财务报表同一项目的金额并列起来,比较其增减变动金额和幅度,据以判断企业财务状况和经营成果发展变化的一种方法。

【例 7-4】 如表 7-1 所示,是某电脑公司 2015~2019 年的销售收入变化情况。

表 7-1　北瓜电脑公司 2015~2019 年销售收入变化表

(金额单位:万元)

年份	2015 年	2016 年	2017 年	2018 年	2019 年
销售收入	247	280	340	420	351
年增长幅度		13%	21%	23%	−16%

通过表 7-1 中 2015~2018 年的数据我们可以做一个简单的趋势分析,由于此 4 年内各年的销售收入均在增加,且较上一年的增长幅度都有提高,我们就可以认为,从 2015 年起的 4 年里,企业一直处于稳定发展状态。这就是绝对额的趋势分析。

(2)重要财务指标的比较,是将同一企业不同时期财务报告中的相同指标或比率进行比较,直接观察其增减变动情况和变动幅度,考察其发展趋势,预测其发展方向。

【例 7-5】 如表 7-2 所示,是某电脑公司 2015~2019 年的销售毛利率变化情况。

表 7-2　北瓜电脑公司 2005~2009 年销售毛利率变化表

年份	2015 年	2016 年	2017 年	2018 年	2019 年
销售毛利率	24%	21%	18%	16%	15%

通过表 7-2 中 2015~2019 年的数据我们可以做一个简单的趋势分析,由于每年的毛利率都在降低,则说明企业面临的市场竞争越来越激烈,企业发展压力也越来越大。

(3)财务报表项目构成的比较,该方法是在财务报表比较的基础上发展而来的。它是以财务报表中的某个总体指标作为 100%,再计算出其各组成项目占该总体指标的百分比,从而来比较各个项目百分比的增减变动,以此来判断有关财务活动的变化趋势。

【例7-6】 如表7-3所示，是某电脑公司2015~2019年的长期负债占资产总额的变化情况。

表7-3 北瓜电脑公司2015~2019年长期负债占资产总额比率的变化表

（金额单位：万元）

年份	2015年	2016年	2017年	2018年	2019年
长期负债	400	400	500	600	600
资产总额	2 000	2 300	2 945	3 010	3 200
长期负债占资产总额的比率	20%	17%	17%	20%	19%

通过对长期负债占企业总资产比率的趋势分析，我们可以得出结论，该电脑公司长期负债的比率维持在20%以内，资本结构属于比较稳健型。

3. 因素分析法

因素分析法又称为连环替代法，是指将一项综合性的指标分解为各项构成因素，按一定顺序用各项因素的实际数替换基数，分析各项因素影响程度的一种方法。

采用因素分析法能确定不同因素对我们关注的指标的影响程度，确认哪个因素是最需要被"照顾"的，哪些因素相对来说可以"放任自流"。

因素分析法理解起来有点绕，不妨举个生活中的小例子来通俗地解释一下。

【例7-7】 白领丽人小美每天都开车上下班。她家和公司相隔50千米，她每天往返就是100千米。以前她开个小奥拓，油耗很低，百公里油耗5升，油价为4元/升，这样她每天上下班的交通费就是20元。最近她升职了，公司给她配了奥迪车，虽然是公车，但油钱还得自己付，奥迪车油耗高，百公里油耗10升，正巧油价也涨到了5元，这样小美每天上下班交通费就增加到50元，比原来增加了30元之多。

小美的交通费为什么高了这么多呢？一是因为她换车了，车的油耗增加了；另外就是因为油价涨了。这两个因素都是导致小美交通费增加的原因。现在我们想分析一下，这两个因素中，哪个是引起她交通费增加的主要原因，这就需要采用因素分析法。

下面我们来演示因素分析法分析的步骤：

（1）没有换车，油价也没有涨时，小美的交通费=5升/100千米×4元/升×100千米=20元。

（2）如果小美不换车，只是油价涨了，她的交通费应该是多少呢？交通费=5升/100千米×5元/升×100千米=25元。也就是说，由于油价上涨，小美需要多支付5元交通费。

（3）事实上，小美换车了，所以她现在的交通费=10升/100千米×5元/升×100千米=50元，同没有换车前的费用25元比，小美多支付了25元交通费。

（4）由于油价上涨多付的5元+由于换车增加油耗多付的25元=总计增加的30元交通费。

从这四步的分析我们可以得出结论，换车才是小美增加交通费的最主要原因。这就是因素分析法的运用。

再如，企业利润总额是由三个因素影响的，其计算公式为：利润总额=营业利润+投资损益±营业外收支净额，在分析去年和今年的利润变化时，可以分别算出今年利润总额的变化，以及三个影响因素与去年比较时各自的变化，这样就可以了解今年利润增加或减少是主要由三个因素中的哪个因素引起的。这也是因素分析法，但只是比较简单的因素分析法，又称为差额分析法。

7.3 财务报表分析的作用

财务报表分析以企业财务报告反映的财务指标为主要依据，对企业的财务状况和经营成果进行评价和剖析，以反映企业在运营过程中的利弊得失、财务状况及发展趋势。它既是对已完成的财务活动的总结和评价，又有对企业发展趋势的财务预测，是报表使用人深刻认识企业财务状况的"探测仪"。

财务报表分析通过收集、整理企业财务报表的有关数据，并结合其他有关的补充信息，对企业的财务状况、经营成果和现金流量情况进行综合比较与评价，为报表使用者提供决策依据，其主要作用如下：

1. 财务报表分析能合理评价企业经营者的经营业绩

不仅仅是报表使用人需要进行财务报表分析，企业经营者（管理者）在编制完财务报表后，一定会先于报表使用人做财务报表分析。这就好比老母亲餐厅的经营者夏洛,他在把餐厅的财务状况报告给老母亲前,一定会做一个权衡:这段时间餐厅挣钱了没有?欠的债是不是太多了?利息还清没有?下一步的经营中,企业资金能不能周转,需不需要再投钱?这些事情他要在大脑中先过一遍,以便老母亲问起的时候能够应对。

总之,通过财务报表分析,企业经营者可以确认企业的偿债能力、营运能力、盈利能力和现金流量等状况,合理地评价自己的经营业绩,并促进管理水平的提高。

2. 财务报表分析是企业经营者实现理财目标的重要手段

企业生存和发展的根本目标是实现企业价值最大化,企业经营者通过财务报表分析,能促进自身目标的实现。比如老母亲餐厅的经营者夏洛通过分析发现,餐厅要正常维持下去的话,当务之急是筹集资金开始下期的营运,因为第一次聚餐后,餐厅没有很好的现金流;其次,餐厅要想挣钱,需要开拓市场,增加盈利能力。

> **注意**
>
> 财务报表分析对企业经营者尤其重要,通过报表分析,经营者能确认目前企业的状态,"拨开云雾见明月",确认不足,找出差距,从各方面揭露矛盾,并不断挖掘潜力,充分发掘未被利用的人力、物力资源,促进企业经营活动按照企业价值最大化目标运行。

3. 财务报表分析能为报表使用人做出决策提供有效依据

如我们前面说到的那样,财务报表分析能帮助报表使用人正确地评价企业的过去,全面了解企业现状,并有效地预测企业未来发展状态,这就为其做出决策提供了有效的依据。

企业的投资者或者潜在投资者是企业财务报表的使用人之一,他们通过对企业财务报表的分析,可以了解企业获利能力的高低、营运能力的大小以及发展能力的强弱,这样可以进一步确认自己投资的收益水平和风险程度,从而决定是否投资。

企业的债权人也是企业财务报表的使用人之一,他们通过对企业财务报表的分析，可以了解企业偿债能力的高低、现金流的充足程度，从而确认债权的风险程度，并决定是否马上收回债权或要求企业提供担保等。

企业的供应商也是企业财务报表的使用人之一，他们通过对企业财务报表的分析，可以了解企业营运能力的大小、偿债能力的高低，从而确认是否需要与企业长期合作。

4. 财务报表分析能为国家行政部门制定宏观政策提供依据

国家作为市场经济的调控者，通过统计部门核算出的整个国民经济的财务数据进行财务分析后，可以有效地了解目前经济的发展趋势、存在的不足，从而有针对性地调整税收政策和货币政策等，以促进整个国民经济的平稳发展。

> **注 意**
>
> 为降低我国各类企业的负担，改善经济发展环境，我国实施了营业税改增值税的重大税收政策，这是国家利用税收政策促进整个国民经济平稳发展的"大手笔"。

8 Chapter 资产负债表分析

通过第 7 章的介绍,我们已经了解到,资产负债表的分析包括三方面的内容,分别是资产负债表自身结构的分析、资产负债表各项目分析以及与企业财务状况评价相关的财务指标的分析。在本章中,我们将按上述思路全面地分析资产负债表。

8.1 资产负债表结构分析

资产负债表由资产、负债和所有者权益三部分组成。资产负债表的结构分析,就是通过对报表各个组成部分占总资产的比率的分析,来评价和衡量企业的财务状况。

企业的资产和负债是从两个不同角度反映同一经营活动的两种记录:资产是反映企业可支配东西的多少,通过现金、存货、固定资产等形式反映资金存在的状况;而负债是从企业取得资金的途径来看,反映的是资产筹集的来源,如短期借款、长期借款和股本等。

资产负债表的结构分析包括资产结构分析、负债结构分析等。

8.1.1 资产负债表列示

为了直观、有效地分析企业资产负债表,我们需要先提供一个资产负债表。仍然以老母亲餐厅为例,假设餐厅持续发展,在 **01 年 12 月 31 日之后的一年

Chapter 8 资产负债表分析

里运转正常,且 **01 年 12 月 31 日的资产负债表以表 2-3 老母亲餐厅组织第一次聚餐后,适当投融资后的资产负债表为标准对外报出。到 **02 年 12 月 31 日时,餐厅对外报出的资产负债表如表 8-1 所示。

表 8-1 经营一年后老母亲餐厅的资产负债表

编制单位:老母亲餐厅　　　　　　**02 年 12 月 31 日　　　　　（单位:元）

资产	期初数	期末数	负债及所有者权益	期初数	期末数
流动资产			流动负债		
货币资金	82.3	567.1	短期借款	0	0
应收账款	140	210	应付账款	0	169
其他应收款	100	35	预收款项	50	60
预付账款		11	应付职工薪酬	0	70
			应交税费	0	25
存货	22	341.6	应付股利	0	200
			其他应付款	120	10
流动资产合计	344.3	1 164.7	**流动负债合计**	170	534
长期股权投资	120	120	长期负债		
固定资产			长期借款——高利贷	40	40
固定资产原值	200	260	**长期负债合计**	40	40
减:累计折旧	10	32	**负债合计**	210	574
固定资产净值	190	228	所有者权益(或股东权益)		
在建工程	0	0	实收资本(或股本)	400	400
无形资产	0	16	资本公积		
			盈余公积		71.04
			未分配利润	44.3	483.66
非流动资产合计	310	364	**股东权益合计**	444.3	954.7
资产合计	654.3	1 528.7	**负债和股东权益合计**	654.3	1528.7

注:该表数据对应表 8-8 的利润表,表 10-1 的现金流量表。

企业经营中的细节说明:在 **02 年的全年,老母亲餐厅实现主营业务收入 3 650 元,购买了 60 元的固定资产,购买了经营"二毛酸菜"的品牌使用权,花费 20 元,无其他大项支出,对应的利润表见第 9 章表 9-1。

在第 8 章、第 9 章、第 10 章中提到的资产负债表数据,都来源于该表。

8.1.2 资产结构分析

资产负债表的资产结构是指企业的流动资产、长期投资、固定资产、无形资产及其他资产占资产总额的比重。通过分析不同流动性的资产占总资产的比率，能了解企业的资产结构是否合理。

在分析资产结构时，报表使用人关注的指标主要有流动资产率，其计算公式如下：

流动资产率=（流动资产额/资产总额）×100%

具体到老母亲餐厅**02年底报表数，其流动资产率=（1 164.7/1 528.7）×100%=76%。

> **注 意**
> 一般来说，流动资产占资产总额的比例越高，说明企业的资金流动性、可变现能力越强。

但是该指标受到行业差异的影响较大。例如，老母亲餐厅是服务行业，而且以"送餐"为主，其总资产中并无大量的设备和厂房，所以其流动资产率较高。如果是制造行业，由于大量的机器设备、厂房等是企业生存和发展的必备条件，所以其流动资产率一般在30%左右。

基于行业的差异性，不同企业在计算出本企业的流动资产率后，可以用该项指标与同行业进行比较，或者与该企业的历史各期进行比较。从而确认企业的资本结构是否合理。

例如，我们可以计算老母亲餐厅**01年年底时的流动资产率=（344.3/654.3）×100%=53%。

用当年的比率76%和去年的比率53%进行比较分析后，我们可以认为，餐厅在**02年时的资产流动性提高了。

> **注 意**
> 分析企业资产结构时，我们还可以用分析流动资产率的方式来分析现金资产的比重、应收账款和存货的比重、生产经营用资产的比重、无形资产的比重和长期股权投资的比重等。

Chapter 8 资产负债表分析

8.1.3 负债结构分析

负债结构,主要包括负债总额与所有者权益之间的比例关系,以及负债中长期负债与短期负债的分布情况等。通过分析,可以知道企业的债务情况,了解企业自有资金与债务的比率关系。负债结构分析指标主要有如下指标。

1. 自有资金负债率

该指标反映的是负债总额与企业资本总额(所有者权益)的比例关系,也称为投资安全系数。其计算公式如下:

$$自有资金负债率 = [负债总额 / 资本总额(所有者权益)] \times 100\%$$

$$负债总额 = 流动负债 + 长期负债$$

具体到老母亲餐厅**02年年底报表数,其自有资金负债率=(574/954.7)×100%=60%。

从计算结果可以看出,企业自有资金负债率越高,说明债权人的保障程度越低。由于债权人得不到保障,反过来从企业的角度,企业想再获得贷款的机会越小。其计算结果可以用于衡量投资者对偿还债务的保障程度和评估债权人向企业投资的安全程度。

2. 长期负债比重

该指标用来核算企业长期负债在总负债中的比重。其计算公式如下:

$$长期负债比重 = (长期负债 / 负债总额) \times 100\%$$

具体到老母亲餐厅**02年年底报表数,其长期负债比重=(40/574)×100%=7%。

该比重反映的是企业所有负债中,对外来长期资金的依赖程度。比重大,依赖程度高;比重小,依赖程度低。

3. 流动负债比重

该指标用来核算企业流动负债在总负债中的比重,其计算公式如下:

$$流动负债比重 = (流动负债 / 负债总额) \times 100\%$$

具体到老母亲餐厅**02年年底报表数,其流动负债比重=(534/574)×100%=93%。

该比重反映的是企业所有负债中,依赖短期债权人的程度。该比重越大,则依赖越强;反之则依赖程度越弱。

> **注 意**
>
> 由于短期借款比长期借款利率更低,更容易申请,使用更加灵活,所以很多企业更喜欢"借短用长",在短期借款能够逐年滚动续借的情况下,这种贷款方式无可非议。但是一旦遇到金融危机或者企业临时出现大额资金缺口,而银行又不愿意继续提供借款,企业的资金链条就会突然中断,面临倒闭风险。所以,企业融资应考虑长短搭配,并应避免多笔大额长期借款同时到期。

8.2 资产负债表各项目分析

我们在第 2 章中详细介绍了资产负债表各项目的含义和包括的内容,那么怎样充分理解这些项目数据呢?对资产负债表各项目的分析,能帮助报表使用人充分理解各个项目中"潜伏"的企业信息。

8.2.1 货币资金变动情况分析

货币资金包括现金、银行存款和其他货币资金。货币资金是企业流动性最强、最有活力的资产,同时又是获利能力最低,或者说几乎不产生收益的资产,其拥有量过多或过少对企业生产经营都会产生不利影响。企业经营过程中,引起货币资金发生变动的主要原因如下:

(1)销售规模的变动。企业销售产品或提供劳务是取得货币资金的主要途径,当销售规模发生变动时,货币资金数量必然会发生相应的变动,也就是说,当企业的主营业务收入和其他业务收入变化时,货币资金必然变化,两者是直接相关的。

(2)企业信用政策的变动。所谓信用政策,又叫应收账款政策,是指企业对应收账款的态度,通俗地讲,就是销售实现时,是否允许客户赊销,赊销比率是多少,赊销期间多长等。

Chapter 8 资产负债表分析

【例 8-1】 以老母亲餐厅为例,就像我们在前面说到的,一家人吃顿饭本来应该是 280 元,但是现在只付 140 元,剩下的一半需要等 3 个月才能付,餐厅能不能接受?餐厅说:"你付 200 元吧,剩下的 80 元可以半年后再付。"先付 140 元或者先付 200 元,以及余款怎么付等,就是信用政策的实施。

如第(1)项中提到的那样,企业的销售规模扩大是货币资金增加的先决条件。但是,在销售规模不变的情况下,如果企业改变信用政策,则货币资金数量就会因此而变化。例如,在销售时,企业提高现销比例,其货币资金可能会增多;反之,当期收到的货币资金就会减少。如果企业收账政策改变,也会对货币资金数量产生影响,如企业奉行较严格的收账政策,收账力度较大,货币资金数量就会增加。

(3)企业短期内是否有大额支付计划。企业在生产经营过程中可能会发生大笔的现金支出,如准备派发现金股利,偿还将要到期的巨额银行借款或集中购货等,企业必须为此提前做好准备,积累大量的货币资金以备需要,这样就会使货币资金数量比正常状态下要多。当然,一旦这种需要消失,货币资金数量就会回到正常水平。

> **注意**
>
> 企业货币资金的数量与企业的生产、经营密切相关。如果阅读报表时发现了该项目的异常变动,就需要关注其变化原因,以及对企业未来经营的影响等。

8.2.2 应收账款变动情况分析

应收账款是因为企业提供商业信用产生的。单纯从资金占用角度讲,应收账款的资金占用是一种最不经济的行为,但企业往往可以通过扩大销售额补偿这种损失。所以,应收账款的资金占用又是必要的。对应收账款变动情况的分析,应从以下几方面进行:

1. 分析企业销售规模变动对应收账款的影响

企业销售产品是形成应收账款的直接原因,在其他条件不变时,应收账款会随着销售规模的增加而同步增加,在一定比例内,这种变动是一种正常现象。为了便于理解，我们举例说明。

【例8-2】举个极端但很通俗的例子。按照现在的行业规则，建筑工程完工后都会留合同金额10%左右的余款，作为质量保证金，在建筑物启用后满一年，如果没有大的质量问题才能支付。一个建筑公司还是个小工程队的时候，一年只有10 000元的业务，可能应收账款为1 000元；但是现在已经成长为一个大工程公司，一年的业务量有1 000万元，自然而然，应收账款也水涨船高地变为100万元。

2. 分析企业信用政策变动对应收账款的影响

这一点在前面分析货币资金时也有提到，因为货币资金和应收账款是销售收入的两种"回款方式"——东西卖出去了，有可能收到现金，也可能没有收到现金，那就形成了企业的应收账款。所以，信用政策对货币资金和应收账款的影响是"此消彼长"的效果。如果企业的信用政策比较严格，应收账款的数量规模就会小，收到的货币资金就比较多；反之亦然。

同样，企业的收账政策也将对应收账款产生影响。当企业采取较严格的收账政策时，收到的货币资金较多，应收账款的数量规模就会小些；反之，则会大些。

> **注意**
>
> 过多的应收账款不但增加企业的管理成本和资金成本，也严重影响了企业资金流动性的质量。一个良性发展的企业应该严格控制应收账款的数量。

8.2.3 存货变动情况分析

存货是企业流动资产中最重要的组成部分，是生产经营活动重要的物质基础。存货资产的变动，不仅对流动资产的资金占用有极大的影响，而且对生产经营活动产生重大影响。对存货变动的分析，可以从如下几个方面入手：

（1）存货数量盘存方法的影响。存货数量变动是影响资产负债表存货项目的基本因素，企业存货数量的确定主要有两种方法：定期盘存法和永续盘存法。

所谓定期盘存法，是指在期末报表日时，根据账簿记录，对库存存货进行实物盘点，以证实其客观存在，并验证其账面记录的真实性、正确性和完整性的一种方法。通俗地讲，就是到现场点点数，看看账上说的 5 个鸡蛋是不是都在，有没有被老鼠偷走。所以，当企业采用定期盘存法进行存货数量核算时，资产负债表上存货项目反映的就是存货的实有数量。

另外一种存货的盘存方法是永续盘存法。所谓永续盘存法，是指对于存货的增加和减少，都根据入库单、出库单或领料单等各种有关凭证，在账簿中逐日逐笔进行登记，并随时结算出各种存货的账面留存数额的一种方法。通俗地讲，就是看存货明细账上的进、出数，通过"本期结存＝上期留存＋本期购进－本期发出"的公式，计算库存余额。除非在编制资产负债表时对存货进行盘存，否则资产负债表上存货项目所反映的只有存货的账面数量。如果存货有丢失、坏损等，则没有及时考虑到。

定期盘存法和永续盘存法两种不同的存货数量确认方法会造成资产负债表上存货项目的差异，这种差异不是由于存货数量本身变动引起的，而是由于存货数量的会计确认方法不同造成的。我们在阅读企业会计报表时，需要了解企业是否在年度末对存货进行盘点，以确认其存货的真实性。

（2）如果企业存货越多，企业的资金沉淀就越多，可以流动的资金就越少，资产的使用效率也就越低。这和家庭理财一样，家里一个月的收入是 1 000 元，要用不要用的，有库存没有库存的米、面、衣服还有洗衣粉什么的，你买了堆在家里，那能存到银行生利息的余钱就没有了，如果想吃肉的话，也没有钱买。所以，企业的存货比例应该与企业的生产规模、每个月的产品的销售数量成一定的比例关系，不能太高。当然，除非有零库存管理体系，否则存货太少也可能影响正常的生产经营。

8.2.4　固定资产变动情况分析

固定资产作为企业赖以生存的物质基础，是企业产生效益的源泉，关系到企业的运营与发展。但是在企业的经营中，一旦企业达到一定规模后，固定资产却不是一个频繁大幅度变动的项目。对固定资产变动的分析，可以从如下几个方面入手：

（1）如果某一会计期间固定资产原值有大金额变动，就需要充分关注。企业投资新项目、翻新厂房、扩大生产线等才有可能导致固定资产大幅增加。而且，投产新项目和扩充生产线的固定资产投资，引起的直接效应应该是企业的产能增加，所以发现固定资产增加后，应相应地核对它的"互动效果"如何，如企业销售收入是否增加，生产效率是否提高等。

（2）会计政策变更对固定资产的影响。从会计政策方面讲，引起固定资产变动的另一个重要方面是折旧方法的选择，会计准则和制度允许企业使用的折旧方法有：平均年限法、工作量法、双倍余额递减法和年数总和法。后两种方法属于加速折旧法。采用不同的折旧方法导致各期所提的折旧不同，会引起固定资产账面净值发生不同的变化。

这样的影响我们在第 6 章的 6.2.2 节关于会计处理方法对利润的影响时就提到过：一项固定资产，用于提折旧的金额是 240 万元，使用年限是 5 年，如果按直线法计提折旧，每年都提 48 万元，但如果企业采用年数总和法计提折旧，则从第一年起，五年内各年计提折旧的金额分别为：80 万元、64 万元、48 万元、32 万元、16 万元。这样，直线法计提折旧，第一年末固定资产余额为 192 万元（240-48），而采用年数总和法计提折旧时，第一年末固定资产余额为 160 万元（240-80）。所以，我们在阅读企业财务报表时，需要通过会计报表附注资料了解企业是否在本期调整了折旧方法。

8.2.5　无形资产变动情况分析

尽管无形资产没有实物形态，但在知识经济时代，无形资产在企业资产总额中所占的比重越来越大，对于某些行业、某些企业来说，无形资产甚至成为决定企业市场价值和增加企业未来现金流量的主要动力，对企业生产经营活动的影响也十分巨大。

资产负债表上列示的无形资产是指无形资产原值减去无形资产摊销后的摊余价值，所以只根据资产负债表提供的资料，难以分析无形资产的增减变化。

> **注 意**
>
> 按我国财务制度规定，企业的研究开发费一旦产生就计入当期费用，因而资产负债表上的无形资产也不能真实地反映出企业拥有的全部无形资产。

无形资产的减少除出售、对外投资等原因外,更主要的是因为其价值摊销造成的,分析时应注意企业是否有利用无形资产摊销而调整本期利润的行为。

8.2.6 负债总体变动情况分析

负债是指过去的交易、事项形成的现时义务,履行该义务预期会导致经济利益流出企业。根据债务偿还期限的长短的不同,负债可以分为流动负债和长期负债。进行负债分析时,应从如下几个方面考虑。

1. 负债总额大小的分析

如果一个企业资产总额的 2/3 以上为负债,那么其财务结构就非常激进,也就是我们通常说的借钱生钱。一旦企业出现经营失败、陷入破产,企业将会资不抵债,对于债权人来说,是非常不安全的,也是完全不能接受的。

2. 负债中长、短期负债的比例分析

负债是借来的,迟早需要归还。在一般情况下,为了不至于"人人逼债上门",企业在举债时应该考虑将长期负债和短期负债进行搭配,实现每期归还一部分。这样企业的还债压力较小,也不至于影响企业的正常生产和经营。

> **注 意**
>
> 如果在某期,企业的短期负债和已经到期的长期债务金额非常大,就需要分析其是否有足够的现金来归还到期债务,这一现象会不会影响企业的信誉,甚至是否影响企业的持续经营等。

3. 到期债务的偿债风险分析

企业的财务风险源于企业采用负债经营方式。不同类型的负债,其风险是不同的。企业在安排负债结构时,必须考虑到这种风险。任何企业,只要采取负债经营方式,就不可能完全回避风险,但通过合理安排负债结构降低风险是完全可以做到的。

一般说来,短期负债的风险要高于长期负债,主要因为以下几个方面:

(1)企业使用长期负债筹资时,在已经确定的负债期内(如三年期借款就是确定的三年内),其利率通常不会发生变动,所以每个月的利息费用是固定的。

这样使用期较长的资金，便于企业做资金规划，而其利息固定，也便于企业制订固定的还款计划。

如果在相同期限内使用短期负债来连接，一方面会出现难以保证及时取得资金的风险，另一方面可能因利率调整而使利息费用发生变动。尤其是在通货膨胀条件下，可能因当前的短期借款利率超过以往的长期借款利率而使企业的利息费用增加。

（2）长期负债的偿还期较长，使企业有充裕的时间为偿还债务积累资金，虽有风险，但相对小些。如果企业以多期的短期负债相连接来满足长期资金的需要，可能因频繁的债务周转而发生一时无法偿还的情况，从而出现资金短缺和财务困境，甚至导致企业破产。

为了更好地了解长、短期债务在报表分析中的差异，在后面的小节中我们还会按报表项目单独介绍。

8.2.7　短期借款变动情况分析

短期借款发生变化，其原因主要有如下两大类：①生产经营需要；②企业负债筹资政策变动。具体来说可能是以下几种情况：

（1）企业增加流动资产资金的需要，特别是临时性占用流动资产需要发生变化时，企业会增加短期借款。比如当季节性或临时性扩大生产时，企业就可能通过举借短期借款来满足其资金需要；当这种季节性或临时性需要消除时，企业就会偿还这部分短期借款，从而在一定期间内引起短期借款的变动。

（2）为节约利息支出考虑。一般而言，短期借款的利率低于长期借款和长期债券的利率，举借短期借款相对于长期借款来说，可以减少利息支出。企业可能会在某笔长期借款到期偿还后，发现仍然有资金缺口，为节约利息支出，不再重新申请长期借款，改为持续多次申请短期借款，即所谓的不断"借新债还旧债"或者"还旧债借新债"。

（3）为调整企业负债结构和财务风险。企业增加短期借款，就可以相对减少对长期负债的需求，使企业负债结构发生变化。但相对于长期负债，短期借款具有风险大、利率低、使用灵活等特点,负债结构变化同时引起负债成本和财务风险发生变化。

对短期借款的变动,基本可以从上述三类原因进行分析。

8.2.8 应付账款及应付票据变动情况分析

应付账款及应付票据是在商品交易时产生的,所以其数额与企业采购付款政策直接相关,引起其变动的原因主要有以下几方面:

(1)企业销售规模的变动。当企业销售规模扩大时,会相应增加存货需求,使应付账款及应付票据等债务规模也随之扩大。

(2)为充分利用无成本资金。由于应付账款及应付票据是因商业信用产生的一种无资金成本或资金成本极低的资金来源,企业在遵守财务制度、维护企业信誉的条件下充分加以利用,可以减少其他筹资方式的筹资数量,节约利息支出。所以很多企业"能赊就赊""不得不付时才付"。

> **注 意**
> 一个企业的应付账款必然是另一个企业的应收账款,所以在上游企业也考虑资金成本的驱动下,企业的应付账款不可能十分多。

(3)企业当前资金的充裕程度。如果企业的资金相对充裕,供应商催要货款时,企业一般都会尽量满足其要求,所以应付账款和应付票据的规模就小些;但如果企业资金比较紧张,就有可能会尽量争取延后付款,应付账款和应付票据的规模也就相应增大。

8.2.9 长期借款变动情况分析

长期借款作为企业筹集资金的重要渠道之一,每个期间内发生业务的次数不多,但一旦变化,就会立刻改变企业的资本结构和财务风险水平,所以也需要关注。引起长期借款变动的因素主要有以下几种:

(1)银行信贷政策及资金市场的资金供求状况的改变。如果金融业调整了长期借款的利率，降低到企业完全愿意接受的水平，一直用短期借款"拆东墙补西墙"的企业可能会考虑改变这种状态，转成借一笔长期借款。

（2）为了满足企业对资金的长期需要。如企业有新的盈利水平较好的项目，一时又没有更好的资金来源的话，通过担保、抵押等方式借入长期借款是很多企业常常选择的方式。

（3）保持企业权益结构的稳定性。当企业的收益率远远高于资本市场收益率时，企业的股东非常愿意"借鸡生蛋"，因为债权人需要的仅仅是固定的利息，高出利息的企业收益将全部由股东享有，借钱越多，挣得越多，股东分的超出资本金利息部分的收益就越多。

（4）调整企业负债结构和财务风险。如果老板觉得企业欠债实在太多，企业的财务风险已经高到他不能接受的时候，可能会考虑通过股东增资取得资金等方式，提前归还部分长期借款，从而出现长期借款项目余额的变化。

8.2.10　股本变动情况分析

股本是所有者权益项目的主要构成部分，也是企业资金来源的根本。如果企业对外报表显示本期股本有变动，则其原因主要有如下几个方面：

（1）企业增发新股或配股。从本质上说，这是由投资者追加投资引起的股本变化。如果企业减资，则会相反。

（2）资本公积或盈余公积转增股本。这虽然也会引起股本发生变化，但所有者权益总额并未改变。

（3）以送股方式进行利润分配。这会引起股本增加，同时未分配利润减少，但所有者权益总额也并未改变。

8.2.11　未分配利润变动情况分析

未分配利润作为所有者权益的重要项目，来源于利润表历年的积累，每期都在变化，引起未分配利润项目发生变化的原因主要有以下几方面：

（1）企业生产经营活动的业绩。它包括本年度的经营活动和以前年度的经营活动，因为未分配利润是企业历年生产经营业绩积累的结果。

（2）企业利润分配政策的执行。企业确认本期分配利润，未分配利润就会减少，相应的股东权益也减少。如果企业暂时不分配股利，未分配利润就会积累下来，暂时留存在企业。

所以，不阅读利润表，单独分析资产负债表的未分配利润项目数年的变化状态，我们也能了解企业的盈利状况和股利分配政策倾向。

8.3 短期偿债能力分析

财务比率分析是将财务报表的信息和资料加以整理、浓缩、简化后，以百分比或者指数的形式来表现财务报表各个项目之间相互关系的专用的报表阅读方式。通过财务比率分析，可以对企业的偿债能力、盈利能力及企业发展能力等做出评价，进而对企业的总体财务状况和未来发展趋势做出预测和判断。

短期偿债能力是反映企业在不用变卖或处置固定资产的情况下能否偿还短期负债的能力。短期负债是指流动负债，具体包括短期借款、应付、应交及预收款项等不长于一年或一个经营周期的债务。反映企业短期偿债能力的比率又称为流动性比率。

用于反映企业的短期偿债能力的流动性比率主要有流动比率、速动比率和现金比率。

当然，我们同时也需要关注对影响企业短期偿债能力的外部因素的分析。

8.3.1 流动比率

流动比率是流动资产与流动负债之比，其计算公式如下：

$$流动比率 = 流动资产 / 流动负债$$

从指标的计算公式可以看出，流动比率反映的是：在一定期间内，企业有多少可以转化为现金的资产能用来偿还一年内到期的短期债务。流动比率越高，企业的偿债能力或者说资产变现能力就越强。

【例 8-3】以老母亲餐厅为例，两年的流动比率如表 8-2 所示。

表 8-2　老母亲餐厅流动比率资料表

（单位：元）

年份	**01年年底	**02年年底
①流动资产总额	344.3	1 164.7
②流动负债总额	170	534
流动比率＝①/②	2.03	2.18

从表 8-2 中可以看出来，老母亲餐厅两年的流动比率基本保持稳定，都在 2 左右，也就是餐厅有两倍于短期负债的短期资产能随时归还一年内到期的债务。

注意

一般来说，流动比率越高，企业的短期偿债能力就越强，财务风险越小。而较低的流动比率通常表明企业在偿还短期债务方面可能存在某些问题，因此财务风险比较大。

但是，是不是流动比率越高越好呢？当然不是，过高的流动比率，说明企业在流动资产上占用资金过多，企业的资金利用效率低。如果把资金比作矿厂采煤车的话，固定资金表示的就是有明确岗位的采矿车，而流动资产就是表示尚未分派任务、闲置的采矿车。采煤厂要出更多的煤，当然是只留适量的空车在新开采区等待，而更多的采矿车在已经开发好的区域持续工作比较好。企业资金运用也是这样。

造成企业流动比率过高的原因有很多，主要可能会是以下几方面：

（1）企业对资金未能有效利用。这就好比矿区本来的开发区域就不大，而煤矿老板又有比较多的采矿车，所以自然而然就有大量的采矿车闲置。

（2）企业赊销过多，流动资产中有大量的应收账款。这就好比煤矿老板确实应该有大量的采矿车，但是车都放在隔壁阿毛的那个金矿上，在忙着给人家的矿采金子，虽然是煤矿的车，却不能为采煤做贡献。

（3）企业销售不力，致使在产品、产成品积压，库存商品过多。这就好比煤矿老板确实有大量的采矿车，也都在自己矿上，可是因为已经采好的煤炭没有卖出去，采矿车的车斗里都被煤占着，不但不能下井采矿，还会影响从矿井里上来的采矿车的出入。

总之，流动比率虽然反映了企业的短期偿债能力，但也不是越多越好。

8.3.2 速动比率

速动比率是在流动比率的基础上更严格地对企业流动资产质量的评价。其计算公式的分子，是从流动资产中扣除部分变现不及时（主要是存货）的资产，再除以流动负债的比值，其公式如下：

速动比率 = 速动资产 / 流动负债

速动资产 = 流动资产 – 存货

速动比率与流动比率的差异，就在确认企业可以偿还债务的资产的范围上。前者采用了"速动资产"，也就是将流动资产中的存货（库存材料、库存商品等）进行扣除。

一般认为，现金及银行存款、短期投资、应收票据和应收账款等资产或者本身就是现金，或者是企业可以通过强制对方兑现的债权，变现能力比较强。而存货需要销售后才可能变成现金，其变现受到市场需求、市场价格等多种因素的限制，变现能力较差，而且在进行企业清算时也容易贬值。故引入了"速动资产"的概念，将存货从流动资产中扣除后，其他的流动资产变现速度更快，就是速动资产。因此，分析速动比率，可以进一步判断企业的偿债能力或支付能力。

【例 8-4】 以老母亲餐厅为例，两年的速动比率分别如表 8-3 所示。

表 8-3 老母亲餐厅速动比率资料表

（单位：元）

年份	**01 年年底	**02 年年底
①流动资产总额	344.3	1 164.7
②存货余额	22	341.6
③流动负债总额	170	534
速动比率 =（①－②）/ ③	1.9	1.54
附：流动比率	2.03	2.18

从表 8-3 中可以看出来，老母亲餐厅两年的速动比率有所下降，由 **01 年的 1.9 下降到了 **02 年的 1.54，但是，该比例相对还是比较安全的。由于速动资产只是流动资产的一部分，因此速动比率的数值在 1 左右就比较适合。

从表 8-3 中我们还可以看出，虽然 **02 年的流动比率比 **01 年要高，但其速动比率反而比 **01 年低，引起这种变化的唯一因素是存货。这组数据也可以说明，企业资产能否流动或快速变现的真实性，直接与资产结构相关。

> **注意**
>
> 速动资产中的应收账款虽然理论上变现能力较强——其依据是企业可以随时向债务人追讨，要求其马上归还，但就目前我国很多企业的应收账款坏账水平来看，受三角债的影响，很多应收账款的变现能力也很差。

8.3.3 现金比率

现金比率是指企业期末现金类资产对流动负债的比率，其计算公式如下：

现金比率 =（库存现金 + 银行活期存款 + 现金等价物）/ 流动负债

从计算公式可以看出，这一指标能反映企业直接偿付流动负债的能力，是最严格、最稳健的短期偿债指标。现金比率越高，企业可用于支付债务的现金类资产越多，短期债权人的债务风险越小。但如果这一指标过高，则企业的资金利用率低，不利于盈利水平的提高。

【例 8-5】以老母亲餐厅为例，两年的现金比率如表 8-4 所示。

表 8-4　老母亲餐厅现金比率资料表

（单位：元）

年份	**01 年年底	**02 年年底
①现金及现金等价物	82.3	567.1
②流动负债总额	170	534
现金比率 = ① / ②	0.48	1.06

从表 8-4 中可以看出，老母亲餐厅的瞬间还款能力比较好，尤其是 **02 年时，其现金比率超过了 1。

8.3.4 影响短期偿债能力的其他因素分析

前面 3 小节介绍的比率分析都是从企业内部数据分析来评价企业的短期偿债

能力，其实企业作为一个社会元素，其偿债能力同样受到诸多社会因素的影响。这些因素主要有以下几种：

（1）企业可动用的银行贷款指标。企业在长期经营过程中，会与一些银行建立合作关系。为了保持这种合作关系，并争取存贷款市场，有的银行会与企业签订额度内的"机动借款合同"或"综合授信"，即银行已同意在一定额度内，只需企业申请，随时都可以从银行取得一部分短期借款，增加企业现金，提高企业的支付能力。

（2）企业偿债信誉的好坏。如果一个企业一直以来偿债能力很好，从未拖欠过货款，在供应商中保持了良好的信用，当企业某一时段出现短期偿债困难时，则企业可以通过申请延期付款等方式来部分解决短期资金困难问题，或者举借新债偿还旧债等。这也是提高短期偿债能力的一种方式。

（3）企业准备很快变现的长期资产。由于改变制造工艺、调整产品结构、转型等原因，企业可能会将一些长期资产出售，这样可以收回现金，也增加了企业的短期偿债能力。

> **注　意**
>
> 最近几年房价飙升的情况下，某些企业抛售房产增加企业偿债能力和盈利能力的报道时有发生。比如，2017年6月凤凰财经报道：成都前锋电子股份有限公司于2017年6月将位于北京朝阳区的179.36平方米房产出售，一次性获得资金1 125万元，直接增加该公司净利润约335万元。该公司还发表声明称：本次出售部分房产事项有利于公司优化资产结构，提高资产运营效率，不会对公司持续经营能力造成影响。这实在是让股民"刮目相看"。

（4）或有负债会降低企业短期偿债能力。如果一个企业在报告期内卷入了尚未判决的质量问题诉讼案或经济纠纷案，而且可能会败诉并需赔偿时，就增加了企业的负债，这样企业的短期偿债能力就降低了。

（5）担保责任引起的负债也会降低企业短期偿债能力。企业有可能用自有的一些流动资产为别的企业或个人提供担保，如为关联企业向银行等金融机构借款提供担保，为别的企业进口关税提供担保等。一旦被担保方出现违约，这些担保行为就有可能增加企业负债，从而降低企业的偿债能力。

8.4 长期偿债能力分析

仅仅了解一个企业的短期偿债能力是不够的，"人无远虑必有近忧"，所以，我们在评价一个企业的偿债能力时，需要同样关注企业的长期偿债能力。

长期偿债能力是指企业偿还长期负债的能力。企业的长期负债主要包括长期借款、应付长期债券、长期应付款等偿还期在一年以上的债务。用于分析和评价企业长期偿债能力的指标主要有：资产负债率、股东权益比率、负债股权比率和利息保障倍数（获利倍数）等。

由于利息保障倍数这一指标涉及了利润表数据，我们对其分析在第9章中关于利润表分析的对应项目中再举例说明，相关内容请参考第9.5章节。

8.4.1 资产负债率

资产负债率是指企业负债总额与资产总额的比率，也称负债率。它反映企业的资产总额中有多少是通过举债获得的。其计算公式如下：

$$资产负债率 = （负债总额 / 资产总额） \times 100\%$$

对于这个指标，由于投资者、债务人和公司经营者处于不同的利益角度来考量，对它的评价也就有所差别。

（1）对于投资者而言，当企业的总资产利润率高于债务利息率一定比例时，希望举借更多的债务来扩大经营，以便赚取更多的超出利息的利润。

（2）对于债权人，其关注的是债权的安全性和其利息是否能足额、及时地给付。当企业的负债在总资产中所占的比例超过50%，债权人在企业清算时，就绝对有可能出现本金得不到清偿的情况。这就好比赌徒本来只有50元，他又向张三借了60元，共计拿110元去赌博，结果他输掉了50%，也就是55元。张三该不干了，因为赌徒已经不可能全部归还借他的60元，最多只能还55元了。所以债权人希望企业的资产负债率越低越好。

> **注意**
> 杠杆炒股中的强制平仓，就是最典型的债权人为了保证自身资金安全而采取的强制止损行为。

（3）对于公司经营者，由于考虑资金成本负担能力的同时，还要考虑通过适度负债满足企业发展对资金的需求，既不能过于保守，也不应盲目举债。所以，公司经营者希望适当负债。

【例 8-6】 以老母亲餐厅为例，两年的资产负债率如表 8-5 所示。

表 8-5　老母亲餐厅资产负债率资料表

（单位：元）

年份	**01 年年底	**02 年年底
①负债总额	210	574
②资产总额	654.3	1 528.7
资产负债率=（①/②）×100%	32%	38%

通过表 8-5 可以看出来，经过一年的经营，老母亲餐厅的资产负债率有所提高，但是仍然可以接受。

对资产负债率指标，没有统一的衡量标准。不同行业的期望标准差别很大，而且也受到企业本身经营状况、盈利能力、融资能力以及社会经济整体形势等因素的制约——在经济危机的情况下，很多银行都说："我倒是想借给企业钱，可是企业不要。"这就是典型的因为经济形势不好，企业未来的盈利能力有很大的不确定性，所以企业不敢贸然融资，以免增加利息支出和财务风险。但是，资本结构较好的企业，其资产负债率应以不超过 50% 为比较稳妥。

8.4.2　股东权益比率和权益乘数

（1）股东权益比率是指股东权益占企业资产总额的比例。该指标反映企业资产总额中有多少是所有者投入的资金。其计算公式如下：

股东权益比率=（所有者权益总额/资产总额）×100%

【例 8-7】 以老母亲餐厅为例，在过去两年的股东权益比率如表 8-6 所示。

表 8-6　老母亲餐厅股东权益比率及股东权益资料表

（单位：元）

行次	年　份	**01 年年底	**02 年年底
第 1 行	①股东权益总额	444.3	954.7
第 2 行	②资产总额	654.3	1 528.7
第 3 行	股东权益比率 =（①/②）×100%	68%	62%
第 4 行	权益乘数 =（②/①）×100%	1.47	1.6
第 5 行	③**02 年年底平均股东权益总额 =（444.3+954.7）/2		699.5
第 6 行	④**02 年年底平均资产总额 =（654.3+1 528.7）/2		1 091.5
第 7 行	修正后的 **02 年的权益乘数 =④/③		1.56

注：由于股东权益和资产总额的年底数均为时点数，在进行财务综合分析时，需要进行一定时期内财务趋势的分析，所以，该指标需要由时点指标转化为时期指标，故 **02 年修正后指标为时期指标。

> **注　意**
>
> 从上述计算公式及表 8-5 与表 8-6 中的数据可以看出，资产负债率 + 股东权益比率 =1，这两个比率都是反映企业资产来源的。知道其中一个，也就能计算和分析另外一个。

（2）权益乘数是指企业资产总额与股东权益的比率。它与股东权益比率互为倒数。该比率表明 1 元股东权益拥有多少总资产。其计算公式如下：

权益乘数 =（资产总额 / 所有者权益总额）×100%

【例 8-8】　以老母亲餐厅为例，在过去两年的权益乘数见表 8-6 中第 4 行。餐厅的权益乘数在 1.5 左右，表明老母亲每投入 1 元的资本，目前在餐厅的资产为 1.5 元左右。

8.4.3　负债股权比率

负债股权比率是负债总额与股东权益总额的比率，也称产权比率。其计算公式如下：

负债股权比率（产权比率）=（负债总额 / 所有者权益总额）×100%

从计算公式中可以看出，这个比率实际上反映了债权人所提供的资金与股东所投入资金的对比关系。因此，它可以揭示企业的财务风险及股东权益对偿还企业债务的保障程度。

【例 8-9】 以老母亲餐厅为例,两年的负债股权比率如表 8-7 所示。

表 8-7 老母亲餐厅负债股权比率资料表

(单位:元)

年份	**01 年年底	**02 年年底
①负债总额	210	574
②股东权益总额	444.3	954.7
负债股权比率 =(①/②)×100%	47%	60%

从表 8-7 中的数据可以看出,负债股权比率(产权比率)越低,表明企业长期偿债能力越强,债权人承担的风险越小;反之,偿债能力越弱,债权人承担的风险越大。所以对债权人来说,负债股权比率(产权比率)越低越好,因为比率越低,说明每一元债务背后的股东权益保证越多,债权人越有安全感。

> **注意**
> 产权比率和权益乘数这两种比率是常用的财务杠杆计量指标,可反映在特定情况下资产利润率和权益利润率之间的倍数关系。财务杠杆表明债务的多少与偿债能力有关,并且表明权益净利率的风险,也与盈利能力有关。权益乘数 – 负债股权比率 =1。

8.4.4　影响长期偿债能力的其他因素分析

除了通过财务指标分析能了解企业的长期偿债能力外,还有一些与企业内、外相关的因素也制约着企业长期偿债能力的高低,这些因素主要包括以下几种:

(1)企业长期资产项目的含金量会直接影响企业的长期偿债能力。

资产负债表的长期资产主要包括固定资产、长期投资和无形资产等,这些资产的实际市场价值和账面价值的差异程度直接影响着企业的长期偿债能力。

如果一个企业的报表上显示的固定资产有 3 000 万美元,可实际上这 3 000 万美元都是过时的、产能很低、废品率很高的不良资产,甚至购买的就是国外淘汰的旧设备,这就使企业的长期偿债能力大打折扣,甚至严重影响企业的长期偿债能力。

相反地，有可能另一个企业计入资产账上的无形资产只有 200 万元人民币，但是这项无形资产是目前国内顶尖的专利技术——我们不妨假定其是预防和治疗埃博拉病毒的试剂。由于这种试剂能治疗当今世界上最致命的病毒性出血热，这一技术只要投入生产，一定能给企业带来巨大的效益，这样的无形资产就能"四两拨千斤"，能从很大程度上提高企业的长期偿债能力。

（2）或有事项的存在也会影响企业的长期偿债能力。

关于或有事项对企业偿债能力的影响，我们在短期偿债能力分析中就有解析到，这里要说的是，如果企业存在大范围对用户提出特殊质量保证，或者企业产品存在致命缺陷，就有可能引起负债性质的或有事项发生。如汽车生产企业批量召回已经售出若干年的汽车，飞机制造商发现飞机的致命缺陷等。这些或有事项一方面会顷刻增加企业的当期成本费用，需要大量现金支出执行补救，同时会导致企业失去市场，影响企业现金流入。

> **注意**
>
> 我们在阅读企业报表，对其进行长期偿债能力分析时，一定要根据报表附注及其他有关资料等，判断或有事项可能给企业带来的潜在长期负债，并分析其影响程度有多深。

8.5 企业营运能力分析

资产的营运能力是指企业对各项资产运用的效率，通过对有关财务比率的分析，可以了解企业资产运行是否合理，是否有资产闲置等。常用的反映企业营运能力的财务分析指标有存货周转率、应收账款周转率、流动资产周转率、固定资产周转率和总资产周转率等。

【例 8-10】 为了沿用前面老母亲餐厅的例子分析资产的利用效率，我们需要提供 **02 年年底时餐厅的利润表，具体如表 8-8 所示。

Chapter 8 资产负债表分析

表 8-8 老母亲餐厅 **02 年利润表

编制单位：老母亲餐厅　　　**02 年 12 月 31 日　　　　　　　　　　（单位：元）

行次	项　目	本期金额	数据来源说明
第 1 行	一、营业收入	3749.4	
第 2 行	减：营业成本	2539.4	
第 3 行	税金及附加	112	
第 4 行	销售费用	78	
第 5 行	管理费用	164	
第 6 行	财务费用（收益以"－"号填列）	9.6	
第 7 行	资产减值损失		
第 8 行	加：公允价值变动收益（损失以"—"号填列）		
第 9 行	加：投资收益（损失以"—"号填列）	12	
第 10 行	二、营业利润（亏损以"－"号填列）	858.4	
第 11 行	加：营业外收入		
第 12 行	减：营业外支出	13	
第 13 行	三、利润总额（亏损总额以"－"填列）	845.4	
第 14 行	减：所得税费用	135	
第 15 行	四、净利润（净亏损以"—"填列）	710.4	

备注：如果想了解该餐厅 **02 年的业务和利润表、资产负债表及现金流量表的由来，请参考本书第 15 章附注资料。

8.5.1　存货周转率和存货周转天数

存货周转率是指销售成本与平均存货之比。它反映的是企业存货利用效率的高低，其公式如下：

$$存货周转率 = 销售成本 / 存货平均余额$$

其中，存货平均余额 =（期初存货 + 期末存货）/2，而销售成本通常指营业成本。

或者也可以用全年天数除以存货周转率，计算出存货周转天数。存货周转天数反映的是平均多少天存货可以周转一次，或者说，是企业从购入原物料、投入生产到将产成品销售出去所需的天数，其计算公式如下：

存货周转天数 =360/ 存货的周转率

存货周转率是表明存货流动性的主要指标，同时也是衡量和评价企业存货购入、投入生产、销售收回等各环节的综合性指标，是衡量企业资产管理能力高低的一个重要指标。通过这个指标，报表使用人能看到企业的产品从购入原材料、投入生产、销售出去实现收入等各个环节的管理状况，从而直观地评价企业资产运作的效率。

【例 8-11】 以老母亲餐厅为例，其存货周转率和存货周转天数指标如表 8-9 所示。

表 8-9　老母亲餐厅存货周转率计算表

（单位：元）

年份	**01 年年底	**02 年年底
①销售成本		2 539.4
②存货余额	22	341.6
存货周转率 = 销售成本 / 存货平均余额		13.97
存货周转天数 =360/ 存货的周转率		25.77 天

由于老母亲餐厅属于服务性行业，存货无非就是米、面、菜和调味品等，绝大部分存货的保质期都比较短，所以我们可以认为，25.77 天的周转天数已经比较长了，也就是说，老母亲餐厅的存货周转率偏低。

那么是不是存货周转率越高越好呢？

（1）一般来说，存货周转率越高越好。因为存货会占用企业大量的流动资金，加快存货周转，能将这部分资金解放出来转投到下一循环的生产中，或者投入其他领域，如扩充生产线、对外投资等，无疑都会创造出更多的价值。

注　意

一个企业的存货周转率提高，通常说明企业的生产、销售形势比原来好了，因为生产出的东西能够立刻卖出去。我们常常说要看企业效益好不好，只需要看在工厂门口排队拉货的车有多少，就是这个道理。

（2）这个指标也并非越高越好。我们知道存货既包括原材料、半成品，又包括产成品。从原物料来讲，如果其存货过低，企业可能会出现"巧妇难为无米之炊"的局面,所以,规模化生产的企业都制定了原物料的安全库存,也就是库存低于一定数量时,马上就购买,而不是等到没有原物料了才去购买。而对于成品,适当的库存一方面能帮助企业缓冲交货期,避免出现因延期交货带来的违约损失;另一方面也便于企业应对市场上可能出现的突发性需求,不会因为手中一时无货而错失商机。

> **注 意**
> 适量的库存是企业持续经营必备条件。

我们在分析企业存货周转率时,可以参照比较的标准有两个:一个是行业平均水平标准;另一个是企业历史标准。

【例8-12】 曾有某股票观察员发现,他一直关注的S集团下属的一家上市公司最近2~3年来存货周转率明显降低,而企业的销售业绩没有明显变化。通过分析企业的存货绝对值发现,其存货较前几年提高了好几倍。是企业的营销策略改变了?还是出现了滞销?可该上市公司的销售收入却没有明显下滑的趋势。正在该观察员百思不得其解时,证监会公布了该企业股东挪用上市公司资金的通告。原来,上市公司的大股东S集团与上市公司处于同一行业,S集团利用上市公司的资金为自己购买生产用原物料,体现在上市公司的报表上为存货增加,而在上市公司的营业成本没有明显提高的情况下,其存货周转率理所当然地降低了。通过存货监盘发现了这一舞弊行为,但是,如股票观察员发现的那样,企业的财务比率已经充分地说明了这个事实。所以,报表使用人在分析这个指标时,既可以与企业历史水平进行纵向比较,也可以与同行业的其他企业进行横向比较,以确认企业存货周转率反映企业营运能力的真实性。

8.5.2 应收账款周转率和应收账款周转天数

应收账款周转率是指全年销售收入与平均应收账款之比。它反映的是企业对应收账款的利用效率,其公式如下:

应收账款周转率 = 销售收入 / 应收账款平均余额

其中,应收账款平均余额 =(期初应收账款 + 期末应收账款)/2,而销售收入通常指营业收入。

或者也可以用全年天数除以应收账款周转率，这样计算出应收账款周转天数（又称为应收账款回收期）。通俗地讲，应收账款回收期就是王二没有付钱就从小卖部拿走了一瓶醋，如果王二两天就把钱补上了，那么小卖部（假设没有其他应收账款）的应收账款回收期就是 2 天；如果他赖到两个月后才给，那小卖部的应收账款回收期就是 60 天。该指标反映的是企业销售产品平均的回款时间长短，其计算公式如下：

$$应收账款回收期 = 360 / 应收账款周转率$$

应收账款周转率可以用来评价企业应收账款变现的速度和管理的效率，反映了企业的资金周转状况，也能体现企业信用政策的宽严程度。

> **注意**
> 由于应收账款本身没有任何资金效率，所以，如果能迅速收回应收账款，既可以补充企业资金，也说明企业信用状况良好，不易发生坏账损失。

【例 8-13】以老母亲餐厅为例，其应收账款周转率和应收账款回收期指标如表 8-10 所示。

表 8-10　老母亲餐厅应收账款周转率计算表

（单位：元）

年份	**01 年年底	**02 年年底
①营业收入		3 749.4
②应收账款余额	140	210
应收账款周转率 = 营业收入 / 应收账款平均余额		21.43
应收账款回收期 =360/ 应收账款周转率		16.8 天

服务行业中不存在违约保证金，在正常情况下，应收账款回收期应该很短——按现代餐饮业的营业模式，应该是吃完饭就结账，所以认为，目前老母亲餐厅的应收账款回收期并不是很理想。

那么，是不是应收账款周转率越高就越好呢？

（1）在一般情况下应收账款周转率越高越好。因为应收账款周转率高，说明在外的每一元应收款能更快地收回，企业资金增加，可以更快更好地被利用，能提高资金的使用效率；如果应收账款周转率过低，势必是企业大量的资金被客户占用，长期下去，可能会造成自身资金周转困难，甚至还需要从银行融资来维持生产经营，这样就需要支付利息，等于"企业付利息，把钱借给客户用"。

（2）但是，同时我们也要看到，与其他资产一样，应收账款的目的是促进销售，减少存货，也是一种"投资"。如果企业应收账款周转率过高，则说明企业的信用政策可能太紧，才会导致企业应收账款非常少，这样可能会失去一部分需要企业产品，但是短时期资金存在一定困难的客户，不利于企业开拓和占领市场。所以，应收账款周转率也不是绝对的越高越好。

> **注意**
>
> 由于应收账款周转率受到企业季节性经营、分期付款结算方式等因素的影响，财务报表使用人在分析这一指标时，也需要将本期指标与企业前期指标、与行业平均水平或其他类似企业的指标相比较，从而判断该指标的高低水平是否符合企业财务现状，企业的营运能力如何。

8.5.3　流动资产周转率和流动资产周转天数

流动资产周转率，又称为流动资产周转次数，是指全年销售收入与平均流动资产总额之比。它反映的是企业流动资产的利用效率，其公式如下：

流动资产周转率 = 销售收入 / 平均流动资产总额

其中，平均流动资产总额 =（期初流动资产总额 + 期末流动资产总额）/2，而销售收入通常指营业收入。

或者也可以用全年天数除以流动资产周转率，计算出流动资产周转天数，其计算公式如下：

流动资产周转天数 =360/ 流动资产周转率

流动资产周转率主要用于分析企业流动资产的周转速度。在一定时期内，企业流动资产周转率越高，表明以相同的流动资产完成销售额（或者说周转额）越多，企业流动资产利用效果就越好。而流动资产周转天数反映的是流动资产周转一次所需要的时间。周转一次需要的时间越少，表明企业流动资产在经历生产和销售各阶段所占用的时间越短，企业在生产、经营的任何一个环节上提高了效率，都能缩短流动资产周转天数。

【例 8-14】以老母亲餐厅为例，其流动资产周转率指标如表 8-11 所示。

表 8-11　老母亲餐厅流动资产周转率计算表

（单位：元）

年份	**01 年年底	**02 年年底
①营业收入		3 749.4
②流动资产总额	344.3	1 164.7
流动资产周转率 = 营业收入 / 平均流动资产总额		4.97
流动资产周转天数 =360/ 流动资产周转率		72.43 天

从表 8-11 中可以看出，餐厅目前的流动资产周转率非常低，餐厅对流动资产的利用效率非常低。

如我们前面介绍的那样，企业的流动资产周转率越高，说明流动资产周转速度越快，表明企业的营运能力越强，企业流动资产的经营利用效果越好，进而会使企业的偿债能力和盈利能力得到增强。那么，是不是流动资产周转率越高越好呢？

通过公式我们可以知道，提高销售收入和降低流动资产都可以提高流动资产周转率，在销售收入既定的情况下，不能单纯地以大幅降低流动资产为代价去追求高周转率。因为流动资产的多少直接反映了企业短期偿债能力的强弱，企业应保持一个较稳定的流动资产水平，以保证其短期偿债能力，在此基础上再提高其使用效率。

> **注　意**
>
> 同存货和应收账款的分析一样，对流动资产周转率进行分析时，该指标也需要与企业以前年度数据、同行业其他企业数据或者行业平均水平进行比较才有意义。

8.5.4　固定资产周转率和固定资产回收期

固定资产周转率是指全年销售收入与固定资产平均净值之比。它反映的是企业固定资产的利用效率，其公式如下：

固定资产周转率 = 销售收入 / 固定资产平均净值

其中，固定资产平均净值 =（期初固定资产净值 + 期末固定资产净值）/2，而销售收入通常指营业收入。

或者也可以用全年天数除以固定资产周转率，计算出固定资产回收期，通俗地讲，固定资产回收期就是企业多久能销售出相当于固定资产那么多的收入，或者说，企业卖多久的收入，可以再买回这么多的固定资产。其计算公式如下：

固定资产回收期 =360/ 固定资产周转率

固定资产周转率主要用于分析企业对厂房、机器设备等固定资产的利用效率。该比率越高，说明固定资产的利用率越高，管理水平越高。如果一个企业的固定资产周转率与同行业平均水平相比偏低，则说明企业对固定资产的利用率较低，可能会影响企业的获利能力。

【例 8-15】 以老母亲餐厅为例，其固定资产周转率指标如表 8-12 所示。

表 8-12　老母亲餐厅固定资产周转率计算表

（单位：元）

年份	**01 年年底	**02 年年底
①主营业务收入		3749.4
②固定资产净额	190	228
固定资产周转率 = 主营业务收入 / 固定资产平均净额		17.94
固定资产回收期 =360/ 固定资产周转率		20.07 天

从表 8-12 中的数据来看，餐厅的固定资产周转率高达 17.94，这就说明老母亲餐厅充分利用了所有的固定资产，投资得当，没有闲置固定资产。

从固定资产周转率的计算公式可以看出，该指标除了与销售收入直接关联外，还受到固定资产净值的影响，所以在计算和衡量这一指标，尤其是通过固定资产的趋势分析来判断企业的营运能力时，需要考虑影响指标计算的"临时"因素：

（1）如果某一会计期间内新增固定资产比较多，比如某一天，老母亲餐厅要盖栋楼，这一投资一定会大于餐厅当期所有固定资产之和，则本期计算出的固定资产周转率与原来一直的趋势比较，一定会有跳跃式变化。

（2）因为固定资产净值计价方法的改变，也可能影响企业固定资产周转率指标的计算。比如一个电子加工企业一直采用历史成本计算固定资产净值，由于社会技术的革新，企业的目前的生产设备严重滞后于技术发展，为了体现"实质重于形式"的原则，也充分体现企业资产的质量，经相关部门核准，企业对已有的固定资产一次性计提了大额的减值准备。则在本期计算出的固定资产周转率就有可能突然提高，其数值一定会偏离一直以来的趋势。

> **注意**
>
> 如果在某期，固定资产周转率出现了忽高忽低的变化时，一定不能直接认为企业的营运能力在短期内有调整，需要进一步分析固定资产净值组成项目是否在本期有特殊异动后再进行判断。

8.5.5 总资产周转率和总资产周转天数

总资产周转率，又称总资产周转次数，是指全年销售收入（或营业收入）与企业总资产之比。它反映的是企业全部资产的利用效率，其公式如下：

$$总资产周转率 = 销售收入 / 平均总资产$$

其中，平均总资产=（期初资产总额+期末资产总额）/2，而销售收入通常指营业收入。

或者也可以用全年天数除以总资产周转率，计算出总资产周转期（又称为总资产周转天数），通俗地讲，总资产周转天数就是企业多久能销售出相当于总资产那么多的收入，其计算公式如下：

$$总资产周转天数 = 360 / 总资产周转率$$

总资产周转率即企业的总资产在一定时期内（通常为1年）周转的次数。其比率越高，表明总资产周转速度越快，企业的销售能力越强，企业利用全部资产进行经营的效率越高，进而使企业的偿债能力和盈利能力得到增强。

> **注意**
>
> 可能会出现这样的情况。在某期，企业的总资产周转率突然上升，而销售收入与以往持平，这就有可能是企业本期报废了大量固定资产，这时的总资产周转率不能说明资产利用率真的提高了。

【例8-16】以老母亲餐厅为例，其总资产周转率指标如表8-13所示。

表 8-13　老母亲餐厅总资产周转率计算表

（单位：元）

年份	**01 年年底	**02 年年底
①营业收入 = 主营业务收入 + 其他业务收入		3 749.4
②资产总额	654.3	1 528.7
③平均资产总额 =（654.3+1 528.7）/2		1 091.5
总资产周转率 = 销售收入 / 平均总资产		3.44
总资产周转天数 =360/ 总资产周转率		104.65 天

从表 8-13 中的数据来看，餐厅的总资产周转率仅为 3.44，明显偏低，这就说明老母亲餐厅的总资产未能得到充分利用。

8.5.6　营运能力指标分析的特点

企业的营运能力实际就是企业的总资产及各个组成要素的营运能力。在本节中我们共分析了五个与经营能力相关的财务指标，分别是存货周转率、应收账款周转率、流动资产周转率、固定资产周转率和总资产周转率。从这些指标计算的公式我们不难看出：

（1）所有指标的资产负债表项目均采用了"（期初 + 期末）/2"的均值的方式，这是因为资产负债表反映的是企业在某一特定日期（比如 12 月 31 日）的财务状况，而我们需要分析的是企业一定期间内的营运能力，分析时的数据来源采用"（期初 + 期末）/2"的均值，可以在一定程度上避免某一日期特殊事项对各个指标的绝对影响。

（2）所有指标在分析时，与企业利润中的成本相关的项目，如存货，本期领用和消耗会增加营业成本，则分析其使用效率时，与销售成本比较；而与企业利润中的收入相关的项目，如应收账款，因为是实现销售收入时产生的，所以在分析其使用效率时，与营业收入比较；而涉及整个企业的营运状态的，直接与营业收入比较，如流动资产周转率、固定资产周转率和总资产周转率等。了解这些指标的根源之后，就不需要刻意地去记公式了。

8.5.7　营运能力指标分析的作用

资产营运是企业在生产、经营过程中实现资本增值的过程，我们通过对营运能力各个指标的分析，可以了解企业资产的营运效率与效益。进行营运能力分析达到的效果如下：

（1）营运能力分析能帮助报表使用人客观、有效地评价企业资产营运的效率，为确认企业的盈利能力和偿债能力增加依据。

（2）营运能力分析能帮助企业经营者发现企业在资产营运中存在的问题。如通过分析，发现企业应收账款周转率过低，可以采用调整信用政策、加大催收力度等方式加强对应收账款的管理，从而减少出现应收账款坏账的比例，也提高企业的资产周转能力等。

（3）营运能力分析能为企业投资者评价和考核企业管理层提供参考数据。企业的投资者把钱投入到企业，目的是最大限度地获得利润，如果企业的很多资产都没有得以充分利用，那肯定谈不上获得尽可能多的利润。所以，企业的投资者可以把企业的营运能力指标作为考核企业管理者的参考之一。

Chapter 9 利润表分析

在第 8 章关于资产负债表的指标分析中，我们探讨了与企业的偿债能力和营运能力相关的指标。利润表是企业经营效果的"成绩表"，通过对其分析，我们可以全面地了解企业的盈利能力和发展能力，进而可以对企业在行业中的竞争地位、自身的持续发展能力等做出有效判断。

本章我们将主要从企业盈利能力和发展能力两方面，系统地介绍利润表指标分析。

企业的盈利能力可以根据利润表的编制结构，按总体来分析；也可以从投资者的角度，依据投资者投入的钱和获得的利润的关系来分析；还可以从计算利润表的逻辑关系"利润 = 收入 – 成本 – 费用"的角度来分析。随着资本市场的发展，很多企业通过上市来获得大众投资者的资金，为企业的发展提供更多机会，所以上市公司的盈利能力的分析也就被广大股民所关注。接下来的章节，我们将基本按上述逻辑，逐一分析企业的盈利能力。

9.1 企业总体盈利能力指标分析

盈利能力是指企业获取利润的能力。追求利润是投资者的直接目的，而且利润也是企业生存、发展和壮大的直接动力。盈利能力的直观表现就是资产的增值，我本来只有 5 块钱，买了 5 个烧饼，当然不是自己吃，我把它们都卖掉了，共收回来 6 块钱，我挣的这 1 块钱，就是资产的增值。我们考核企业的盈利能力，就是要考核通过生产、经营，企业增值了多少，分别通过什么项目增值等。

依据在第 3 章中提及的利润表的计算步骤可知，计算利润的步骤可以分解成如下三步：

（1）营业收入 – 营业成本 – 营业税金及附加 – 销售费用 – 管理费用 – 财务费用 – 资产减值损失 + 公允减值变动收益 + 投资收益 = 营业利润。

（还有一种思路是毛利 – 营业费用 – 管理费用 = 息前、税前经营利润，该指标用来区分投资者和债权人的收益，因为财务费用是债权人的收益，然后再算营业利润）。

（2）营业利润 + 营业外收入 – 营业外支出 = 利润总额。

（3）利润总额 – 所得税费用 = 净利润。

既然净利润是通过不断"去伪存真"一步步"升华"得来的，我们就逐步分析其"真伪"和"优劣"。

9.1.1　主营业务利润率分析

虽然最新的利润表并不区分主营业务收入和非主营业务收入，外部报表使用者也不容易通过四张主表获得企业主业和非主业的数据，但是，基于考核、内部管理等要求，在企业内部仍会区分主业和非主业，分别来分析企业的盈利能力，仍然具有现实意义，也是目前很多企业通行的做法，所以本节主要用于企业内部管理分析。

主营业务利润又叫产品销售利润，是指主营业务收入减去主营业务成本及税金后的余额。它是企业主营业务财务成果的具体体现。而主营业务利润率是指企业在一定期间内主营业务利润与主营业务收入净额的比率。它说明了企业主业的盈利能力，也反映出企业主营业务的市场竞争力和发展潜力。其公式如下：

主营业务利润率 =（主营业务利润 / 主营业务收入净额）× 100%

从计算公式可以看出，该指标计算的是主营业务利润对于其收入的比率。

【例 9-1】　老母亲餐厅在外卖饭菜的同时，偶然也匀给别人一点米、面粉，但是外卖饭菜（成品）才是餐厅的主业。夏洛需要了解外卖饭菜时，扣掉原料、

Chapter 9 利润表分析

人工等成本后,到底挣几成的钱,这就是主营业务利润率。老母亲餐厅在**01年和**02年具体的主营业务利润率指标如表9-1所示。

表9-1 老母亲餐厅主营业务利润率计算表

(单位:元)

年份	**01年年底	**02年年底
①主营业务收入	280	3 650 年
②主营业务成本	195	2 454
③主营业务税金及附加	4	112
④主营业务利润=①-②-③	81	1 084
主营业务利润率=(④/①)×100%	28.93%	29.7%

注:上述数据分别来源于第1章的表1-3和第8章的表8-8。

从表9-1中可以看出,餐厅两年来主营业务利润率在29%左右,对于餐饮业而言,算比较正常。

由于主营业务利润的变化受企业销售量、产品品种构成、销售价格和单位销售成本等诸多因素影响,所以主营业务利润率也受到这些因素的影响:

(1)如果企业的销量大幅提高,在其他条件都不改变的情况下,其主营业务利润率应该会提高。因为生产产品时,原材料、工时可能与产成品是一一对应的关系,但机器的折旧费、车间管理人员的工资等固定成本,在同期的一定区间范围内是不会有太多变化的。这样产量增加时,分配到每个产品的主营业务成本就降低,企业的利润率空间就越大。

(2)总销售收入不变,利润率水平不同的产品销售数量有增有减时,主营业务利润率改变。针对这个问题,我们不妨举例来说明。

【例9-2】 如表9-2所示是一个早点摊(卖自制的烧饼和粽子两种产品)在端午节当天和节后的销售收入来源及成本情况。

表9-2 烧饼摊烧饼和粽子销售情况表

(单位:元)

时间	品种	销售数量/个	单价	单位成本	收入小计	成本小计
端午节当天	烧饼	20	1	0.5	20	10
	粽子	20	2	0.7	40	14
端午节后一天	烧饼	50	1	0.5	50	25
	粽子	5	2	0.7	10	3.5

从表 9-2 中可以看出，早点摊虽然两天的收入额完全一样，都是 60 元，但是其主营业务利润率却存在很大差异，如表 9-3 所示。

表 9-3　早点摊主营业务利润率计算表

（单位：元）

时间	端午节当天	端午节后一天
①主营业务收入	60	60
②主营业务成本	24	28.5
③主营业务税金及附加（忽略不计）	0	0
④主营业务利润＝①－②－③	36	31.5
主营业务利润率＝（④／①）×100%	60%	52.5%

从表 9-3 中可以直观地看出来，虽然收入总额没有变化，但端午节后一天，早点摊主比端午节当天少挣 4.5 元，主营业务利润率也由 60% 降低到了 52.5%。这就是销售的产品品种变动引起的主营业务利润的变化。基于这样的分析可知，企业销售那些利润空间比较大的产品越多，期利润率就越高。

（3）如果消费者不会因为价格升高而改变其购买意向的话，提高产品的销售价格，直接就能增加收入。在成本不变的情况下，企业的收入增加，主营业务利润率当然也提高了。

（4）如果其他条件不变，企业通过降低材料成本、提高劳动者工作效率等方式降低了单位产品的成本，也能提高主营业务利润，从而使主营业务利润率提高。

企业的主营业务利润率如果有明显变化，不外乎上述四种原因。企业提高了主营业务利润率，就能获得更多利润，从而证明企业的总体盈利能力增强了。

9.1.2　毛利率分析

企业的收入包括营业收入（营业收入按是否主业又细分为主营业务收入和其他业务收入）、投资收入和营业外收入等。不同的收入定义有其不同的来源，这一点我们在第 3 章利润表基本项目介绍时说明过。而主营业务收入和其他业务收入作为企业生存和发展的基础，其利润率水平直接体现了企业的盈利能力，所以

Chapter 9 利润表分析

企业内部管理的财务分析中引入了"毛利"的概念。毛利就是主营业务利润加其他业务利润,通俗地讲,就是企业卖出去的所有东西(不包括固定资产等生产用设备)的收入,扣除所有成本及税金后的净收入。

毛利率是指毛利与营业收入总额(包括主营业务收入和其他业务收入)的比率。它在企业盈利能力的分析中的作用与主营业务利润率的效果类似,其公式如下:

$$毛利率=(毛利/营业收入)\times 100\%$$

其中,毛利=主营业务利润+其他业务利润=营业收入−营业成本。

【例9-3】 以老母亲餐厅为例,餐厅外卖饭菜和捎带卖米的所有收入的利润率的核算,如表9-4所示。

表 9-4 老母亲餐厅毛利率计算表

(单位:元)

年份	**01年年底	**02年年底
①主营业务收入	280	3 650
②主营业务成本	195	2 454
③主营业务税金及附加	4	112
④主营业务利润=①−②−③	81	1 084
主营业务利润率=(④/①)×100%	28.93%	29.7%
⑤其他业务收入	0	99.4
⑥其他业务支出		85.4
⑦其他业务利润=⑤−⑥	0	14
营业收入=主营业务收入+其他业务收入=①+⑤	280	3 749.4
毛利=主营业务利润+其他业务利润	81	1 098
毛利率=(毛利/营业收入)×100%	28.93%	29.28%

注:上述数据分别来源于第1章的表1-3和第8章的表8-8。

从表9-4中可以看出来,由于**01年时餐厅并没有其他业务利润,则此时的主营业务利润率与毛利率相等。事实上,影响毛利率的因素与影响主营业务利润率的因素也类似。

> **注意**
> 在分析毛利率时,我们需要将主营业务利润率与毛利率进行比较。一般而言,主营业务利润率应该高于毛利率。

如果一个企业的毛利率高于其主营业务利润率，我们就可以认为企业的盈利能力主要来源于其他业务利润，这就不正常。这就好比一个企业说它经营餐厅，可是却基本不开张，而是在倒卖大米，倒卖大米挣来的钱要比开餐厅挣来的钱多。那么投资者不免要怀疑企业的管理者：上好的设备和一流的厨师不能发挥作用，天天让设备闲置，让厨师当搬运工，企业不如改叫粮食经销店，可是这却是违背投资者初衷的。

毛利率作为反映企业"卖东西收到的钱，到底有多少是真正挣的钱"的指标，不同行业其比率差别很大。通常情况下，能源、互联网信息服务、医疗器械、电子、通信等行业，或者由于其垄断性，或者由于其专有技术性，毛利率比较高。据报道，最近几年发展得如火如荼的网络游戏产业的毛利率竟然高达50%，最高的甚至达75%。而制造、基础建设、食品、农产品加工等行业，由于其劳动密集和传统性，毛利率都偏低。

> **注 意**
> 在评价一个企业的毛利率水平时，需要考虑其行业特性，与同行业平均值作比较更具有可比性，更能说明企业的盈利能力和行业竞争力。

9.1.3 营业利润率分析

营业利润是指企业营业收入与营业成本费用及税金之间的差额。它既包括主营业务利润，又包括其他业务利润，并在两者之和的基础上减去销售费用、管理费用、财务费用及资产减值损失，再加上公允价值变动收益（损失为负）和投资收益（损失为负）。它反映了企业自身生产经营业务的财务成果。通过计算营业利润的步骤，我们能了解引起企业营业利润增减变动的主要原因。

营业利润率是指企业在一定时期内营业利润与营业收入的比率。通过这一指标可以衡量企业在一定时期内营业收入获取利润的能力，其计算公式如下：

营业利润率 =（营业利润 / 营业收入）× 100%

【例9-4】 以老母亲餐厅为例，其营业利润率指标如表9-5所示。

Chapter 9 利润表分析

表 9-5　老母亲餐厅营业利润率计算表

金额单位：元

年份	**01 年底	**02 年底	
①营业收入（同表 9.4 的计算结果）	280	3749.4	
②毛利（同表 9.4 的计算结果）	81	1098	
③销售费用	12	78	
④管理费用	25	164	
⑤财务费用	1.7	9.6	
⑥资产减值损失			
⑦公允价值变动收益（损失以"—"号填列）			
⑧投资收益（损失以"—"号填列）		12	
⑨营业利润＝②—③—④—⑤—⑥＋⑦＋⑧	42.3	858.4	7.78%
⑩营业利润率＝⑨／①	15.11%	22.89%	

备注：上述数据分别来源于第 1 章的表 1.3 和第 8 章的表 8.8。

从表 9-5 中可以看出，老母亲餐厅在 **02 年的营业利润率同 **01 年相比，有明显改善，提高了 7.46 个百分点，表明企业的盈利能力提高了。从表 9-4 中关于毛利率的分析可以看出来，从 **01~**02 年，企业的毛利率并没有特别的提高（虽然也提高了 0.35 个百分点），但其营业利润率却明显提高了。引起这一变化的原因是什么呢？

（1）从毛利率和营业利润率计算公式的分母来看，两个比率采用的都是营业收入，所以无论计算哪个指标，营业收入没有区别。

（2）既然两个指标分母都一样，那么分子的区别就是引起两个比率差别的根本原因。从表 9-5 中可以看出来，计算营业利润率时的分子，是在毛利率计算公式的分子（即毛利）的基础上减掉一些费用项目并加计公允价值变动收益和投资收益后得到的营业利润，正是 **01 年和 **02 年这些减除项目的差异，引起了企业的营业利润率的提高，从而实现了企业盈利能力指标的改善。

总之，从表 9-5 中的计算公式及结果可以看出，影响营业利润率的因素除了毛利外，还有销售费用、管理费用、财务费用等，所以，除了扩大销售、降低成本、提高毛利率能提高企业的营业利润率外，对企业的各个部门实施有效的开源节流措施，减少销售费用、管理费用和财务费用，虽然不创收，却也能提高企业的营业利润率，起到"创收"的效果。

我们在分析企业毛利率的基础上进一步分析企业的营业利润率变化趋势，除了能确认企业的盈利能力状况外，还能分析出企业是怎样改善其盈利能力的：如果企业在前后两年的毛利率变化不大，而营业利润率却有了提高，就说明企业的销售费用、管理费用和财务费用等支出得到了控制，如上面分析的老母亲餐厅就是这样的情况；也有可能企业在前后两年的毛利率有了提高，但是营业利润率变化却不大，这就表明，从产品的市场竞争力来看，企业的盈利能力提高了，但是由于企业没有很好地控制费用，在市场上赚取的利润，却都在销售费用、管理费用等"软支出"中损耗掉了，由此导致企业的营业利润率并没有很大的改观。

9.1.4　净利润率分析

净利润是指营业利润加上营业外收入，减去营业外支出和所得税费用后的余额。它是企业所有者最终取得的财务成果，或者说是可供企业所有者分配和使用的财务成果。

净利润率又称为销售净利润率，是指企业实现的净利润与营业收入的比率。通过这一指标可以衡量企业在一定时期内整体获取利润的能力，其计算公式如下：

净利润率 =（净利润 / 营业收入）× 100%

【例 9-5】 以老母亲餐厅为例，其净利润率指标如表 9-6 所示。

表 9-6　老母亲餐厅净利润率计算表

金额单位：元

年份	**01 年底	**02 年底
①营业（销售）收入（同表 9.4 的计算结果）	280	3749.4
②营业利润（同表 9.5 的计算结果）	42.3	858.4
③营业外收入	2	0
④营业外支出	0	13
⑤利润总额 = ② + ③ — ④	44.3	845.4
⑥所得税费用	0	135
⑦净利润 = ⑤ — ⑥	44.3	710.4
⑧净利润率 = ⑦ / ①	15.82%	18.95%

备注：上述数据分别来源于第 1 章的表 1.3 和第 8 章的表 8.8。

从表 9-6 中可以看出来，虽然老母亲餐厅在 **02 年的营业利润率比 **01 年高了 7.78 个百分点，但是核算到净利润率时，却只高了 3 个百分点，是谁"偷走了"餐厅 **02 年提高的盈利能力？从营业利润到净利润，**02 年时，减项最大的是"所得税费用"。

> **注 意**
>
> 企业自身经营的盈利能力虽然强，但是由于缴纳企业所得税，从而导致 **02 年净利润率较其营业利润率的明显降低。2008 年以前，我国的内资企业所得税税率是 33%。从 2008 年 1 月 1 日起，新企业所得税法规定法定所得税税率为 25%，国家需要重点扶持的高新技术企业为 15%，小型微利企业为 20%，非居民企业为 20%。

在对企业净利润率进行分析时，我们需要关注如下内容：

（1）由于净利润中包含了营业外收支净额，而营业外收支净额在年度之间可能会变化较大，且无规律，所以如果企业两年间的净利润率的变化幅度较营业利润率的变化幅度要大，甚至趋势相反的话，需要关注是否受营业外收支净额的影响比较大。

（2）由于净利润中也减除了所得税费用，所以如果不同年度内企业的所得税税率有明显调整，则势必影响净利润率的计算。如老母亲餐厅在 **01 年的所得税税负率为 0，而在 **02 年时的所得税税负率约为 16%（（135/845.4）×100%=15.97%），其对净利润率的影响就非常大。

（3）从净利润率公式可以看出，企业的净利润率与净利润呈正比例关系，与营业收入额呈反比例关系。也就是说，"薄利多销"可能会扩大企业的销售收入，却不一定能提高净利润率。通过"薄利多销"的方式，可以增加企业的资产周转率，盘活企业资产，提高其营运能力，却不一定能改善其盈利能力。

9.2 与投资相关的盈利能力指标分析

通过前面一节的介绍我们可以知道，企业总体盈利能力的分析主要针对的是企业收入与利润的比较分析，通俗地讲，就是买卖的结果如何。对于投资者来说，仅仅了解企业今天或明天的买卖挣钱没有还不够，还需要确认我投资到这个企业 100 万元，投资到那个企业也是 100 万元，到底投到哪个企业更合算一些？挣的钱更多一些？这就涉及与投资相关的盈利能力的指标分析。在本节中，我们将通过总资产收益率、总资产报酬率、净资产收益率和资本金收益率等指标来分析企业与投资相关的盈利能力。

9.2.1 总资产收益率分析

总资产收益率也称总资产报酬率，是指企业一定期间内实现的收益额与该时期企业平均资产总额的比率。该指标用来衡量企业总体资产的盈利能力，其计算公式如下：

总资产收益率 =（净利润 / 资产平均总额）× 100%

其中，资产平均总额 =（期初资产总额 + 期末资产总额）/2。

从总资产收益率的计算公式便可以直观地看出来，该指标是用来衡量企业总资产的盈利能力的。

【例 9-6】 餐厅和铁铺可能今年都挣了 1 000 元的净利润，但是其总资产额可能差距很大。餐厅的资产可能只有 9 000 元，而铁铺因为需要的设备和固定资产比较多，其总资产可能有 20 000 元。如果一个投资者也想投资实业，他就会考虑哪个企业、哪个行业可以投少的钱、挣多的钱，这就可以用总资产收益率来作为参考。

【例 9-7】 以老母亲餐厅为例，其总资产收益率指标如表 9-7 所示。

表 9-7 老母亲餐厅总资产收益率计算表

（单位：元）

年份	**01 年年底	**02 年年底
①净利润（同表 9-6 的计算结果）	44.3	710.4
②期末资产总额（同表 8-1 的计算结果）	654.3	1 528.7
③资产平均总额	327.15	1 091.5
④总资产收益率 =（①/③）× 100%	13.54%	65.08%

注：1. 由于企业在 **01 年年初尚未营业，故 **01 年年初的资产为 0。
　　2. 上述数据分别来源于第 1 章的表 1-3 和第 8 章的表 8-8。

从表 9-7 中可以看出，老母亲餐厅总资产的盈利能力在 **02 年时趋于正常，**01 年的总资产收益率之所以会如此之低，是因为其实只营业了 1 个月。由于净利润的积累比较少，与 **02 年其实不具有可比性。

通过总资产收益率的计算公式我们还可以直观地分析出，影响总资产收益率的因素是企业本期盈利的多少（即净利润的多少）和企业总资产的规模。其中净利润与总资产收益率正相关，也就是净利润越多，总资产收益率也越高；而企业资产的规模与该指标负相关，也就是在净利润一定的情况下，企业的资产规模越大，其总资产收益率越低。这个道理很简单，蛋糕就这么大，人越多，每个人能分到的就越少。

总资产收益率作为衡量企业总体资产盈利能力的指标，可以对其进行分析：

（1）通过总资产收益率指标，能直观地衡量企业资产运用的效率和资金利用的效果。同一行业，我们投资的企业总资产收益率只有 40%，而另外那家企业却有 60%，也就是说，如果大家都投了 10 元钱的话，我们企业挣了 4 元，人家企业却挣了 6 元，这就说明了我们的资产运用效率差。

（2）在企业资产总额一定的情况下，通过总资产收益率指标可以分析企业盈利的稳定性和持久性，确定企业所面临的风险。只要不扩大生产，企业在每期期末又都将净利润全额分配给股东（这只是一种理想主义的分配方式）的话，企业的资产总额就维持在一个比较平稳的状态。如果在此时考量企业在不同期间内的总资产收益率，就能马上分析出企业盈利能力的稳定性：同样是在企业投资 10 元不动，今年我们盈利了 4 元，去年是 5 元，前年是 5.5 元，这么看来，企业的盈利能力是不断下降的。这就需要提醒管理者分析企业的营业效率，适当调整经营政策了。

9.2.2　总资产报酬率分析

在分析企业总体资产的盈利能力时，还常常会用到总资产报酬率。这一指标的引进，源于"企业的所有资金提供人都是公平的"。这种观点认为，不管是企业的股东还是债权人，因为他们都向企业投入了资金，企业在关注他们的感受时，应该用平等的眼光，不能偏袒股东。

基于这样的观点，我们就不能用净利润来分析总资产的盈利能力了，因为净利润剔除了利息支出（即财务费用），也就是已经把分给债权人的收益剔除在"收益"范围之外了，这就不完整了。同时虽然所得税费用是政府规定的，要求企业为社会做的固定比例的贡献，这一事实不为企业的任何人所左右，当然也包括企业的管理者，我们在衡量管理者的工作业绩时，应该宽容地对待他们，所以在净利润的基础上，反向加回来利息支出和所得税费用，得到息前、税前利润，简称息税前利润，用这一利润值来衡量企业总资产的盈利能力的指标就是总资产报酬率。

总资产报酬率是指企业一定期间内的息税前利润与资产平均总额的比率。其计算公式如下：

总资产报酬率 =（息税前利润 / 资产平均总额）× 100%

其中，资产平均总额 =（期初资产总额 + 期末资产总额）/2。

这一指标可以认为是企业的基本盈利能力，因为它排除了资金来源方式不同（会计上称为财务杠杆）对企业利润的影响，同时也排除了不同所得税率对企业利润的影响，体现的是企业使用所拥有的资产获取利润的能力。

【例 9-8】 以老母亲餐厅为例，其总资产报酬率指标如表 9-8 所示。

表 9-8 老母亲餐厅总资产报酬率计算表

（单位：元）

年份	**01 年年底	**02 年年底
①净利润（同表 9-6 的计算结果）	44.3	710.4
②所得税费用	0	135
③财务费用	1.7	9.6
④息税前利润 = ① + ② + ③	46	855
⑤期末资产总额	654.3	1 528.7
⑥资产平均总额（同表 9-7 的计算结果）	327.15	1 091.5
⑦总资产报酬率 =（④ / ⑥）× 100%	14.06%	78.33%
附：总资产收益率（来源于表 9-7）	13.54%	65.08%

注：1. 由于企业在 **01 年年初尚未营业，故 **01 年年初的资产为 0。
　　2. 上述数据分别来源于第 1 章的表 1-3 和第 8 章的表 8-8。

从表 9-8 中可以看出，在 **02 年时，老母亲餐厅的总资产报酬率比总资产收益率提高了 13 个百分点。这种差异形成的原因是企业所得税，这一点并不是餐厅自身所能左右的，所以用总资产报酬率来衡量企业总体资产的盈利能力更客观。

9.2.3 净资产收益率分析

前面的总资产收益率和总资产报酬率分析的都是企业总体资产的盈利能力，对于股东来说，他们特别需要了解自己投入的钱的盈利能力如何，这就是净资产收益率。

净资产收益率又称所有者权益报酬率或股东权益收益率，是指企业一定时期内净利润与平均净资产的比率。该指标用来衡量企业所有者权益获得报酬的水平。其计算公式如下：

净资产收益率 =（净利润 / 所有者权益平均值）× 100%

其中，所有者权益平均值 =（期初所有者权益 + 期末所有者权益）/2。

【例 9-9】 以老母亲餐厅为例，其净资产收益率指标如表 9-9 所示。

表 9-9　老母亲餐厅净资产收益率计算表

（单位：元）

年份	**01 年年底	**02 年年底
①净利润（同表 9-6 的计算结果）	44.3	710.4
②股东权益总额	444.3	954.7
③股东权益平均值	222.15	699.5
④净资产收益率 =（① / ③）× 100%	19.94%	101.56%

注：1. 由于企业在 **01 年年初尚未营业，故 **01 年年初的股东权益为 0。
　　2. 上述数据分别来源于第 1 章的表 1-3 和第 8 章的表 8-8。

从表 9-9 中可以看出，在 **02 年时，老母亲餐厅的净资产报酬率非常可观，这就证明餐厅净资产的盈利能力非常高。

通过对净资产收益率的分析，报表使用人可以进行以下判断：

（1）判定企业的投资效益，准确地说，是判断企业用归所有者所有的钱生钱的能力。

（2）能够通过这一指标判断管理者管理企业水平的高低。投资者要考核管理者的工作绩效，仅仅有利润的绝对额还不够，还要考虑其是用多少权益资本获得的利润。

（3）这一指标可以作为所有者考核自己投入企业的资本的保值增值程度的基本依据。

总之，净资产收益率考核的是投资者是否获得了足够多的投资回报。

9.2.4 资本金收益率分析

净资产收益率体现的是所有者权益资本的盈利能力，而所有者权益并不全部是投资者初始投入企业的，有一部分是企业历年经营留存的，还有一些是通过捐赠等方式得来的。投资者在确认自己"拥有的资产"的盈利能力的基础上，也需要知道他自己投入的那些钱的盈利能力，这就是资本金收益率指标。

资本金收益率是指一定期间内企业的净利润与其资本金的比率。所谓资本金，是指投资者初始投入的资本，在资产负债表上体现为"股本"或"实收资本"。这一指标用来衡量企业所有者投入的资本赚取利润的能力，其计算公式如下：

$$资本金收益率 = （净利润 / 平均实收资本）\times 100\%$$

其中，平均实收资本 =（期初实收资本 + 期末实收资本）/2。

【例 9-10】 以老母亲餐厅为例，其资本金收益率指标如表 9-10 所示。

表 9-10 老母亲餐厅资本金收益率计算表

（单位：元）

年份	**01 年年底	**02 年年底
①净利润（同表 9-6 的计算结果）	44.3	710.4
②期末实收资本	400	400
③平均实收资本	200	400
④资本金收益率 =（①/③）×100%	22.15%	177.6%

注：1. 由于企业在 **01 年年初尚未营业，故 **01 年年初的实收资本总额为 0。
　　2. 上述数据分别来源于第 1 章的表 1-3 和第 8 章的表 8-8。

从表 9-10 中可以看出，在 **02 年时，老母亲餐厅的资本金收益率达到了 177.6%，也就是说，餐厅本期赚到的钱相当于初始投资的 1.776 倍。这就表明餐厅的盈利能力非常好。

> **注　意**
>
> 企业的资本金收益率越高，说明股东或投资人投入资本的回报水平越高，企业的盈利能力越强。

在用资本金收益率分析企业盈利能力时，应注意如下几个问题：

（1）在衡量资本金收益率的高低时，应确定基准资本金收益率。如果一个老板初始投资时，确认的行业资本金收益率在 150% 左右，也就是他想用 10 元钱挣 15 元钱，结果企业当期的资本金收益率只有 120%，也就是 10 元钱只能挣到 12 元钱。如果不考虑老板初期的愿望，我们觉得用 10 元挣到 12 元真的不少了，但是，考虑老板的期望值时，我们会发现我们的盈利能力还是低。

（2）资本金收益率虽然反映了投资者投入资本的获利水平，却并不代表真正能分到投资者手中这么多钱，因为企业为了持续发展和扩大经营，每期实际支付给所有者的利润只能是净利润的一部分。具体可以分多少，由分配政策来决定——把蛋糕做大了，却不见得能吃到整块蛋糕，但是如果蛋糕本身很小，就更没有可能分到大块蛋糕了。

9.3　与成本费用相关的盈利能力指标分析

按照会计核算中匹配原则的基本要求，当企业确认收入时，需要同时结转属于当期的成本和费用，用来衡量企业的盈利状态的利润值，也是收入减除各项成本和费用后得来的，所以通过分析成本费用与利润的关系，也能了解企业的盈利能力。与成本费用相关的盈利能力指标是成本费用利润率。

成本费用利润率是指企业的净利润与成本费用总额的比率。它是反映企业生产经营过程中发生的耗费与获得的收益之间关系的指标。该指标越高，表明企业为取得利润而付出的代价越小，企业的成本费用控制得就越好，企业的盈利能力就越强，其计算公式如下：

成本费用利润率 =（净利润 / 成本费用总额）× 100%

从成本费用利润率的计算公式中可以看出，该指标直接体现了净利润对应的成本费用的多少，其比率越高，表明企业定额耗费内所取得的收益越高，企业的盈利能力就越强。

【例 9-11】以老母亲餐厅为例，其成本费用利润率指标如表 9-11 所示。

表 9-11　老母亲餐厅成本费用利润率计算表

金额单位：元

年份	**01 年底	**02 年底
①净利润（同表 9.6 的计算结果）	44.3	710.4
②营业成本	195	2539.4
③税金及附加	4	112
④销售费用	12	78
⑤管理费用	25	164
⑥财务费用	1.7	9.6
⑦营业外支出	0	13
⑧所得税费用	0	135
⑨成本费用总额 = ② + ③ + ④ + ⑤ + ⑥ + ⑦ + ⑧	237.7	3051
成本费用利润率 = ① / ⑨ ×100%	18.64%	23.28%

备注：上述数据分别来源于第 1 章的表 1.3 和第 8 章的表 8.8。

从表 9-11 中可以看出，在 **01 年时，老母亲餐厅耗费 100 元的成本费用，可以创造出 18.64 元的净利润，而到了 **02 年时，当企业耗费 100 元的成本费用时，可以创造出 23.28 元的净利润，所以在 **02 年时，餐厅的盈利能力有了提高，效益也变好了。

从成本费用利润率的计算公式中可以看出来，由于其分母直接是企业本期内所有耗费的汇总，只要降低分母的数值，企业的成本费用利润率就能提高，也就是说，只要企业实施增收节支、增产节能，提高效率，其盈利能力就能提高。

注意

成本费用利润率指标也能直接用于考核企业是否有效地扩大销售和节约费用开支。

9.4 上市公司盈利能力指标分析

所谓上市公司，是指股份有限公司发行的股票上市交易，又称为公司的上市。股份公司通过上市，使其股票具有最强的流通性和变现性，便于投资者通过购买股票的方式直接实现对企业的投资，企业也能更便捷地在资本市场实现增资和融资。

由于上司公司成为大众投资的对象，就需要规范其财务行为，并要求其定期对外报出财务数据，做到信息公开，同时接受国家证监会和社会公众的监督，以保障广大投资者的利益不被个别不法行为所侵犯。

我们要通过购买股票的方式投资某一企业，除了考虑其行业特点外，最重要的是期望这个企业在未来的一定期间内能给我们带来较好的收益。或者我们已经购买了某一公司的股票，就需要关注它的经营状况和盈利能力，以确定是否长期持有，在未来分得较多的红利。要得出这些结论，就需要对上市公司的盈利能力进行分析。

对上市公司的盈利能力的分析主要指的是分析每股收益、每股现金股利、股利支付率、市盈率、市净率、每股净资产等指标，在本节，我们将详细介绍各个指标的计算方法和运用。

9.4.1 每股收益指标分析

对于持有上市公司股票的股民来说，需要关注的最基本的是每股收益。所谓每股收益，是指企业净收益与发行在外普通股股数的比率。它反映了某一期间内企业平均每股普通股获得的收益，可以评价普通股持有者获得报酬的程度。

【例 9-12】王先生持有 1 000 股中信国安（000839），其在 2017 年第一季度对外公布的每股收益为 0.013 9 元，则可以认为王先生因为持有中信国安，目前的收益是 13.9 元（0.013 9 × 1 000）。

其计算公式为：

$$每股收益 = （净利润 - 优先股股利）/ 普通股股数$$

在这里，我们需要了解一下什么是优先股和优先股股利。

1. 普通股的含义和特点

要解释优先股，就必须先说明普通股。所谓普通股，是指利润分配随着企业利润的变动而变动的一种股份，是股份公司资本构成中最普通、最基本的股份，是股份公司资本金的基础部分。普通股的基本特点是其投资收益（即股息和分红）不是在购买时约定，而是持有后根据股份公司的经营业绩来确定：如果公司的经营业绩好，普通股的收益就高；反之，当公司经营业绩差时，普通股的收益就低。

2. 优先股的含义和特点

优先股是"普通股"的对称——为了区别于一般股票，才定义了优先股。优先股是指股份公司发行的一种在分配红利和剩余财产时，比普通股具有优先权的股份。优先股也是一种没有期限的有权凭证（即股票），优先股股东一般不能在中途向公司要求退股。优先股的主要特征如下：

（1）优先股通常预先确定了股息收益率。由于优先股股息率已事先约定，所以优先股的股息一般不会由于公司经营情况好坏而增减，而且优先股一般只取得事先约定的股息率，不再参与公司的分红，但优先股可以先于普通股获得股息。对公司来说，由于股息固定，它不影响公司的利润分配。从股息分配的特点看，优先股类似于债权。

（2）优先股的权利范围比普通股小。优先股股东一般没有选举权和被选举权，对股份公司的重大经营也无投票权，但在某些情况下可以享有投票权。

我们之所以在计算每股收益的时候，要从净利润中减掉优先股股利，就是因为优先股股利是必须先期支付的，不能为普通股股东所享有。

从每股收益计算的公式可以看出：

（1）属于普通股的净利润（即企业净利润–优先股股利）与每股收益呈正比例关系，企业的净利润越高，每股收益就越大。

（2）企业普通股股数与每股收益呈反比例关系，企业发行的股份越多，在净利润一定的情况下，每股收益就越低。这就和我们在前面介绍的分蛋糕的原理一样，蛋糕的大小一定，分的人多，每个人分到的自然就少，道理是一样的。

【例9-13】 针对普通股股数问题，我们做一下简单的解释。我们常常听股民说，某某股票"盘子大"，这就是企业普通股股数多的意思。一个企业普通股股数的多少，与企业规模及对外融资额直接相关。比如A公司计划对外融资15 000万元，经过发行承销商市场测试，认为A公司的股票价格为15元/股，A公司为了确保能筹集到15 000万元，就需要发行1 000万股普通股。如果预估的A公司的股票只有10元/股，则该公司需要发行1 500万股才能筹集到15 000万元。股票的市场价格决定了普通股股数的多少。我们假定A公司最后发行了1 000万股，过了一年，A公司盈利很好，股票也节节攀高，股东大会决议通过：今年不分现金股利了，每10股派5股股票股利。这样A公司的股票就由原来的1 000万股增加到了1 500万股，相应地，其股价会适当降低，这样，A公司通过股票股利的方式把"盘子"做大，让股价不至于太高，也让更多的人能参与股票的购买。

每股收益作为评价上市公司盈利能力的基本和核心指标，其主要作用如下：

（1）每股收益指标反映了企业的获利能力，决定了股东的收益水平，每一股在本期获得的收益一目了然，便于股民选择投资哪类和哪个股票。

（2）每股收益是确定企业股票价格的主要参考指标。虽然股票价格受到市场资金供求、证券市场行情等多种因素的影响，但最终都要回归到企业的盈利能力。只有真正有好的收益的企业才会被投资者长期认可，所以，每股收益作为企业盈利状态的"温度计"，也同时决定着企业股价的高低。

（3）通过对某一企业连续若干年的每股收益变动状况及其趋势进行分析，能帮助投资者了解企业投资报酬在较长时期内的变动规律，从而确定是否需要长期持有该股票。

（4）通过对同一行业不同企业间每股收益的比较分析，能帮助投资者确认自己关注的企业的指标值在同业中的位置，从而在市场影响因素类似的情况下，对所投资企业的盈利能力做出更客观的判断。

9.4.2 每股现金股利指标分析

每股现金股利，简称每股股利，是指现金股利总额与普通股股数的比值。即便在企业盈利状态很好的情况下，上市公司的股利分配政策仍然受到股东对股利分配的偏好（即有的股东喜欢在当期多分一些现金，有的觉得现在少分一些也没有关系，重要的是企业的长期发展）、企业现金流状态、企业近期发展规划、上年股利支付率、行业目前股利分配状态等诸多因素的影响。因此并不是企业有多少收益，投资者就可以分到多少收益，就算是分得收益，也不一定是现金股利，还有可能是股票股利、财产股利等。每股股利表现的是每一普通股获取现金股利的多少，它比每股收益能更直接地体现投资者得到的当前利益。其计算公式如下：

每股现金股利 =（现金股利总额 − 优先股现金股利）/ 普通股股数

由于每股现金股利直接与投资者的当期现金收入挂钩，传递给投资者的信息是"企业运转还不错"，所以能增强投资者对企业的信心。

> **注　意**
>
> 有研究表明，一个公司的股权越集中，其发放现金股利越不稳定；而股权越分散，其发放现金股利越稳定。也就是说，能否在每年稳定地发放现金股利，与股东的结构也直接相关。

9.4.3　股利支付率指标分析

股利支付率，即现金股利支付率，是指普通股每股现金股利与每股收益的比率。

【例 9-14】兄弟俩各出 100 元合伙做布匹生意。弟弟只管出钱分红，哥哥不但出钱还负责经营。到了年底，哥哥对弟弟说："我们今年可没少挣钱，至少挣了 300 元。"可是等到给弟弟红利的时候，就只给了 50 元。弟弟就不免要问："你不是说挣了 300 元吗？该分给我 150 元才对，怎么才给 50 元啊？"哥哥只好道出苦衷："挣 300 元不假，可是刘家裁缝店欠的 160 元还没有收回来。开春进货便宜，我还要留些钱多进点货才好，你这是不当家不知道柴米贵！"在这里，300 元是收益，而分配的现金 100 元（兄弟各 50 元）就是现金股利，用（100/300）× 100%，得到的就是股利支付率。

总之，该指标主要用以衡量企业当期的每股收益中有多大比例是以现金股利的形式支付给普通股股东的，其计算公式如下：

股利支付率 =（每股现金股利 / 每股收益）× 100%

> **注 意**
>
> 股利支付率并没有一个固定的衡量标准,各企业可根据自身盈利状况、远期经营方针、目前市场变化情况等来决定自己在不同年份内的股利支付比率。

9.4.4 市盈率指标分析

市盈率又称本益比,是指普通股每股市价与普通股每股收益的比率,即普通股每股市价相当于每股收益的倍数。它反映的是投资者对上市公司每元净利润愿意支付的价格,可以用来估计股票的投资报酬和风险,其计算公式如下:

市盈率=(每股市价/每股收益)×100%

市盈率是反映上市公司获利能力的一个重要财务指标。一般来说,市盈率高,说明投资者对企业的发展前景看好,愿意出较高的价格购买该公司股票,所以一些成长性较好的高科技公司股票的市盈率通常要高一些。但是也应该注意,如果某一股票的市盈率过高,则也意味着这种股票具有较高的投资风险。影响公司股票市盈率的主要因素如下:

(1)上市公司盈利能力的成长性。如果一个上市公司预期未来的盈利能力将不断提高,则说明公司具有较好的成长性,虽然目前市盈率较高,也值得投资者进行投资。因为上市公司的市盈率会随公司盈利能力的提高而不断下降。

(2)投资者所获报酬率的稳定性。如果上市公司经营效益良好且相对稳定,则投资者获取的收益也较高且较稳定,投资者就愿意持有该公司的股票。这样该公司的股票市盈率会由于众多投资者的普遍看好而相应提高。

(3)市盈率也受到利率水平变动的影响。当市场利率水平变化时,市盈率也应做相应的调整。在股票市场的实务操作中,利率与市盈率之间的关系常用如下公式表示:

市盈率=1/1年期银行存款利率

【例9-15】 如果目前1年期银行存款利率为10%,则上市公司市盈率为1/10%=10比较合理;而如果银行存款利率上升到12%,则市盈率应降低到8.33

比较合理（1/12%=8.33）；如果银行存款利率降低到8%时，则市盈率应上升到12.5比较合理（1/8%=12.5）。

上市公司的市盈率一直是广大股票投资者进行中长期投资选股时的主要指标，但是在对市盈率指标进行分析时应注意如下问题：

（1）该指标不宜用于不同行业公司之间的比较，行业不同，其每股收益差别就比较大，其市盈率也就不具有可比性。

（2）当每股收益非常低时，可能会计算出一个没有多少实际意义的高市盈率，这时候这一指标就没有参考价值了。

9.4.5 市净率指标分析

市净率是指普通股每股市价与每股净资产的比例关系。它反映的是投资者花多少钱才能买到企业一个股份份额。市净率的计算公式如下：

$$市净率 = 股票市价 / 每股净资产$$

其中，企业的净资产包括公司资本金、资本公积、公益金、法定公积金、任意公积金、未分配利润等所有属于股东的权益。

从市净率的计算公式中可以看出，市净率与每股净资产呈反比例关系。在一个上市公司股票市价一定的情况下，如果每股净资产越高，其市净率就越低，投资者的风险就越低。它能帮助投资者确认，哪个上市公司能以较少的投入得到较高的资产份额。

关于市净率的概念，可以这样理解：当市净率为1时，你花10元钱可以买2节充电电池，也就是说1节充电电池在上市公司的账面价值就是5元钱。后来充电电池的价格涨了，你要花20元钱才能买到2节充电电池，买回来的还是这些资产，在上市公司的账上它就是每节5元，你却要花每节10元才能买到。

那么我们在选择股票时，是选择那些市净率高的企业的股票还是选择那些市净率低的呢？

如前面分析的那样，不管股票市价多少，充电电池在上市公司的账面价值为每节5元，这是不会变的，因为每股净资产是股票的账面价值，是用成本计量的，不会随意改变。而每股市价是这些资产现在的标价，它是证券市场交易的结果。一般认为：市价高于账面价值时，企业资产的质量较好，有发展潜力；反之则资产的质量差，没有发展前景。优质股票的市价都超出每股净资产许多，一般认为市净率达到 3 时，企业资产的质量就已经非常好了。也就是说，市场价格在 15 元/节的充电电池（虽然其成本价是 5 元），其未来潜力比较大。

> **注意**
>
> 一般认为，市净率小于 1，表明企业没有发展前景；反之，市净率大于 1，表明投资者对股票的前景感到乐观。市净率大，说明投资者普遍看好该企业，认为这个企业有希望、有足够的发展潜力，就值得我们去投资，但是其风险也比较高，因为我们花 15 元钱，买到的只是账面价值 5 元的电池。

在分析上市公司市净率时，需要注意如下问题：

（1）我们分析的是一个动态的企业，所以要动态地分析这一指标。比如，受股票市场整体情况的影响，一个企业有可能两年内股票价格变化不大，但是企业去年盈利，盈利就增加企业净资产，相应地增加了每股净资产，这样去年的市盈率就低；而企业今年亏损，会减少企业净资产，从而降低每股净资产，这样反而今年的市净率提高了。这就是一种假象。所以，要动态地分析市净率中的每股净资产。

（2）与市盈率指标不同，市净率主要从股票的账面价值角度考虑企业的发展潜力，而市盈率指标主要从股票的盈利性角度考虑企业的发展潜力。

9.4.6 每股净资产指标分析

每股净资产是指股东权益与普通股总数的比率。这一指标用来衡量企业每股股票所拥有的资产价值。企业每股净资产越高，股东拥有的资产价值越多；每股净资产越低，股东拥有的资产价值越少。其计算公式如下：

$$每股净资产 = 股东权益 / 普通股总数$$

其中，股东权益指的是公司净资产，它代表公司本身拥有的资产，在会计核算上，相当于资产负债表中的总资产减去全部债务后的余额。每股净资产则是每一股份平均应享有的净资产的份额。

【例9-16】 某上市公司净资产为15 000万元，发行在外的普通股股数为10 000万股，那么该企业的每股净资产值为1.5元（即15 000万元/10 000万股）。

每股净资产是上市公司实力的体现，原因如下：

（1）每股净资产反映了每股股票代表的公司净资产价值。任何一个企业的经营都是以其净资产为起点和基础的。如果一个企业负债过多而实际拥有的净资产很少，就意味着其经营成果的绝大部分都将用来还债，一旦负债过多出现资不抵债的现象，企业将面临破产的危险。所以，了解一个上市公司是否确实拥有经济实力，需要分析其每股净资产。

（2）每股净资产是支撑股票市场价格的重要基础。每股净资产值越大，表明公司每股股票代表的财富越雄厚，通常创造利润的能力和抵御外来因素影响的能力也越强。这样公司发展潜力也越大，投资者所承担的投资风险也越低。

但是，我们在利用每股净资产来分析企业的发展潜力时，需要同时关注每股净资产的"含金量"，不同的净资产内部结构，分析得出的企业发展实力是有差别的。

【例9-17】 某上市公司的每股净资产高达6.26元，其普通股股份数为11 000万股。可是阅读该公司报表发现，目前公司有应收账款23 540万元，一旦出现坏账，其每股净资产就会大幅下降，而且可能由此引发企业资金流的匮乏，进而影响企业的发展。

【例9-18】 某节能环保材料公司年度财务报表显示，该公司的每股净资产为5.12元，但是通过附注资料关于利润分配的说明可知，目前普通股每股未分配利润为1.5元，而且已经准备向老股东派发股利。这样，对于新股东来说，实际的每股净资产应该为3.62元左右。

总之，每股净资产是根据企业净资产历史成本计算出来的，企业本身资产的含金量如何则需要被充分关注。我们在运用每股净资产指标来衡量企业的发展潜力时，一定要结合其他指标一起考核，经互相验证后才能得出正确结论。

9.5 与利润表相关的长期偿债能力分析

在第 8 章 8.4.3 关于资产负债表项目偿债能力指标分析的介绍中，我们提到与利润表项目相关的偿债能力分析。所谓与利润表项目相关的长期偿债能力指标，就是企业利润对与负债相关项目的比率分析，常常被用到的是利息保障倍数。

9.5.1 利息保障倍数的含义

利息保障倍数也称获利倍数，是指企业息税前利润（即净利润＋利息费用＋所得税费用）与利息费用的比率。它是衡量企业支付借款利息能力的指标，其计算公式如下：

利息保障倍数＝息税前利润／利息费用

其中：利息费用包括财务费用中的利息费用和已计入固定资产价值中的资本化利息。通俗地讲，利息费用就是企业支付给银行等金融机构的除本金以外的所有支出，但是在财务核算过程中，并未将所有的利息支出计入财务费用，还有一部分利息支出计入了固定资产的成本。我们在核算利息保障倍数时，就需要将这种资本化的利息加回到利息费用中来。

9.5.2 资本化利息的含义

为了不让大家迷惑，我们先来解释一下"资本化利息"的概念。

在一般情况下，企业借款的利息支出都计入了财务费用，直接在所得税前作为费用扣除项目，抵减收入，这样可以少纳税，也减少企业的资金流出。而上市公司追求的是公司利益最大化，为了更好地融资，就希望公司的市场价值更高些，这样股价才会越高。而将用于固定资产的借款的利息费用资本化可增加企业的资产总值，也就是企业价值，这样可能有利于抬高股价，基于这样的动机，出现了"资本化利息"的概念。

> **注意**
>
> 从税负角度来看，企业将用于固定资产的借款的利息支出予以资本化，计入本期的财务费用减少，本期可能需要多交一部分税款，但是税款的现金流出远远低于企业融资现金流入增加的份额，而资本化的利息支出，需要随着固定资产的折旧在以后期间计入成本费用。

所谓利息资本化，就是当企业所借款项是用于固定资产投资（如新建办公大楼，改建新的生产线等）时，这些专项借款的利息就要计入该投资项目的建设费用，形成固定资产价值的一部分，这个借款费用就是利息的资本化。按会计制度的要求，只有项目建设启动到项目完成建设前发生的财务费用可以资本化，此前和项目正式投产后，其尚未归还的贷款所发生的利息等费用，则要计入生产经营活动的财务费用中，也就是要在利息发生当期在利润表上反映。通过会计核算方法明确划分利息资本化和费用化的标准，可以防止企业通过利息资本化任意调整企业利润情况。

【例9-19】T公司在2017年1月1日向银行借款了1 000万元，月利息为5‰，计划用于新建生产线工程，但是该生产线一直未开工，直到5月1日才购买原材料，从开始建设到2017年11月30日完工，完工后企业也并未归还借款。T公司可以资本化的利息只有5~11月共7个月的利息支出，1~4月，以及12月的利息都不能资本化，应该直接计入当期的财务费用。我们在核算利息保障倍数时，要用到的利息费用却是全年的利息支出。

所以，在利息保障倍数计算公式中的息税前利润，实际与我们在9.2.2中介绍总资产报酬率中提到的"息税前利润"是有差别的。在利息保障倍数计算公式中的息税前利润＝总资产报酬率中提到的"息税前利润"＋资本化的利息费用＝税后利润＋所得税＋财务费用＋资本化利息支出。

9.5.3 利息保障倍数指标分析

利息保障倍数反映了企业用经营所得支付债务利息的能力。如果这一指标太低，说明企业不能用经营所得来按期足额支付债务利息，债权人和投资者都会认为企业财务风险很高。在一般情况下，企业的利息保障倍数（获利倍数）至少要大于1，否则企业将难以生存与发展。这个道理很浅显，不管是哪个老板，借了多少钱来办企业，到了年关，连归还借款利息的钱都没有的话，这个企业就是白忙乎一年，老板也得不到任何收益，企业当然不可能长久地生存下去。

也有可能存在这种情况，我们看到利润表上的利息费用为负数，这表明实质是企业的利息收入，意味着该企业银行存款大于银行借款。此时，利息保障倍数就无意义了。

总之，利息保障倍数不仅反映了企业获利能力的大小，而且反映了获利能力对偿还到期债务的保证程度。它既是企业举债经营的前提，也是衡量企业长期偿债能力大小的重要标志。

> **注 意**
>
> 要维持正常偿债能力，利息保障倍数至少应大于1，且比值越高，企业的长期偿债能力越强。如果利息保障倍数过低，说明企业面临亏损、偿债能力有限，对债权人而言，债权无保障。在公募债债券市场，还有一种经验式的定论：债券发行人利息保障倍数在2以上，其一年内违约的概率极小；而利息保障倍数在2以下，其违约的概率或显著增加。

利息保障倍数作为反映企业长期偿债能力的指标，存在的明显缺陷是：净利润或者调整的息税前利润，都只是会计核算后的数据，其账面数值并不能作为长期债务和其利息的偿付手段，只有企业净现金流量才能真正地偿还企业债务和利息。

9.6 发展能力指标分析

发展能力是指企业在生存的基础上，扩大规模、壮大实力的潜在能力。它是企业持续发展和未来价值的源泉，是企业的生存之本、获利之源。报表使用人，不管是投资者、债权人，还是企业的管理者、供应商等，都希望企业能健康发展，以保证自己在企业的权益能得到有效保障和延续。

企业的发展，表现为企业整体上转化资源、增加价值的能力的提高。我们在评价企业的发展能力时，基本从销售发展状态、资产增加情况和净资产积累水平三个不同角度来分析。

9.6.1 与发展能力指标分析相关的财务数据提供

为了把抽象的概念分析变成直观的数字分析,或者说具体到某一企业的发展情况分析,我们需要先提供一组财务数据作为分析的基础。

【例9-20】 表9-12~表9-14为小家电行业三家规模不同的企业在最近三年内的总资产、主营业务收入和净资产变化情况。

表9-12　郑成功公司的财务数据表

（单位：万元）

项目	主营业务收入		总资产		所有者权益	
年份	当年金额	增长比率	当年余额	增长比率	当年余额	增长比率
2015年	780		1 599		1 235	
2016年	904.8	16%	1 818.65	13.74%	1 410.53	14.21%
2017年	1 137.5	25.72%	2 331.88	28.22%	1 633.48	15.81%
2018年	1 243	9.27%	2 436.28	4.47%	1 858.47	13.779%

注：1. 销售增长率 =（本年销售收入增长额 / 上年销售收入）× 100%
　　　　　　　 =（本年销售收入 – 上年销售收入）/ 上年销售收入 × 100%
　　总资产增长率 = 本年总资产增长额 / 年初资产总额 × 100%
　　　　　　　 =（年末资产总额 – 年初资产总额）/ 年初资产总额 × 100%
　　资本积累率 = 本年所有者权益增加额 / 所有者权益年初余额 × 100%
　　　　　　　 =（年末所有者权益总额 – 所有者权益年初余额）/ 所有者权益年初余额 × 100%
　　2. 为了分析的简便和直观,这里的销售收入直接以主营业务收入代替,假设企业无任何其他业务收入和支出。

说明：表9-13和9-14的计算公式同表9-12。

表9-13　赵发财公司的财务数据表

（单位：万元）

项目	主营业务收入		总资产		所有者权益	
年份	当年金额	增长比率	当年余额	增长比率	当年余额	增长比率
2015年	25		50		35	
2016年	28.75	15%	60.66	21.32%	39.89	13.97%
2017年	35.38	23.06%	76.07	25.4%	47.32	18.63%
2018年	46.1	30.3%	100.09	31.58%	58.14	22.87%

表9-14　刘有钱公司的财务数据表

（单位：万元）

项目	主营业务收入		总资产		所有者权益	
年份	当年金额	增长比率	当年余额	增长比率	当年余额	增长比率
2015年	560		1 136.8		935	
2016年	655.2	17%	1 277.64	12.39%	1 061.45	13.52%
2017年	765	16.76%	1 430.85	11.99%	1 206.79	13.69%
2018年	880.4	15.08%	1 620.53	13.26%	1 397.34	15.79%

9.6.2 与销售增长情况相关的发展能力指标分析

销售产品，完成企业财富从现金到材料到产品，再通过市场变回更多现金，是企业生存的基本模式，也是企业创造价值的体现。一般来说，一个企业的竞争能力越强，产品的市场占有率越高，就说明该企业的发展前景越好。通俗地讲，持续不断地增加收入，企业就能发展。与销售增长情况相关的发展能力指标主要有销售收入增长率和三年销售平均增长率。

1. 销售增长率

所谓销售增长率，是指企业本年销售收入增长额同上年销售收入总额的比率。该比率表明企业本年销售收入的增减变动情况，其计算公式如下：

销售增长率 =（本年销售收入增长额 / 上年销售收入总额）× 100%

其中，本年销售收入增长额 = 本年销售收入总额 – 上年销售收入总额。

【例 9-21】承上例，三个公司的销售增长率比较资料如表 9-15 所示。

表 9-15 三个小家电公司的销售增长率比较表

（单位：万元）

年份	郑成功公司		赵发财公司		刘有钱公司	
	当年金额	增长比率	当年余额	增长比率	当年余额	增长比率
2015 年	780		25		560	
2016 年	904.8	16%	28.75	15%	655.2	17%
2017 年	1 137.5	25.72%	35.38	23.06%	765	16.76%
2018 年	1 243	9.27%	46.1	30.3%	880.4	15.08.%

绘制成折线图如图 9-1（注：折线图只考虑销售收入的增长比率，没有将销售收入数值列入图示范围。事实上，三个公司的规模不一样，销售收入变化的绝对值也不具有可比性）所示。

从图 9-1 中可以看出来，销售增长率一直在提高的是赵发财公司（圆点线）；每年稍有降低，但变化不明显的是刘有钱公司（三角线）；起伏波动较大的是郑成功公司（方格线）。

通过对企业在一定年度内销售增长率变化趋势的分析，我们能初步分析出企业的发展能力水平。如前述三个公司，虽然赵发财公司的规模较小，但是其销售增长率一直在提高,所以其企业的发展能力应该是最强的。

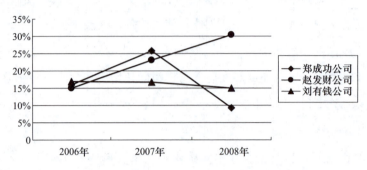

图 9-1　小家电企业销售增长率比较图

2. 三年销售收入平均增长率

在分析销售增长率时,为了防止销售收入短期波动对指标产生的影响,分析时还可同时计算三年销售收入的平均增长率。该指标能表明企业销售收入连续三年的增长情况,更能客观地反映企业销售增长的长期趋势和稳定程度,其计算公式如下:

$$三年销售收入平均增长率 = \left(\sqrt[3]{\frac{本年销售收入总额}{3年前销售收入总额}} - 1 \right) \times 100\%$$

【例 9-22】 承前例中的三个公司,通过计算并查表可知,三个公司的三年销售收入平均增长率如表 9-16 所示。

表 9-16　小家电企业三年销售收入平均增长率比较表

公司名称	郑成功公司	赵发财公司	刘有钱公司
三年销售收入平均增长率	1.167	1.225	1.162

根据不同公司三年销售收入平均增长率分析,仍然是赵发财公司的销售增长率比较高,证明其发展潜力较大。

3. 用销售增长率衡量企业发展能力的优劣分析

销售收入的增长能充分说明企业市场占有率情况和业务规模的拓展情况,但是,企业最终实现的是"薄利多销"还是"厚利多销",需要通过利润率指标或者获利能力指标的分析才能确认。也就是说,企业获取的毛收入的多少并不能代表企业财富同样增长了多少。要确认企业全面或实质上的发展水平，仅仅考核销售增长率是不够的。

9.6.3 与资产增长相关的发展能力指标分析

资产是企业存在和发展的前提，正可谓"没有母鸡，就不可能有鸡蛋"。资产作为企业开展经营、取得收入的基本保障，其增长情况是企业发展的重要表现形式，即所谓"母鸡多了，才有可能多产蛋"。尤其是在总资产报酬也在增长或保持稳定的情况下，企业的资产规模与收入规模之间就会存在着同向变动的关系。比如，每只母鸡一个星期最少能生 4 个蛋，养 10 只鸡的话，一个星期生 40 个蛋没有问题；但要能养 100 只鸡，一个星期不一定生 400 个蛋，但 380 个蛋应该可以保证。这就是资产增加，企业的发展能力也增加的道理。

在财务分析实务中，关于与资产增加相关的企业发展能力的指标分析主要有总资产增长率，并同时计算三年资产的平均增长率，由此通过资产情况判断企业的规模扩张情况。

1. 总资产增长率

总资产增长率是指企业本年总资产增长额同年初资产总额的比率。其计算公式如下：

总资产增长率 =（本年总资产增长额 / 年初资产总额）× 100%

其中，本年总资产增长额 = 年末资产总额 – 年初资产总额。

【例 9-23】 承前例中的三个公司的总资产增长率比较资料如表 9-17 所示。

表 9-17 三个小家电公司的总资产增长率比较表

（单位：万元）

年份	郑成功公司		赵发财公司		刘有钱公司	
	当年金额	增长比率	当年余额	增长比率	当年余额	增长比率
2005 年	1 599		50		1 136.8	
2006 年	1 818.65	13.74%	60.66	21.32%	1 277.64	12.39%
2007 年	2 331.88	28.22%	76.07	25.4%	1 430.85	11.99%
2008 年	2 436.28	4.48%	100.09	31.58%	1 620.53	13.26%

绘制成折线图如图9-2（注：折线图只考虑总资产的增长比率，没有将总资产数值列入图示范围）所示。

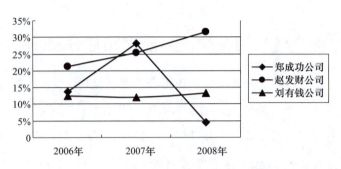

图9-2 小家电企业总资产增长率比较图

从图9-2中可以看出，赵发财公司（圆点线）的总资产增长率趋势最好，呈现连年增长的上升趋势，所以该公司未来的发展潜力最大；而郑成功公司（方格线）的波动最大，其发展能力不能确定；刘有钱公司（三角线）基本保持稳定的增长率，发展比较平稳。

2. 三年平均总资产增长率

为了避免某一年的资产增长率受资产短期波动因素的影响，可以通过计算连续三年的平均资产增长率来反映企业较长时期内的资产增长情况，从资产的长期增长趋势和稳定程度判断企业的发展能力。其计算公式如下：

$$三年平均总资产增长率 = \left(\sqrt[3]{\frac{年末资产总额}{3年前资产总额}} - 1\right) \times 100\%$$

【例9-24】承前例中的三个公司，通过计算并查表可知，三个公司的三年平均总资产增长率情况见表9-18。

表9-18 小家电企业三年平均总资产增长率比较表

公司名称	郑成功公司	赵发财公司	刘有钱公司
三年平均总资产增长率	1.15	1.26	1.127

从不同公司三年平均总资产增长率来分析，赵发财公司的总资产增长率比较高，这也进一步证明了该公司在同行业的三个企业中发展潜力较大。

3. 用总资产增长率衡量企业发展能力的优劣分析

虽然企业的发展必然会带动企业总资产的增长，但是一个企业总资产的增长并不一定直接带来企业同比率或者同速度的发展。资产只是为企业的发展准备了资源条件，只有同时保证了资产的使用效率，企业才会真正发展。还以母鸡和鸡蛋的例子来说明，鸡场可能有100只鸡，只是具备了一个星期产400个蛋的资源，但是还需要科学喂养，鸡才下蛋。如果饥一顿饱一顿，甚至老让母鸡天天饿着，这些母鸡一个星期肯定不能产400个蛋。也就是说，企业的总资产增长了，但是如果没有保持资产的使用效率，或者资产使用效率明显降低，即便企业的资产规模再大，投入的资源再多，也不能带来企业的快速发展。

> **注意**
> 我们运用总资产增长率作为企业发展能力的指标，还需要同时结合企业的盈利能力指标，只有总资产增长率和盈利能力"双升"的企业，才是真正有发展潜力的企业。

9.6.4 与净资产积累增长相关的发展能力指标分析

净资产是指股东所拥有的资产。净资产积累越多，企业资本的保全性越强，其应对风险的能力和持续发展的能力就越强。所谓家底越好，越能生钱，因为人家有生钱的资本。

在净资产收益率增长或保持不变的情况下，企业净资产规模与收入之间存在着同向变动的关系。净资产规模的增长反映出企业不断有新的资本或收益留存增加，这就表明了所有者对企业的信心增强，或者说，在过去的经营活动中有较强的盈利能力。这就意味着企业在发展。常用的分析企业发展潜力的净资产积累的指标有资本积累率，并同时计算三年资本的平均增长率。

1. 资本积累率

资本积累率是指企业本年所有者权益增加额同本年年初所有者权益余额的比率。它表示的是企业当年所有者权益总的增长率，其计算公式如下：

资本积累率＝（本年所有者权益增加额／所有者权益年初余额）×100%

其中：本年所有者权益增加额＝所有者权益年末余额－所有者权益年初余额。

所有者权益（本年）年初数＝所有者权益上年年末数

【例 9-25】 承前例中的三个公司的资本积累率比较资料如表 9-19 所示。

表 9-19　三个小家电公司的资本积累率比较表

（单位：万元）

年份	郑成功公司所有者权益		赵发财公司所有者权益		刘有钱公司所有者权益	
	当年金额	增长比率	当年余额	增长比率	当年余额	增长比率
2015 年	1 235		35		935	
2016 年	1 410.53	14.21%	39.89	13.97%	1 061.45	13.52%
2017 年	1 633.48	15.81%	47.32	18.63%	1 206.79	13.69%
2018 年	1 858.47	12.11%	58.14	22.87%	1 397.34	15.79%

绘制成折线图如图 9-3（注：折线图只考虑资本积累率增长比例，没有将各期权益总数列入图示范围）所示。

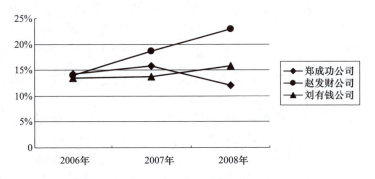

图 9-3　小家电企业资本积累累率增长比率比较表

从图 9-3 中可以看出，赵发财公司（圆点线）和刘有钱公司（三角线）的总资产增长率都呈连年上升趋势，而增长幅度最大的是赵发财公司（圆点线），所以该公司未来的发展潜力最大；而郑成功公司（方格线）的资本积累增长率在震荡中向下，其发展能力不佳。

2. 三年平均资本积累率

三年平均资本积累率指标是为了排除个别年份企业资本积累率忽高忽低而引入的，用来衡量企业权益资本连续三年的增长情况，能够较好地体现企业发展水平和发展趋势。其计算公式如下：

$$三年平均资本积累率 = (\sqrt[3]{\frac{年末所有者权益总额}{3年前所有者权益总额}} - 1) \times 100\%$$

【例 9-26】 承前例中的三个公司，通过计算并查表可知，三个公司的三年平均资本积累率情况见表 9-20。

表 9-20　小家电企业三年平均资本积累率比较表

公司名称	郑成功公司	赵发财公司	刘有钱公司
三年平均资本增长率	1.145	1.184	1.142

从不同公司三年平均资本积累率指标可以看出，指标最好的是赵发财公司，刘有钱公司和郑成功公司的资本积累率基本相似，所以赵发财公司的发展潜力最大。

3. 用资本积累率衡量企业发展能力的优劣分析

资本积累率增长率指标体现的是企业净资产的增长幅度，能从所有者权益的角度体现企业的发展，但是资本积累率指标本身不能区分，企业净资产的增加是投资者增加对企业的投入引起的，还是留存收益增加导致的。如果只是简单的投资增加，并不能说明企业的发展潜力增大，只有通过企业自身创造价值，使留存收益增加，才是企业具有发展潜力的体现。

> **注意**
>
> 在用资本积累指标分析企业发展能力时，需要结合所有者权益增长的类别，进而判断企业是否真的具有内在持久的发展能力。

9.6.5　企业发展的状态分析

任何一个企业，从最初的创建，到发展，到壮大，再到逐渐衰退，都受到多种因素的制约。所以在不同时期，企业需要有效利用自身的优势，扬长避短，才能不断壮大，才能做得长久，被投资者认可。这就好比人走路出行：年幼时，蹒跚学步，试探着往前走，需要有人鼓励和引领；年少时，年轻气盛，精力十足，需要认真辨别方向，以免迷路；中年时，踏实却忙碌，需要的是发现行程中的美丽风景、享受人生；等年老时，悠闲自在，重在养生，出行只是锻炼和调整自己的一种方式。不同年龄,对待出行需要不同的态度。企业也一样,处于不同的发展阶段和发展状态时,会有不同的状态,处于不同状态的企业,其财务指标和发展能力是完全不一样的。

一般来说,成长初期的企业,大量资金来源于负债,因为处于成长中的企业一方面自身积累有限,另一方面本身的高速发展使企业资金发生短缺,在市场前景乐观的情况下,企业便倾向于负债经营,以期取得更多收益。这样企业逐渐进入扩张期。

在扩张过程中,由于不同企业所处的经济环境和制订的发展策略不同,可能会出现三种情况:

(1)平衡发展,即企业通过收益的增加,不但偿还了负债,而且创造了利润,增加了企业的发展后劲。

(2)过快发展,即企业负债经营,扩大了生产经营规模,但同时加剧了企业资金的短缺,企业面临资金支付困难,发展能力受到制约。

(3)失控发展,即企业增加了大量的固定资产投入,生产规模扩大,但市场竞争激烈,而企业的单位成本支出在上升,经济效益在下降,企业失去了发展潜力和动力。

通过大量的统计数据和分析研究,会计理论界把企业发展划分为如下 7 种不同的状态,并系统地归纳了不同发展状态下企业的财务特点,分别如下。

1. 平衡发展

处于平衡发展的企业的特点如下:

(1)企业的营业利润增长率高于当前的通货膨胀率。

(2)当年营业利润能够支付管理费用、财务费用,流动资金能满足企业日常需求并有适量盈余用于企业发展投资。

(3)企业资金结构合理,财务费用不超过一定标准。

2. 过快发展

处于过快发展的企业的特点如下:

(1)企业的销售额增长很快,而与之对应的存货和应收账款也增长很多,且后两项的增长速度比销售额的增长速度要快。

（2）由于存货和应收账款的增加占用了大量资金，企业的运营资金需求增加，但却没有足够的资金来源，资金不能满足需求。

（3）由于没有资金来源，企业出现支付困难。逐渐地，企业被迫放慢发展速度。

3. 失控发展

处于失控发展的企业的特点如下：

（1）企业的市场需求增长很快，企业预期增长势必持续，因而企业只能接受高风险资本结构，再次借款来支持这种增长。

（2）由于企业的资金结构不合理，造成经营风险增加，企业应付任何风吹草动的能力很弱。

（3）市场发展是波动的，一旦市场需求减少，企业就将面临困境，因为其生产能力已经扩大，固定费用支出水平已经形成。就好比饲养场养的母鸡太多，如果出现市场饱和，你暂时不需要它们产蛋，但是不等于马上就可以不给它们喂食，为了维持它们的生命，每天的耗费并不少。企业也一样，当失控的企业发生销售困难时，很难瞬时调整其资本结构和企业状态，这也是很多大企业的净资产增长率不如小企业的原因之一。

4. 周期性发展

处于周期性发展的企业，其特点如下：

（1）企业发展随经济周期的变化而变化，有这种特点的企业一般都有鲜明的行业特质，如冶金企业、能源企业等。在经济扩张时期，随着整个经济形势的发展，整个市场对资源、能源的需求增加，这类企业的发展快，盈利也较好；而在经济萎缩期，由于社会需求不足，这些企业的盈利就会下降，发展速度也相应地放慢。从长期来看，这类企业的发展曲线和整个社会经济发展的趋势趋同。

（2）由于经济周期的起伏有时持续时间会比较长，所以如果企业没有一定的资金实力，每期的固定费用就有可能令其陷入困境。

5. 低速发展

处于低速发展的企业的特点如下：

（1）企业盈利能力较差，导致企业发展比较慢。

（2）企业的新增生产能力很少，甚至没有。由于没有新生产力，所以也没有新产品进入市场，这样又反过来影响了企业的市场竞争力，从而制约其发展。

（3）企业的流动资金和流动负债都没有太明显波动，也不容易增长。

（4）处于低速发展的企业应对市场竞争的能力较差，所以企业的投资与发展没有保障。

6. 慢速发展

处于慢速发展的企业的特点如下：

（1）企业会主动减少投资，由此企业营业额增长放慢，甚至不增长。

（2）企业发展太慢，但同行业的其他企业却在发展，相对而言，就成了"不进步就是退步"，由此可能导致产品的竞争能力越来越差，进而企业的盈利能力降低，难以再投资。

7. 负债发展

处于负债经营的企业的特点如下：

（1）企业盈利很差，却决定大量举债投资。

（2）虽然企业负债较多，但由于运营正常，所以其营运资金流应该为正，但由于受到自身资金的限制，其利润增长不会太快，发展也较慢。

（3）负债企业的财务风险一般比较高，因为企业的自我发展能力不强，却还有大量借款。

总之，对企业发展能力的分析与评价，能使报表使用人科学地评价企业绩效，从而为决策提供参考；也有利于管理者改善企业管理策略，提高企业竞争力。

Chapter 10 现金流量表分析

现金流量表是指反映企业一定会计期间经营活动、投资活动和筹资活动等对现金及现金等价物产生影响的会计报表。其主要目的是为报表使用者提供关于企业一定会计期间内现金流入与流出的有关信息。

在前面的第 4 章，我们系统地介绍了现金流量表各个项目包含的内容。在本章中，通过对现金流量表的分析，我们能全面地了解企业资金管理的能力，确认支持企业日常经营的资金来源是否充分，即支付能力如何，并考核企业的偿债能力和收益质量等。

10.1 现金流量表分析一般知识

所谓现金流量，简单地说，就是一段时间内企业的现金流入、流出及结余状态。如我们在第 4 章中介绍的那样，现金流量表能弥补资产负债表和利润表的不足，能从现金流量的角度考量企业，还能了解企业筹集现金、生成现金的能力等。那么怎样阅读现金流量表，报表使用人才能从中辨别和确认这些信息，做到心中有数呢？这就需要对现金流量表进行各种专业的分析。

所谓现金流量表分析，是指对现金流量表上的有关数据进行分析、比较和研究，从而了解企业的财务状况和现金流量情况，发现企业在财务方面存在的问题，预测企业未来的财务状况，揭示企业的支付能力，为报表使用人的决策提供依据。

如果我们把企业的经营收支看成一个蓄水池蓄水的过程，则现金就是流经水池的水，分析现金流量表，就是在水池的进水口、出水口、蓄水池都安上高智能水表，分别记录流入水池的水量和流出水池的水量，同时记录其水质如何，还要在规定的地方安上水位计、水温计等，随时确认蓄水池的水位和水温是否适合存储等。最后把所有的与水相关的数据进行分析和整理，看一看一个月内，蓄水池一共用了多少水，排了多少水，然后用进水表的数减去排水表的数，看一看蓄水池里的水是增加了还是减少了，是否与水位计记录的水量一致；还要看水温计每天显示的水温是多少，是不是在额定范围内，有没有滋生细菌，需不需要消毒等。

从上面的例子可以看出来，要管理好一个蓄水池，需要采集的数据和进行的分析工作并不少，对企业的现金流量进行分析时需要处理的数据就更多、更复杂。为了全部、系统地分析现金流量表，财务分析人员依据长期的实践经验，结合数学模型等，总结了一系列的分析方法。

> **注意**
>
> 比较常用的现金流量表的分析角度和方法有经营活动现金流量质量分析、现金流量表结构分析、现金流量表比率分析、现金流量表趋势分析以及经营活动现金净流量与利润的综合分析等。

10.2 经营活动现金流量质量分析

企业的现金流量分为经营活动现金流量、筹资活动现金流量和投资活动现金流量三部分。经营活动是企业经济活动的主体，也是企业获取持续资金流的基本途径，其现金流量的质量也直接体现了企业的经营状态和财务状况。

所谓经营活动现金流量的质量，是指经营现金流量对企业真实经营状况的客观反映程度，以及对企业财务状况与经营成果的改善、对持续经营能力的增强所具有的推动作用。一般来说，经营活动现金流量的质量主要包括其真实性、充足性、稳定性和成长性四个方面。

10.2.1 经营活动现金流量真实性分析

对企业现金流量表经营活动现金流量的真实性分析基本分以下两个步骤：

（1）对比企业半年度现金流量表和年度现金流量表的经营性现金流量，考查经营性现金流量的均衡性，初步确认企业经营性现金流量的真实性。

在正常经营情况下，企业的购销活动和信用政策在一年内会比较稳定，销售业务也一般不会出现大起大落的情形，因此企业的经营性现金流量在年度内应保持一定的均衡性。当然，我们同时需要考虑国际、国内经济大形势对企业的影响，以及企业所处的行业——如海洋捕捞业、供暖企业等，可能季节性生产的特点明显一些。这就好比前面我们说到的那个蓄水池，蓄水池进水管道的直径和出水管道的直径是固定的，所以日流入量的最大值是被限制的。在正常情况下，使蓄水量保持在一个比较稳定的范围内。企业也一样，在生产规模和市场变化不大的情况下，经营性现金流量也在一个较平缓的水平内稍有波动而已，如果忽高忽低，就有企业经营性现金流量被粉饰的可能。

（2）重点分析现金流量表有关明细项目，进一步明确经营性现金流量的真实性。

现金流量表对经营性现金流量进行了很好的细化，通过分析各个项目的现金流量变化，可以帮助我们识别企业经营性现金流量是否真实。

如通过分析"销售商品、提供劳务收到的现金"项目，判断企业有没有虚构预收账款、粉饰主营业务现金流量的可能。如果企业在某期末存在大额预收账款，又缺少相关的销售或建造合同，则有可能是企业没有及时将收入计入相应科目，其主营业务现金流入项目就缺乏真实性。

又如，通过分析"收到的其他与经营活动有关的现金"项目，判断企业是否借助关联交易等把经营性现金流量"做"漂亮。可能存在这样的企业，由于大额应收账款不能收回，企业经营性现金流量出现严重困难，为了维持生产，或者确保年度末报表能被大众投资者接受，就请求大股东或者关联企业在年度末临时性补充现金。这些"临时输血"在现金流量表中被归入了"收到的其他与经营活动有关的现金"项目，该项目金额由此在期末迅速上升，连带着当期经营性现金流量增加，这样很好地掩盖了企业经营中的真实现金流量。

> **注 意**
>
> 经营活动取得的现金流入量与营业收入不是一对一同增同减的，但是增长趋势应该同向。如果一个企业某期营业收入增长巨大，经营活动取得的现金流入量却很少，就需要充分关注。不管从总体还是从各个项目的角度，我们都要充分关注经营性现金流量的真实性。

10.2.2 经营活动现金流量充足性分析

对企业现金流量表经营活动现金的充足性的分析，基本从"绝对充足"和"相对充足"两个方面来进行。

1."绝对充足"的分析

经营性现金流量的充足性是指企业是否具有足够的经营现金净流量，以满足其正常运转和规模扩张的需要。从绝对量方面分析其充足性，主要是分析经营性现金流量能否延续企业现有的正常经营。

可以通俗地理解为，如果一个企业经营性现金流量充足，那么它应该能靠其内部积累维持目前的生产经营，其经营性现金流入量必须能够抵补下列当期费用：

（1）企业正常经营所需。日常开支，如购买原材料不得不支付的现金、企业员工工资及各类保险、各种水电气费和本期应缴纳的各类税费等，这些都表现为经营性现金流出。

（2）前期已经支付，但需在当期和以后各期的收入中收回的费用。它主要包括资产折旧与摊销额。比如我们前期购买了1 000元的固定资产，本期产品分摊了100元的折旧，那么本期的经营性现金收入中就有这部分收入，经营性现金流入应该是多了的。在企业经营性现金流量充足的情况下，如果本期再买入100元的固定资产，企业应该是有支付能力的。当然，不一定本期真支付，可能会多期累积，待固定资产更新时一次支出。

（3）已计入当期损益但尚未支付的费用，主要是预提费用。比如用电大户的电费是按季度结算的，企业为了平衡各期费用，一般会预提电费计入相应费用科目。从本期来看，企业没有现金流出，其实是应该流出的，只是延后了一两个月而已。

Chapter 10
现金流量表分析

> **注 意**
>
> 只有在"经营性现金流量净额>本期折旧额＋无形资产和长期待摊费用摊销额＋待摊费用摊销额＋预提费用提取额"的条件下,企业的经营性现金流量才算充足。也只有这样,企业在现有规模下的简单再生产才能持续。

2."相对充足"的分析

从相对量角度考察企业经营性现金流量的充足性,主要是了解经营性现金流量能否满足企业扩大再生产的资金需要,具体通过分析经营性现金流量对企业投资活动的支持力度和对筹资活动的风险规避水平来确认。主要评价指标如下:

(1)现金流量资本支出比率。该指标的公式如下:

现金流量资本支出比率＝经营活动产生的现金净流量/资本性支出额

其中,资本性支出额是指企业购建固定资产、无形资产或其他长期资产所发生的现金支出。

该指标用来评价企业运用经营性现金流量维持或扩大经营规模的能力。该指标越大,说明企业内涵式扩大再生产的水平越高,利用自身盈余创造未来现金流量的能力越强,经营性现金流量的品质也越好。

当该比率小于1时,也就是企业现在要买1台50万元的车床增加自身生产能力时,企业能不能自己全部支付,还是需要从银行贷款或要求股东增加投入才可以买。如果需要借助部分外部资金才能实现,就表明企业资本性投资所需现金无法完全由其经营活动提供,部分或大部分的资金要靠外部筹资补充,企业财务风险较大,经营及获利的持续性与稳定性较差,经营性现金流量的质量较差。

当该比率大于1时,也就是需要增加新设备时,企业管理人员拍着胸脯说:"别说50万元的设备,100万元的设备我也可以马上付款。我们还打算年底给股东分红呢!"这样则说明企业经营性现金流量的充足性较好,对自身筹资活动的风险保障水平较高,不仅能满足企业的资本支出需要,而且还可用于偿还债务、分配利润和发放股利等。

(2)到期债务偿付比率。该指标的公式如下:

到期债务偿付比率＝经营活动产生的现金净流量/(到期债务本金＋本期所有债务利息)

该指标反映了企业运用经营性现金流量偿付到期债务本息的实际水平。

如果该比率小于1，则说明企业到期债务的自我清偿能力较差，其经营性现金流量的充足程度不高，要想及时、足额偿付到期债务，企业必须依靠其他方面资金的及时注入，如对外融资（即通常所说的借新债还旧债）、当期变现投资收益以及出售企业资产的现金所得等才能实现。

如果该比率大于1，则说明企业具有较好的"造血"功能，经营性现金流量比较多，足以偿还到期债务，企业不存在支付困难的风险，其经营主动性也较强。

3. 经营活动现金流量充足性分析的注意事项

经营性现金流量体现的仅仅是企业在某一时点的支付能力，也就是一个蓄水池在某一时点的水量而已，它并不能完全说明蓄水池进水口的进水能力，也不能说明水温等。所以仅以经营性现金流量大小作为衡量企业经营好坏或财务优劣的标准是不对的。因为经常有这样的情况：一个企业的经营性现金流量充足，但其盈利能力却日益下降；而另外的企业，经营性现金流量不足，但盈利能力却日趋上升。这就表明：如果一个企业有充足的资金，但找不到合适的投资方向和投资项目的话，其未来盈利能力将会受到影响；相反地，一个企业虽然现金短缺，但如果实施了有效的负债经营，其盈利水平反而能得到显著提高。

> **注　意**
>
> 把握商机，提高企业的经营能力和财务管理水平才是企业发展的根本。

10.2.3　经营活动现金流量稳定性分析

用来分析企业经营性现金流量稳定性的指标主要有如下两个：

（1）经营现金流入量的结构比率。该指标的公式如下：

经营现金流入量的结构比率＝销售商品、提供劳务收到的现金/经营活动产生的现金流入量

该指标衡量的是全部经营性现金流入量中，主营业务活动所占的比重。同时，该指标也揭示了企业经营性现金流量的主要来源和实际构成。该比率高，说明企业主营业务活动流入的现金明显高于其他经营活动流入的现金，企业经营现

金流入结构比较合理，经营性现金流量的稳定程度较高，经营性现金流量的质量也较好；反之，则说明企业主营业务活动的创现能力不强，维持企业运行和支撑企业发展的大部分资金由非核心业务活动提供，企业缺少稳定可靠的核心现金流量来源，其现金流量来源较为薄弱，经营性现金流量的稳定性与品质较差。

（2）经营现金流出量的结构比率。该指标的公式如下：

经营现金流出量的结构比率＝购买商品、接受劳务支付的现金／经营活动产生的现金流出量

使用该指标的依据是："有所失必有所得。"现在如何使用现金将决定企业未来现金的来源状况。企业经营性现金流出中，用于购买商品、接受劳务支付的现金的多少，将直接决定未来销售商品、提供劳务收到的现金的多少。通过对该比率的分析，能确认企业当期经营性现金支出结构是否合理，企业当期有无大额异常的现金流出等，从而对关联方占用企业资金等情况进行有效的识别，对企业以后各期现金流入的主营业务活动做出合理的估计。这样就能从"源头"对企业未来经营性现金流量的稳定性做出有效的评估。

> **注意**
>
> 经营现金流入量的结构比率和经营现金流出量的结构比率两个指标分析的都是企业主营业务的现金流入与流出的比重。如果一个企业在连续几年中，经营现金流入量的结构比率和经营现金流出量的结构比率都在下降的话，则可能预示着该企业经营性现金流量质量的稳定性受到不利影响，企业的现金流状态令人担忧。

10.2.4 经营活动现金流量成长性分析

用来衡量企业经营活动现金流量的成长性的指标是经营现金流量成长比率，其计算公式如下：

经营现金流量成长比率＝本期经营活动产生的现金净流量／
基期经营活动产生的现金净流量

该指标用来反映企业经营性现金净流量的具体增减变动情况和变化趋势。一

般来说,该比率越大,就表明企业经营性现金流量的成长性越好,经营性现金流量的质量越高。具体分以下三种情况。

1. 比率等于或接近于 1

经营现金流量成长比率为1,说明企业内部资金较前期没有明显的增长,经营性现金流量的成长能力不强。这时,一方面,要通过对相关指标,如经营现金净流量/销售收入、经营现金净流量/平均资产总额、经营现金净流量/净利润等的分析,及时掌握企业经营性现金流量营运效率的变动趋势,考察经营性现金流量未能实现增长的具体原因,从而确认企业为今后改善经营性现金流量动态管理所采取的举措是否有效;另一方面,需结合与投资活动相关的现金流量信息,关注企业经营规模的变化,如是缩小了还是扩大了,对企业未来经营现金流量状况做出合理的预测;此外,还需进一步联系企业的战略规划与现金预算,估计企业经营性现金流量的未来成长与其整体的未来发展是否同步、协调。

2. 比率大于 1

如果经营现金流量成长比率大于1,则表明企业经营性现金流量呈上升趋势。这显然有利于企业的进一步成长和经营规模的扩大,也预示着企业发展前景较好。但不同的现金流量增长方式对企业具有不同的意义,相应地,经营性现金流量的质量也存在较大的差异。常见的经营性现金流量增长有以下三种情况:

(1)负债主导型,即经营性现金流量的增长主要得益于当期经营性应付项目的增加。虽然企业通过延缓应付款项的支付,提高了经营性现金净流量,但损害了企业信誉,也加大了以后的偿债压力。事实上,若剔除这些必须支付的款项,企业实际经营性现金净流量很可能出现负值,这对公司发展的意义不大。在这种现金流量的增长方式下,显然经营性现金流量的质量较差,其成长也是一种假象,完全经不住时间的考验。

(2)资产转换型,即经营性现金流量的增长主要依赖于当期经营性应收项目和存货的减少。降低本期应收款项,或者压缩本期期末存货规模,都会减少企业资金占用,从而提高企业经营效率和盈利质量。但是,当期存货支出的减少是以前年度相应支出较多的结果,收回的期初应收账款也并不是本期实现的销售收入,经营性应收项目和存货的变动导致的经营性现金流量增长大多并不能反映本期经营业绩的变化。况且，经营性应收项目的减少也很可能是因大股东年末突击还款等大额异常现金流入造成的，往往不具有持续性。因此，该方式下的经营性现金流量质量仍然不高，其成长意义也并不大。

（3）业绩推动型，即经营性现金流量的增长主要源于企业盈利能力的增强，主要表现为本期主营业务收入大幅增加；本期盈利质量的提高，主要表现为本期现销收入比例显著上升。显然，这样的经营性现金流量增长方式是企业业绩大幅提高和推动的结果，所以其经营性现金流量质量较为理想，是企业经营性现金流量的真正成长。

3. 比率小于1

如果经营现金流量成长比率小于1，则说明企业经营性现金流量在逐步萎缩。经营活动的现金流入量是企业赖以生存和发展的基础，若经营性活动中的现金净流量持续减少，势必导致信用危机并破坏企业的持续经营，长此以往，企业的发展前景令人担忧。在这种情况下，还需进一步深入分析出现这种状况是由于经营亏损还是由于企业经营性应收项目的增长。

> **注 意**
>
> 总之，在分析经营现金流量成长比率时，应进行多期比较。各期成长率不仅要大于1，而且还要具有较强的稳定性，如果波动较大，则企业的未来发展也会受到一定程度的影响。此外，若本期或基期经营性现金净流量为负数，则经营现金流量成长比率不具备分析的意义。

10.3 现金流量表结构分析

所谓现金流量表的结构分析，又称为编制百分数现金流量表，即分别计算出现金流量表各项现金流入、流出及净值占现金总流入、流出及净值的比重。

10.3.1 现金流量表结构分析方法介绍

现金流量表结构分析，即现金流量表的结构百分比分析：要了解企业当期取得的现金来自哪些方面，用于哪些方面，其现金余额是如何构成的，各占总量的多大百分比。通过现金流量的结构百分比分析，报表使用人可以进一步了解企业财务状况的形成过程、变动过程及其变动原因等。

现金流量表是反映企业在一定时期内现金流入、流出及其净额的报表，它主要回答企业本期现金来自何处、用于何处、余额结构如何。现金流量结构分析，就是在现金流量表有关数据的基础上，进一步明确现金收入、支出和结余的构成。

通过结构百分比分析，可反映出企业现金流入（流出）的渠道，要增加现金流入主要靠什么，流出的渠道分别占有多大比例，通过这些分析，可以了解企业财务状况的形成、变动原因等。对现金流量表结构百分比的分析大体有如下几个方面：

（1）企业总现金流量结构分析：一般来说，经营性现金流量占总现金流量比重大的企业，经营状况较好，财务风险较低，现金流入结构也较为合理。当企业的总现金净流量为正时，判断企业现金流入是否强劲，要注意分析现金净流量是由经营活动产生的还是融资活动产生的，从而深入探究经营活动产生的现金流量的来源是否稳定、可靠。

（2）经营性现金流量结构分析：在对经营性现金流量结构进行分析时，可对经营活动产生的数据流的细分项进行结构分析，同利润表中的主营业务收入和其他经营利润相结合。若两者相差不大，说明企业会计账面上的收入额已经有效、及时地转成了实际现金流入，应收账款的管理也比较有效，这样企业未来的经营活动就有保障。

> **注意**
>
> 如果利润表显示企业盈利，而经营性现金流量项目中现金流入不多，就说明企业的经营收入并未全部变成现金，企业的资金运转也缺乏效率。这就好比老母亲餐厅买了菜、肉，请了厨师，客人们也吃了饭（利润表上的营业收入），但是客人吃饭后抹了一把嘴说："真抱歉，今天我没带钱！只能先记个账了。"这就是经营活动现金没有流入。如果大部分客人都这样，则可以预见在不久的将来，老母亲餐厅将没有周转现金去买菜、买肉了。

（3）投资性现金流量结构分析：在对投资活动产生的现金流量进行分析时，

应充分考虑企业预算、投资计划，可对比资产负债表中的长期投资及历年投资收益等相关情况，通过对其进行分析，判断是否存在潜在风险。

例如，企业近期购建了新的生产线，该投资活动现金流出源于自有资金，这就可以分析其在企业所有现金流出中所占的比重，还可以分析其占经营活动现金流入的比重，从而分析出企业扩大生产规模或改进生产工艺是否影响经营活动现金流出的使用等。

（4）筹资性现金流量结构分析：筹资活动产生的现金流量分析中，通过对筹资活动现金流入占企业总现金流入的比率分析，可了解企业融资来源、用途及结构比率，一般与现金流量表的总体结构分析相结合，来分析筹资活动现金流入、流出的总体趋势，并进一步分析企业的偿债能力等。

10.3.2 现金流量表结构分析举例

【例 10-1】 以老母亲餐厅 **02 年的现金流量表为例，来进行现金流量表结构分析的实战说明。

（1）表 10-1 是 **02 年老母亲餐厅 **02 年 12 月 31 日的现金流量表。

表 10-1 老母亲餐厅现金流量表

编制单位：老母亲餐厅　　　　　　**02 年 12 月 31 日　　　　（单位：元）

行次	项　目	本期金额	其他说明
第 01 行	一、经营活动产生的现金流量：		
第 02 行	销售商品、提供劳务收到的现金	3 689.4	
第 03 行	收到的税费返还		
第 04 行	收到其他与经营活动有关的现金		
第 05 行	**经营活动现金流入小计**	3 689.4	
第 06 行	购买商品、接受劳务支付的现金	2 211	
第 07 行	支付给职工以及为职工支付的现金	641	
第 08 行	支付的各项税费	222	
第 09 行	支付其他与经营活动有关的现金	43	
第 10 行	**经营活动现金流出小计**	3 117	
第 11 行	**经营活动产生的现金流量净额**	572.4	

(续)

行次	项目	本期金额	其他说明
第12行	二、投资活动产生的现金流量：		
第13行	收回投资收到的现金		
第14行	取得投资收益收到的现金	12	
第15行	处置固定资产、无形资产和其他长期资产收回的现金净额		
第16行	处置子公司及其他营业单位收到的现金净额		
第17行	收到其他与投资活动有关的现金		
第18行	**投资活动现金流入小计**	12	
第19行	购建固定资产、无形资产和其他长期资产支付的现金	70	
第20行	投资支付的现金	120	
第21行	取得子公司及其他营业单位支付的现金净额		
第22行	支付其他与投资活动有关的现金		
第23行	**投资活动现金流出小计**	190	
第24行	**投资活动产生的现金流量净额**	−178	
第25行	三、筹资活动产生的现金流量：		
第26行	吸收投资收到的现金	100	
第27行	取得借款收到的现金		
第28行	收到其他与筹资活动有关的现金		
第29行	**筹资活动现金流入小计**	100	
第30行	偿还债务支付的现金		
第31行	分配股利、利润或偿付利息支付的现金	9.6	
第32行	支付其他与筹资活动有关的现金		
第33行	**筹资活动现金流出小计**	9.6	
第34行	**筹资活动产生的现金流量净额**	90.4	
第35行	四、汇率变动对现金及现金等价物的影响		
第36行	**五、现金及现金等价物净增加额**	484.8	
第37行	加：期初现金及现金等价物余额	82.3	
第38行	**六、期末现金及现金等价物余额**	567.1	

注：以上数据，对应的资产负债表为表8-1，对应的利润表为表8-8。

（2）表10-2是关于老母亲餐厅现金流量的总体结构分析。

Chapter 10 现金流量表分析

表 10-2　老母亲餐厅现金流量总体结构分析

编制单位：老母亲餐厅　　　　　　**02 年 12 月 31 日　　　　（单位：元）

行次	项　目	本期金额	总体结构百分比
第 1 行	一、经营活动产生的现金流量净额	572.4	118.07%
第 2 行	二、投资活动产生的现金流量净额	−178	−36.72%
第 3 行	三、筹资活动产生的现金流量净额	90.4	18.65%
第 4 行	四、汇率变动对现金及现金等价物的影响	0	0
第 5 行	五、现金及现金等价物净增加额	484.8	100%

注：以上数据均来源于表 10-1。

从表 10-2 的结构百分比可以看出，老母亲餐厅在 **02 年时，企业的现金流量主要来源于经营活动。经营活动的净现金不仅满足了日常经营的需要，而且还有一部分用于投资活动。这就说明餐厅的现金流量质量高，经营状态良好，其现金流入结构也合理。

（3）表 10-3 是关于老母亲餐厅现金流入的结构分析。

表 10-3　老母亲餐厅现金流入结构分析

编制单位：老母亲餐厅　　　　　　**02 年 12 月 31 日　　　　（单位：元）

行次	项　目	本期金额	结构百分比
第 01 行	一、经营活动现金流入小计：	3 689.4	97.05%
第 02 行	其中：销售商品、提供劳务收到的现金	3 689.4	97.05%
第 03 行	收到的税费返还		
第 04 行	收到其他与经营活动有关的现金		
第 05 行	二、投资活动现金流入小计：	12	0.32%
第 06 行	其中：收回投资收到的现金		
第 07 行	取得投资收益收到的现金	12	0.32%
第 08 行	处置固定资产、无形资产和其他长期资产收回的现金净额		
第 09 行	处置子公司及其他营业单位收到的现金净额		
第 10 行	收到其他与投资活动有关的现金		
第 11 行	三、筹资活动现金流入小计：	100	2.63%
第 12 行	其中：吸收投资收到的现金	100	
第 13 行	取得借款收到的现金		
第 14 行	收到其他与筹资活动有关的现金		
第 15 行	四、现金流入合计：	3 801.4	100%

注：以上数据均来源于表 10-1。

从表 10-3 中可以看出，**02 年时，老母亲餐厅的现金流入中，经营性现金流入占整个现金流入的 97% 以上，所以其现金来源结构非常合理。

（4）表 10-4 是关于老母亲餐厅现金流出的结构分析。

表 10-4　老母亲餐厅现金流出结构分析

编制单位：老母亲餐厅　　　　　　　　**02 年 12 月 31 日　　　　（单位：元）

行次	项目	本期金额	结构百分比
第 01 行	一、经营活动现金流出小计：	3 117	93.98%
第 02 行	购买商品、接受劳务支付的现金	2 211	66.66%
第 03 行	支付给职工以及为职工支付的现金	641	19.33%
第 04 行	支付的各项税费	222	6.69%
第 05 行	支付其他与经营活动有关的现金	43	1.3%
第 06 行	二、投资活动现金流出小计：	190	5.73%
第 07 行	购建固定资产、无形资产和其他长期资产支付的现金	70	2.11%
第 08 行	投资支付的现金	120	3.62%
第 09 行	取得子公司及其他营业单位支付的现金净额		
第 10 行	支付其他与投资活动有关的现金		
第 11 行	三、筹资活动现金流出小计：	9.6	0.29%
第 12 行	偿还债务支付的现金		
第 13 行	分配股利、利润或偿付利息支付的现金	9.6	0.29%
第 14 行	支付其他与筹资活动有关的现金		
第 15 行	四、现金流出合计：	3 316.6	100%

注：以上数据均来源于表 10-1。

从表 10-4 中可以看出，**02 年时，老母亲餐厅的现金流出中，经营性现金流出占整个现金流出的 94% 左右，证明企业经营活动现金流出很大，企业的主要资金需求就是经营活动，这就进一步印证了企业经营活动是企业主导的事实。

总之，在对现金流量表进行结构分析时，需要把各部分现金流量所占比率与企业的经营活动结合起来。在正常情况下，由于引起现金流量变化的主要原因是企业的购、产、销等活动，因而企业经营活动对其现金流量的变化所占的比重应该最大才合理。而对于投资活动和筹资活动来说，它们只是企业的理财活动，如果没有重大投资行为，不应该是企业现金流的主导。

> **注 意**
>
> 对于一个处于开业初期的企业来说,可能各种投资和融资行为对企业现金流量的变化影响较大,所以投资活动和筹资活动在其现金流量中所占的比重也比较大。

10.4 现金流量表比率分析

现金流量表比率分析,是以经营活动现金净流量与资产负债表和利润表等财务报表中的相关项目进行对比分析,以便全面揭示企业的经营水平,测定企业的偿债能力,反映企业的支付能力等。现金流量表比率分析,大致可分为偿债能力分析、盈利能力分析、股利支付能力分析和企业发展潜力分析四部分。本节我们将具体介绍这些比率的内容。

10.4.1 现金流量表偿债能力分析

关于企业的偿债能力分析,我们在资产负债表指标分析中详细介绍过,如流动比率等。但是,流动比率是流动资产与流动负债之比,而流动资产体现的是能在一年内或一个营业周期内变现的资产,包括许多流动性不强的项目,如呆滞的存货、有可能收不回的应收账款,以及本质上属于费用的待摊费用、待处理流动资产损失和预付账款等。它们虽然具有资产的性质,但事实上却不能再转变为现金,不再具有偿付债务的能力。而且,不同企业的流动资产结构差异较大,资产质量各不相同,因此仅用流动比率等指标来分析企业的偿债能力,往往有失偏颇。通过运用经营活动现金净流量与资产负债表相关指标进行对比分析,作为流动比率等指标的补充,则能更好地分析企业的偿债能力。

事实上,企业举债来弥补自有资金的不足,最终用于偿债的最直接的资产是现金,因此用现金流量来衡量企业的偿债能力更加直观和保险。现金流量表关于企业偿债能力的分析,主要是用现金与债务进行比较,常用的指标主要有现金流动负债比、现金比率、现金债务总额比和现金到期债务比等。

1. 现金流动负债比

现金流动负债比是指用现金流量表中经营现金净流量与企业的流动负债进行比较。其公式如下：

现金流动负债比 = 经营现金净流量 / 流动负债总额

因为企业的流动负债大多来源于企业的经营活动，所以该指标能很好地反映企业偿还流动负债的能力。

【例10-2】老母亲餐厅**02年的现金流动负债比计算内容如表10-5所示。

表10-5 老母亲餐厅现金流动负债比计算表

（单位：元）

年份	**02年年底	其他说明
①经营活动现金净流量	572.4	数据来源于现金流量表项目
②流动负债总额	534	数据来源于资产负债表项目
现金流动负债比 = ① / ②	1.07	

注：上述数据来源于表8-1、表10-1。

从表10-5的计算结果来看，老母亲餐厅的现金流动负债比大于1，证明餐厅有能力仅仅依靠经营收入，就有足够现金偿还所有的短期债务，偿债能力较好。

2. 现金比率

企业真正能提供现金偿还流动负债的，不单单是经营活动净现金。所以，财务分析中考虑了企业总体现金与流动负债的比较，这就是现金比率。该指标是用现金流量表中期末现金及现金等价物净额与企业的流动负债进行比较，其公式如下：

现金比率 = 期末现金及现金等价物净额 / 流动负债总额

如果该指标偏低，则说明企业依靠目前现金偿还债务的压力较大；如果该指标较高，则说明企业能轻松地依靠目前的现金偿还债务。

【例10-3】老母亲餐厅**02年的现金比率计算资料如表10-6所示。

从表10-6的计算结果来看，老母亲餐厅的现金比率大于1，短期偿债能力还可以。一般来说，该比率越大，企业短期偿债能力就越强。

现金流量表分析

表 10-6　老母亲餐厅现金比率计算表

（单位：元）

年份	**02 年年底	其他说明
①企业期末现金净额	567.1	数据来源于现金流量表项目
②流动负债总额	534	数据来源于资产负债表项目
现金比率＝①／②	1.06	

注：上述数据来源于表 8-1、表 10-1。

现金比率是衡量企业短期偿债能力的一个重要指标，计算现金比率对于分析企业的短期偿债能力具有十分重要的意义，因为流动负债不同于长期负债。长期负债起码也得一年后才偿还，企业有较充裕的时间来筹集资金，以还本付息；而流动负债期限很短（一般都不超过一年），很快就需要用现金来偿还。如果企业手中没有一定的现金储备，则等债务到期了，临时筹资去偿还债务，就容易出问题。

对于债权人来说，现金比率总是越高越好。现金比率越高，企业的短期偿债能力越强；现金比率越低，企业的短期偿债能力越弱。

> **注　意**
> 如果现金比率达到 1，即现金余额等于或大于流动负债总额，那就是说，企业即使不动用其他资产，如存货、应收账款等，光靠手中的现金就足以偿还流动负债。对于债权人来说，这是最安全的。

而对于企业来说，现金比率并不是越高越好。因为资产的流动性（即其变现能力）和其盈利能力成反比，流动性越差的盈利能力越强，而流动性越好的盈利能力越差。在企业的所有资产中，现金是流动性最好的资产，同时也是盈利能力最差的资产。保持过高的现金比率，就会使资产过多地停留在盈利能力最差的现金上，虽然提高了企业的偿债能力，但降低了企业的获利能力。因此企业应该保持适度的现金比率。

> **注　意**
> 可以结合流动比率和速动比率一并对现金比率进行分析。

3. 现金债务总额比

不管是流动负债还是长期负债，都是企业需要用现金支付的。所以，仅仅考虑流动负债的偿还能力是不全面的，还需要衡量企业偿还所有债务的能力，这就是现金债务总额比。该指标用企业期末的现金及现金等价物净额与企业全部负债进行比较，其公式如下：

现金债务总额比 = 期末现金及现金等价物净额 / 债务总额

该指标反映了企业当年现金净流量负荷总债务的能力，可衡量当年现金净流量对全部债务偿还的满足程度。

【例10-4】 老母亲餐厅**02年的现金债务总额比资料如表10-7所示。

表10-7 老母亲餐厅现金债务总额比计算表

（单位：元）

年份	**02年年底	其他说明
①企业期末现金净额	567.1	数据来源于现金流量表项目
②负债总额	574	数据来源于资产负债表项目
现金债务总额比＝①/②	0.99	

注：上述数据来源于表8-1、表10-1。

从表10-7中的计算结果看来，老母亲餐厅的现金债务总额比在1左右，也就是企业随时可以用现金偿还所有债务，企业的偿债能力较强，财务风险较低。

> **注意**
>
> 在需要的时候，分析现金债务总额比还可以与会计报表附注提供的企业债务"平均偿还期"相结合：平均偿还期越短，现金债务总额比越高越好，因为比率高，能更好地偿还即将到期的债务；反之，则此比率可以稍微低一些。企业债权人凭这一指标能很好地衡量企业债务偿还的安全程度。

4. 现金到期债务比

对于企业来说，全面考核其偿债能力非常有意义，但是真正"火烧眉毛"和当务之急的，是了解今天口袋里的属于自己所有的可用的钱，能不能应付债务人。这就是现金到期债务比，即经营活动现金净流量与本期到期的债务的比率。其公式如下：

现金到期债务比 = 经营活动现金净流量 / 本期到期债务

其中，本期到期债务是指即将到期的长期债务和应付票据。它不包括短期借

Chapter 10 现金流量表分析

款和应付账款。

另外，之所以用经营活动现金净流量，也就是老板口袋里"属于自己所有的可用的钱"，是因为通过筹资活动和投资活动筹钱是短期行为，不代表企业的偿债实力，部分现金（如筹资活动的现金）本身就是一种债务，根本不能算老板自己的钱。

对这一指标进行考查时，可根据其大小直接判断企业的即期偿债能力，可帮助报表使用人对企业即将到期又不能展期的债务偿还能力加以衡量。

5. 现金流量表偿债能力分析小结

通过对前面四个指标的分析可以看出：对企业投资者来说，通过现金流量与企业负债的比较分析，可以测定企业现金流量的偿债能力，这就有利于其做出相应决策：是扩大融资还是缩减融资，是马上归还借款还是尽早申请展期等；而对债权人来说，企业与现金相关的偿债能力的强弱，是他们做出贷款决策，或决定何时收回贷款的基本依据。

10.4.2 现金流量表盈利能力分析

关于企业的获利能力，我们在利润表指标分析时有详细介绍，但是，企业经营的成绩，除了利润表这张"成绩单"上的项目，同时也可以通过现金流量的分析来衡量。这就好比摘果子，我们可以排除一切因素，直接数一数筐里的果子来认定采摘人的成绩。分析企业的盈利能力也如此，对于一个企业来说，评价其盈利能力最终要落实到现金流入能力的保证上，即通过对现金流量的分析来对企业的盈利能力进行客观分析。

利用现金流量表分析企业的盈利能力，就是把经营活动产生的现金净流量与净利润、企业总资本等进行比较，从而揭示企业保持现有经营水平、创造未来利润的能力。与现金流量表项目相关，用于反映企业盈利能力的指标主要有销售现金比率、总资产净现率、盈利现金比率和现金获利指数等。

1. 销售现金比率

销售现金比率是经营现金净流量与同期销售额的比值。它能够准确反映企业

每实现一百元的销售收入,通过经营净收到的现金是多少。其计算公式如下:

销售现金比率=(经营活动现金净流量/销售收入总额)×100%

其中,销售收入总额=营业收入。

【例10-5】 老母亲餐厅 **02 年的销售现金比率计算资料如表 10-8 所示。

表 10-8　老母亲餐厅销售现金比率计算表

(单位:元)

年份	**02 年年底	其他说明
①经营活动现金净流量	572.4	数据来源于现金流量表项目
②销售收入总额	3 749.4	数据来源于利润表项目
销售现金比率=(①/②)×100%	15.27%	

注:上述数据来源于表 8-8、表 10-1。

从表 10-8 的计算结果来看,老母亲餐厅在 **02 年时,每销售 100 元的饭菜,付完所有该付的钱后,自己能收入口袋的钱是 15.27 元。这一数值已经相当可观了。

> **注 意**
>
> 销售现金比例指标越大,说明企业货款回笼越及时,销售品质越好;反之,则说明企业销售品质差,应收账款比重大,坏账发生的可能性也大。

2. 总资产净现率

总资产净现率是经营现金净流量与企业年度平均资产总额的比值。它用来衡量每一百元的资产,本年内通过经营带来了多少"纯粹"的现金。其计算公式如下:

总资产净现率=(经营活动现金净流量/年度平均资产总额)×100%

其中,年度平均资产总额=(期初资产总额+期末资产总额)/2。

【例10-6】 老母亲餐厅 **02 年的总资产净现率计算资料如表 10-9 所示。

表 10-9　老母亲餐厅总资产净现率计算表

(单位:元)

年份	**01 年年底	**02 年年底	其他说明
①经营活动现金净流量		572.4	数据来源于现金流量表项目
②企业资产总额	654.3	1 528.7	数据来源于资产负债表项目
③=(①+②)/2		1 091.5	
总资产净现率=(①/③)×100%		52.44%	

注:上述数据来源于表 8-1、表 10-1。

Chapter 10 现金流量表分析

从表10-9中的计算结果来看,在**02年时,老母亲餐厅每100元的资产,能最终"收入囊中"的现金有52.44元。这就证明从收现金的角度来看,餐厅的资产的盈利能力相当强。

> **注意**
>
> 总资产净现率比率越大,说明企业运用资产获得经营活动现金净流量的能力就越强,企业的盈利能力也就越强。行业不同,该比率的差异比较大。所以在用总资产净现率分析企业的盈利能力时,要考虑企业的行业特点,不能简单地用绝对值对两个行业不同的企业进行评价。

3. 盈利现金比率

盈利现金比率是经营现金净流量与企业本年净利润的比值。它用来衡量企业每获得的一百元利润中,从经营活动中获得了多少可以随时使用的"真真切切"的现金。其计算公式如下:

盈利现金比率 =(经营现金净流量 / 净利润)× 100%

【例10-7】 老母亲餐厅**02年的盈利现金比率计算资料如表10-10所示。

表10-10 老母亲餐厅盈利现金比率计算表

(单位:元)

年份	**02年年底	其他说明
①经营活动现金净流量	572.4	数据来源于现金流量表项目
②净利润	710.4	数据来源于利润表项目
盈利现金比率=(①/②)×100%	80.57%	

注:上述数据来源于表8-8、表10-1。

从表10-10中的计算结果看来,老母亲餐厅在**02年时,每实现100元的净利润,有80.57元现金的净收入来源于企业日常经营,这部分可以支配的净收入占整个净利润的比率比较高。餐厅虽然不是那种"看上去有钱,实际没有钱可花"的"虚胖",但也不是真正的"钻石王老五"——虽然利润表上体现出挣了钱,但是实际花起来的时候是打了八折的。

总之,盈利现金比率从现金流入和流出的动态角度,对企业盈利的质量进行评价。一般来说,盈利现金比率越高,企业的盈利能力就越好,其盈利质量也越好。在企业净利润大于 0 的情况下，如果其比率小于 1，就说明企业本期净利润中存在未实现的现金收入，即使盈利，也可能发生现金短缺。

> **注意**
>
> 分析盈利现金比率指标时，可参考企业的应收账款变化情况，确认其是否本期增幅过大。只有盈利现金比率接近或大于 1，企业才是真正的"有钱人"，才能说明企业的盈利能力强。

4. 现金获利指数

考核企业经营活动净现金流量与企业当期净利润的关系，有时会用到现金获利指数。该指标反映的是企业经营活动的现金净流量与当期净利润的差异程度，其计算公式如下：

$$现金获利指数 = 年度净利润 / 经营活动现金净流量$$

从计算公式可以看出，该指标其实就是盈利现金比率的倒数。

10.4.3　现金流量表股利支付能力分析

企业的支付能力分析，主要是通过企业当期取得的现金收入，特别是其中的经营活动现金收入，同各种开支来进行分析和比较。按企业经营和分配的正常程序，企业将本期经营活动现金收入用于偿还本期到期的债务、支付各类费用支出后，其余额即为可用于投资及分配的现金。在不考虑筹资活动的情况下，它们的关系是：可用于投资、分配股利（利润）的现金 = 本期经营活动的现金收入 + 投资活动取得的现金收入 - 偿还债务的现金支出 - 经营活动的各项开支。

一般来讲，若企业本期可用于投资、分配股利（利润）的现金大于 0，则说明企业当期经营活动现金收入加上投资活动现金收入足以支付本期债务及日常活动支出，且尚有结余用于再投资或利润分配；反之，如果此指标小于 0，则说明企业尚需通过筹资来弥补支出的不足。关于企业股利支付能力的指标主要有每股净现金流量、现金股利比率和经营活动现金净流量与股本之比等。

1. 每股净现金流量

每股净现金流量是经营现金净流量与普通股股数的比值。它反映的是企业对现金股利最大限度的分派能力，其计算公式如下：

$$每股净现金流量 = 经营活动现金净流量 / 总股数$$

这一指标说明了每一份股本拥有的经营现金净流量。股东要想分得股利，最基本的条件是企业有可以用于分派股利的现金，投资活动和筹资活动取得的现金都不能用于分配股利，只有经营性净现金收入可以真正用来分派股利。该比率越高，说明企业可以用于分派股利的资金越充足。

2. 现金股利比率

现金股利比率是经营现金净流量与现金股利的比值。该指标表示的是：企业用年度内正常经营活动所产生的现金净流量来支付股利的能力有多大。其计算公式如下：

$$现金股利比率 = 经营活动的现金净流量 / 企业实际派发的现金股利$$

一般认为，现金股利比率越大，表明企业支付股利的能力越强，因为企业有足够的现金能保证现金股利的支付。那么，是否现金股利比率达到1，投资者就可以于本期收到现金股利呢？事实并非完全如此，其原因如下：

（1）企业对股东的分配政策有很多种。如果当年企业采用了保守的股利分配政策，即基本不分派股利，或者以很少的比率分派股利，在这样的情况下，计算出来的现金股利比率很高，却没有可比性。

（2）也有可能，企业当年的股利分配政策较宽松，也就是说，将绝大部分可供分配的利润进行了分配，但由于多方面因素，分配的是股票股利或实物股利的话，由于现金股利比率的分母为零，所以不能进行计算，该指标也就没有任何意义了。

所以，评价这一比率时，只有在企业确认将绝大部分可供分配的利润用于分配，并且以现金的方式分派时，比率才越高越好，即所谓"大河有水小河满"。只有企业的经营净现金流量很高，股东分得现金股利才有保障。

3. 经营活动现金净流量与股本之比

经营活动现金净流量与股本之比，即对本期经营活动现金净流量给股本的回报的考核，表示的是股东投入的每一百元股本，本期产生的经营现金净流量有多少。其计算公式如下：

$$经营活动现金净流量与股本之比 = (经营活动的现金净流量 / 股本总额) \times 100\%$$

这一指标虽然不能直接说明企业的股利支付能力，却也从股东权益的角度说明了企业在多大程度上能够产生对股东权益形成保障的现金流量，进而有利于股东考核企业未来支付股利的能力。

> **注　意**
>
> 虽然"现金股利比率"指标在考核企业的股利支付能力方面更合理，但正如我们前面说到的，每年分派多少现金股利并不是某一股东就能决策的，所以经营活动现金净流量与股本之比指标便于广大股民直观地考核企业的股利支付能力。

10.4.4　现金流量表企业发展潜力分析

企业要实现自身规模的不断扩大，就必须追加大量的长期资产，反映在现金流量表中即投资活动中的现金流出量要大幅度提高。无论是购置固定资产类现金流出量，还是增加长期股权投资等对外投资的现金流出量，它们的大幅度提高，往往都意味着新的投资机会和发展机遇的到来。

在对企业的发展能力进行分析时，需要将投资活动与筹资活动所产生的现金流量联系起来，才能分析出企业未来可能的发展状况：

（1）当投资活动中的现金净流出量与筹资活动中现金净流入量在本期的数额都相当大时，说明该企业在保持内部经营稳定进行的前提下，从外部筹集了大笔资金用于扩大企业生产经营规模，企业未来的发展能力应该较强。

（2）反之，当投资活动中产生的现金流入量与筹资活动中产生的现金流出量在数额上比较接近且较大时，则说明企业在保护内部经营稳定的前提下，将大笔对外投资的资金收回（主要通过收回投资、处置固定资产等方式），用于支付到期债务。在这种情况下，企业就难以产生扩张的动机，其自我发展能力也较弱。

10.5　现金流量表趋势分析

现金流量表趋势分析，主要是通过观察连续几个报告期的现金流量表，对报表中的全部或部分重要的项目进行对比，比较分析各期指标的增减变化，并在此

Chapter 10 现金流量表分析

基础上判断其发展趋势,进而对企业未来发展趋势做出预测的一种方法。

10.5.1 现金流量表趋势分析的特点

现金流量表的趋势分析可以帮助报表使用人了解企业财务状况的变动趋势,分析出企业财务状况变动的原因,并在此基础上预测企业未来财务状况,从而为决策提供依据。在运用趋势分析法时,一般需要注意如下细节:

(1)趋势分析注重可比性,具体问题具体分析。例如,正常经营的同一企业在不同时期如果采用不同的会计政策,则其现金流量表的变化就不能完全说明其财务状况的变化趋势。也就是说,在进行趋势分析的若干年数据中,如果某年的编制条件或企业的重大外部因素改变,则其数据在趋势分析中就不再具有可比性,也就不能反映企业的发展趋势了。这就如同赛车比赛,一旦你出现故障,或者速度太慢,你就不能加入相应级次的比赛,因为你不再是这一速度段的选手,和别人没有可比性。

(2)趋势分析需要分析的报告期比较长。既然是趋势分析,一年的数据分析就谈不上趋势,至少是两年以上,而且比较期越长,越能客观反映情况及趋势。这就好比吹气球,气球口就那么大,打气筒是安在那里的,但到底是在放气还是在吹气,瞬间是看不出来的,需要观察数秒,甚至数分钟。你发现气球是不断鼓起来的,那就证明是在往里吹气;如果看到气球越来越小,那就是在放气。趋势分析也一样,认定了某一比率,比如通过总资产净现率来衡量企业的盈利能力,可能需要分析连续5年的变化率,才能判断企业的盈利能力是增长了,还是下降了。

(3)在实际操作中,现金流量表的趋势分析常常与资产负债表和利润表等财务报表分析相结合。只有与这些报表资料结合起来,才能更清晰、全面地了解企业的财务状况及发展趋势,了解其与同行的差距,正确评价企业当前、未来的偿债能力、盈利能力和发展能力,以及企业当前和前期所取得的利润的质量,从而科学地预测企业未来财务状况,为报表使用人做出决策提供正确的依据。

10.5.2 企业在不同发展时期，现金流量趋势的差异分析

任何事物都有其发展的必然规律，企业的现金流量也一样。由于其本身就是企业发展的"血液"，在不同的发展阶段，其经营活动、投资活动和筹资活动产生的现金流量在企业当期的总现金中的比例是有差异的，一般认为：

（1）处于筹建期或投产期的企业，经营活动的现金流量较少，筹资活动的现金流量较多。这是因为企业在创业初期，需要筹集大量的资金用于建造厂房、购买机器设备等，而此阶段可能由于产品尚未形成市场影响力，其经营现金流入量相对于筹资活动和投资活动，就显得很少了。

（2）处于成熟期的企业一般与处于筹建期的企业的情况正好相反：经营活动现金流量是企业现金流量的主导，筹资活动和投资活动的现金流量不多，且每笔都会直接或间接地影响经营活动现金流量。当一个企业步入正轨后，除非有好项目，一般不会再像筹建期那样的"大兴土木"，所以其投资活动的现金流量相对就少，相应地，其筹资活动也较少。此时企业的主要任务是生产和经营，也即主要现金流量都体现在经营活动中。

> **注 意**
>
> 正确运用趋势百分比，可使报表使用者了解现金流量表有关项目变动的基本趋势及其变动原因，并判断这种变动是否有利，从而对企业的未来发展做出预测。

10.6 现金流量与利润综合分析

所谓现金流量与利润综合分析，是指通过对现金流量与净利润的对比分析，一方面揭示现金净流量与利润的区别，另一方面揭示两者的关系。通过两者关系的比较分析，可以反映出企业的盈利质量和真实的财务状况。

10.6.1 经营活动现金净流量与净利润的关系

通过前面第4章关于现金流量表的介绍我们了解到，利润表的净利润经过适当调整后，可以转变成经营活动的现金净流量，其具体转化过程如下：

Chapter 10 现金流量表分析

企业经营活动的现金净流量 = 本期净利润 + 不减少现金的费用 + 营业外支出 + 非现金流量资产减少 + 流动负债增加 – 不增加现金的收入 – 营业外收入 – 非现金流动资产增加 – 流动负债减少

或者汇总后变成：企业经营活动的现金净流量 = 本期净利润 + 不减少现金的经营性费用 + 不减少现金的非经营性费用 + 非现金流动资产的减少 + 流动负债的增加。

上述两个等式就是经营活动现金净流量与净利润的关系，它也揭示出从净利润到经营活动现金净流量的变化过程。

10.6.2 从经营活动净现金如何看企业净利润

从前节关于经营现金流入与企业收入、经营现金流出与企业成本费用的对应关系分析，我们可以看出在权责发生制和收付实现制条件下现金净流量与净利润的差别。以经营活动净流量与净利润的关系为例，我们可以得出以下几种不同结论。

1. 经营活动产生的现金净流量小于零

这意味着企业通过正常的商品购、产、销所获得的现金流入量，不足以支付因上述经营活动而引起的现金流出。企业为了维持生存，正常经营活动所需的现金支付，只能通过其他方式来实现，具体表现为以下几方面：

（1）消耗企业现存的货币积累，如用银行存款支付等，这样企业的货币资金规模将不断降低。

（2）挤占本来计划用于投资活动的现金，推迟投资活动的进行。

（3）在不能挤占本来要用于投资活动的现金的情况下，只好进行额外债务融资，以支持经营活动的现金需要，如向银行贷款作为生产用等。

（4）在没有贷款融资渠道的情况下，可能会用拖延债务支付或加大经营活动引起的负债规模来解决。如推迟到期应付账款的支付和减少一直以来的应收账款规模等。

> **注 意**
> 当经营活动产生的现金净流量小于零时,由于企业的经营活动不能维持其正常生产经营,企业只好"另辟捷径",维持生产。

2. 经营活动产生的现金净流量等于零

在企业经营活动产生的现金净流量等于零时,企业的经营活动产生的现金流量处于"收支平衡"的状态。这样的话,企业正常经营活动就不需要额外补充流动资金,但是,经营活动也不能为企业的投资活动和融资活动贡献现金。

是否此时的企业就处于盈利状态呢?从净利润调整为经营活动净现金的等式分析可知,在企业的成本消耗中,有固定资产折旧等相当一部分非付现成本,所以从长期来看,经营活动产生的现金流量等于零的状态,也就是亏损状态。

3. 经营活动产生的现金流量大于零,但不足以补偿当期的非付现成本

此时,企业虽然在现金流量的压力方面比前两种状态要小,但是如果这种状态仍持续下去,则从长期来看,企业经营活动产生的现金流量也不可能维持企业经营活动的"以收抵支",经营结果有可能仍然处于亏损状态。

> **注 意**
> 如果处在成长期和成熟期的企业在正常生产经营期间持续出现这种状态,则对企业经营活动产生的现金净流量的质量仍然不能给予较高评价。

4. 经营活动产生的现金流量大于零,并恰好能补偿当期的非付现成本

从总体上看,这种情形仍然不能为企业扩大投资等事项提供现金支持。企业的经营活动如果要为企业扩大投资等事项提供现金支持,只能依赖于企业经营活动产生的现金流量的规模继续加大。所以,对于处在成长期的企业来说,这种经营活动产生的现金净流量的状态,并不是经营活动产生的现金流量结果最好的标志。

5. 经营活动产生的现金流量大于零,并在补偿当期的非付现成本后仍有剩余

应该说,在这种状态下,企业经营活动产生的现金流量已经处于良好的运转状态。如果这种状态持续,则说明企业长期盈利,并且由于有经营活动现金净流量的支持,企业经营活动产生的现金流量将对企业经营活动的稳定与发展、企业投资规模的扩大起到重要的促进作用。无论对于处在哪个发展阶段的企业来说,这种状态都是企业经营活动产生的现金流量质量非常好的一种表现。

总之，企业经营活动净现金流量与利润表之间本身就存在内在的逻辑联系，通过分析经营活动净现金流量，可以从现金流量的角度分析出企业净利润的现金实现程度。

10.7 现金流量表分析的意义

通过前面的几节，我们系统地对现金流量表进行了分析，使我们能更好地揭开企业财务状况的"本来面貌"，其意义如下：

（1）可以从动态角度了解企业现金变动情况和变动原因。资产负债表中货币资金项目反映了企业一定时期内现金变动的结果，是静态上的现金存量。企业从哪里取得现金，又将现金用于哪些方面，只有通过现金流量表的分析，才能从动态角度说明现金的变动情况，并揭示现金变动的原因。

（2）可以判断企业获取现金的能力。现金余额是企业现金流动的结果，并不表明现金流量的大小，通过对现金流量表进行经营活动净现金流量的分析，能够帮助报表使用人对企业获取现金的能力做出正确判断。

（3）可以评价企业盈利的质量。利润是按权责发生制计算的，用于反映当期的财务成果，但利润并不代表真正实现的企业可支配的收益，所以仅仅账面上有利润满足不了管理和评价企业的需求，报表使用人还需要知道企业是否真的有钱。很多盈利企业仍然有可能发生财务危机，也给了报表使用人新的警示：高质量的盈利必须有相应的现金流入做保证，这也是为什么人们越来越重视现金流量分析的原因之一。

Chapter 11 所有者权益变动表分析

新的会计基本准则中,将财务会计报告的目标定义为向财务报告使用者提供与企业财务状况、经营成果和现金流量等有关的会计信息。这一定义反映出企业管理者"受托履行责任"的"管家"身份。随着资本市场的不断发展和完善,企业的所有者(股东)越来越重视自己的利益,他们迫切需要详细地了解自己的权益状况。

新会计准则定义的所有者权益(即股东,下同)变动表,就是用于向企业的投资者(股东)反映其权益的增减变动情况,并评估企业管理者的"受托管理责任"履行效果的报表。通过对所有者权益(股东权益)变动表的分析,报表使用人既能了解股东权益的变化,也能考核企业管理者对企业的管理是否高效,所谓"一举两得"。

对所用者权益变动表的分析,主要包括对其的整体分析和指标分析,本章我们将详细介绍这些内容。

11.1 所有者权益变动表整体分析

如我们在第 5 章中介绍的那样,所有者权益变动表反映的是企业在某一特定日期股东权益增减变动的情况,它表明不同年度的同一日期,企业的资产总额在抵偿了同期的一切债务后的差额后,所有者享有的份额的变化。所有者权益变动的原因,除股东投入资本与资本公积外,主要来源于企业的经营积累。

Chapter 11 所有者权益变动表分析

11.1.1 所有者权益变动表编制逻辑分析

所有者权益变动表属于动态报表，如表 11-1 所示为老母亲餐厅 **02 年的所有者权益变动表。从表的整体格式不难看出：从左到右列示了所有者权益的组成项目，自上而下反映了各项目年初至年末的增减变动过程。

【例】 以老母亲餐厅为例。

表 11-1　老母亲餐厅 **02 年所有者权益变动表

编制单位：老母亲餐厅　　　　　时间：**02 年 12 月　　　　（单位：元）

项　目	本期金额					上期金额				
	实收资本	资本公积	盈余公积	未分配利润	所有者权益合计	实收资本	资本公积	盈余公积	未分配利润	所有者权益合计
一、上年年末余额	400			44.3	444.3	300				300
加：会计政策变更										
前期差错更正										
二、本年年初余额	400			44.3	444.3	300				300
三、本年增减变动金额（减少以"-"号填列）										
（一）净利润				710.4	710.4				44.3	44.3
（二）直接计入所有者权益的利得和损失										
1. 可供出售金融资产公允价值变动净额										
2. 权益法下被投资单位其他所有者权益变动的影响										
3. 与计入所有者权益项目相关的所得税影响										
4. 其他										
上述（一）和（二）小计				710.4	710.4					
（三）所有者投入和减少资本										
1. 所有者投入资本						100				100
2. 股份支付计入所有者权益的金额										
3. 其他										

(续)

项　　目	本期金额					上期金额				
	实收资本	资本公积	盈余公积	未分配利润	所有者权益合计	实收资本	资本公积	盈余公积	未分配利润	所有者权益合计
（四）利润分配										
1.提取盈余公积			71.04	−71.04						
2.对所有者（或股东）的分配				−200	−200					
3.其他										
（五）所有者权益内部结转										
1.资本公积转增资本（或股本）										
2.盈余公积转增资本（或股本）										
3.盈余公积弥补亏损										
4.其他										
四、本年年末余额	400		71.04	483.66	954.7	400			44.3	444.3

注：上述数据来源于表 1-5 和表 8-1。

通过表 11-1 可以看出，所有者权益变动表属于动态报表：

（1）从报表反映的时间来看，所有者权益变动表列示了两个会计年度所有者权益各项目的变动情况，便于报表使用人对前后两个会计年度的所有者权益总额和各组成项目进行动态分析。

（2）从反映的项目看，所有者权益变动表反映的内容包括：所有者权益各项目本年年初余额的确定，本年度取得的、影响所有者权益增减变动的收益、利得或损失，所有者投入或减少资本引起的所有者权益的增减变化，利润分配引起的所有者权益各项目的增减变化，所有者权益内部项目之间的相互转化等。

对所有者权益变动表进行阅读和分析时，需要关注的最重要的内容是本年增减变动金额。所有者权益变动表各个项目之间的关系具体见下列公式：

本年年末余额 = 本年年初余额 + 本年增减变动金额

其中，本年年初余额 = 上年期末余额 + 会计政策变更 + 前期差错更正。

本年增减变动金额 = 净利润 + 直接计入所有者权益的利得和损失 + 所有者投

入和减少资本+利润分配+所有者权益内部结转。

> **注意**
> 利得和损失都是企业非日常经营活动对权益的影响,利得类似"天上掉馅饼",而损失就是意外丢钱。例如,按照新准则的规定,如果可供出售金融资产的公允价值上升,则会增加"其他综合收益",借记"可供出售金融资产——公允价值变动",贷记"其他综合收益"。其他综合收益增加,所有者权益也会跟着增加。

11.1.2 所有者权益变动表各项目分析

下面我们来对所有者权益变动表各重要项目逐一进行分析。

1. 股本变动情况的分析

股本的增加包括资本公积转入、盈余公积转入、利润分配转入和发行新股等多种渠道。前三种都会稀释股票的价格,而发行新股既能增加注册资本和股东权益,又可增加公司的现金资产,这是对公司发展最有利的增股方式。

比如,双杰电气(300444)于2016年度通过配股方式募集资金,股本增加3.04亿元,较上年增长30%。

2. 资本公积变动情况的分析

由于股本溢价、接受实物资产捐赠、投入资本汇兑损益、资产评估增值及投资准备金等都可能引起资本公积增加,而资本公积减少的原因主要是转增资本。从资本公积增加的原因可知,由于资本公积增加时,其资金来源与上市公司的经营成果无关,所以资本公积转增资本不属于对利润的分配。因此,认为企业的资本公积转增股本,其经营业绩就好的观点是错误的。

> **注意**
> 资本公积分为可转增资本的资本公积和不可转增资本的资本公积。可转增资本的资本公积包括资本(股本)溢价、接受现金捐赠、拨款转入、外币资本折算差额等;不可转增资本的资本公积包括接受捐赠非现金资产和股权投资准备等。

3. 盈余公积变动情况的分析

盈余公积的增减变动情况可以直接反映出企业利润的积累程度。

如我们在第2章中介绍过的，盈余公积有两种：一种是按照国家的法律或行政规章，按净利润的10%提取的法定盈余公积，主要用于企业扩大再生产，也可用于企业弥补亏损或转增资本，当法定盈余公积累计金额达到企业注册资本的50%以上时，可以不再提取；另一种是企业在计提了法定盈余公积之后，可依据企业股东大会决议，计提任意盈余公积。任意盈余公积的用途与法定盈余公积相同。通常认为，企业盈余公积增加越多，说明企业的利润积累能力越强。

因为盈余公积和未分配利润（即可供分配的利润）之间存在此消彼长的关系，提取过多盈余公积会影响企业利润分配政策，所以报表使用人要客观地评价盈余公积变化情况。以地产"红人"万科集团（000002）为例，2016年年报显示，万科于2016年提取了44.72亿元任意盈余公积，提取比例高达35%。而同类地产上市公司在近十年基本没有计提过任意盈余公积。该行为被认为是万科集团对投资者分配利润的一种限制。因为大量提取盈余公积会使可分配利润基数变低，减小了股东现金分红的可能性。

4. 利润分配的分析

利润分配实际上体现的是企业资金积累与消费的比例关系。

以上汽集团（600104）为例，2015年度企业利润分配方案为：以公司总股本11 025 566 629股为基准，每10股派送现金红利13.6元（含税），计14 994 770 615.44元，说明该企业有较强的继续分红的能力。注意：企业盈利时，其净资产增加，对应地，其所有者权益也随之增加；如果企业亏损，或者在盈利时向股东分配利润，则企业净资产减少，其所有者权益也相应地减少。

11.2 所有者权益变动表指标分析

对所有者权益变动表的指标分析，主要有报表本身期末与期初的比较，或本报表项目与利润表项目等的比较分析，通过这些比较分析来确认企业对股东权益的保值、增值的保障情况，同时了解企业的盈利水平。

关于所有者权益变动表的指标分析，主要有资本保值增值率、所有者财富增长率、利润分配率和留存收益比率等。

11.2.1 资本保值和增值绩效的指标分析

所有者权益变动表中用来考核企业的资本保值和增值绩效的指标主要有两个：资本保值增值率和所有者财富增长率。

1. 资本保值增值率

资本保值增值率是指企业期末所有者权益与期初所有者权益的比率。该比率是反映企业在一定会计期间内资本保值增值水平的评价指标，也是考核、评价企业经营效绩的重要依据。其计算公式如下：

$$资本保值增值率 = (期末所有者权益 / 期初所有者权益) \times 100\%$$

对于一个正常经营的企业，其比率应该大于1。也就是说，企业的所有者权益每年都应该有适量的增长，才能不断发展。

2. 所有者财富增长率

所有者（即股东）财富增长率是指在企业实收资本或股本一定的情况下，附加资本的增长水平。其计算公式如下：

$$所有者财富增长率 = [(期末每元实收资本净资产 - 期初每元实收资本净资产) / 期初每元实收资本净资产] \times 100\%$$

其中，每元实收资本净资产 = 当期企业净资产 / 股本总额。

所有者财富增长率是企业投资者或潜在投资者最为关心的指标。与每股收益一样，该指标集中体现了所有者的投资效益，也可作为对经营者的考核指标。

11.2.2 企业股利分配指标分析

企业在获得了净利润后，就需要向其所有者派发股利，这也是所有者投资于企业的根本目的。但是，到底分配多少股利比较合适，或者对于报表使用人而言，企业的股利分配政策如何呢？常用于衡量企业的股利分配政策的指标有利润分配率和留存收益比率。

1. 利润分配率

要评价一个企业的利润分配水平和利润分配策略，就是要看企业实现的净利润中，有多大比例用于分配给股东。这通常用利润分配率指标来反映，其计算公式如下：

利润分配率 =（投资者分配的利润 / 净利润）× 100%

在股利的分配上，通常有以下四种分配策略：

（1）固定股利，即每年支付给股东的股利是一个固定值。这种股利分配政策不利于企业按其盈利的多少来派发股利，当企业处于亏损状态时，企业股利分配压力比较大。

> **注 意**
> 因为每年都能得到固定的股利，所以固定股利分配政策通常受到投资者欢迎。

（2）固定股利支付率，即以净利润的一定比例来派发股利。

比如固定股利支付率为 20%，则企业盈利 100 万元时，可以用于派发股利的金额为 20 万元（100×20%）；当企业盈利 500 万元时，可以用来派发股利的金额就是 100 万元（500×20%）。

如果企业执行这一政策，则因为各年的盈利会有波动，所以各年派发的股利波动也较大，这样不利于股价的稳定。

（3）固定股利增长率，即在一定股利支付基数上，每年适量增加股利的分派。

如果第一年派发 20 万元股利，并且每年保持 15% 的增长，那么从第 2 年起，以后各年需要派发的股利就分别是 23 万元（20×115%）、26.45 万元（23×115%）、30.42 万元（26.45×115%）等。这样做的好处是，给投资者传递的信息是企业盈利似乎是连年增长的，有利于股价的稳定和增长。

> **注 意**
> 由于企业各年的盈利水平是波动的，而股利却并不随之作调整，若盈利较少或亏损，在固定股利增长率的股利分配政策下，企业派发股利的压力就会比较大。

Chapter 11 所有者权益变动表分析

（4）固定股利加额外股利，即在低固定股利的基础上，依据企业的盈利状态，适当增加一些股利。这种分配股利的方式兼备"良好信息传递"和灵活的优点：由于每年都有固定股利发放，有利于股价的稳定；而这一固定股利数额较低，也不会给企业太大的压力。当企业盈利较好时，还可以增加派发股利。

> **注意**
> 不管企业采用什么样的股利分配政策，只要有股利支付，企业的所有者权益就会减少。

2. 留存收益比率

要评价一个企业的资本积累水平，就是看企业利润中有多大的比例用于扩大再生产。这通常用留存收益比率指标来反映，其计算公式如下：

留存收益比率 =（留存收益 / 净利润）× 100%

该指标反映了企业盈利积累的水平和由此产生的企业发展后劲。从留存收益比率的计算公式中我们也能看出来，留存收益率 + 股利分配率 =1。因为企业的净利润只有两种去向：要么以股利形式分配给股东，要么留存在企业内部作为发展用。

以老母亲餐厅为例，其在**02 年的留存收益比率为 71.85%，也就是餐厅把大部分的本年净利润留在了餐厅，用于分配的仅仅为 1/4。

一般对于成长初期的企业而言，为了满足扩大生产规模的需要，考虑到外部融资的成本和风险，企业可能会多留存收益、少分派股利，所以其留存收益比率会比较高；对于稳定发展的企业而言，该比例维持在 50% 左右；而对于处于衰退期的企业而言，因为没有好的项目可以用于投资，故其留存收益率可能会比较低，企业可能会倾向于把大部分的净利润直接分配给股东。

> **注意**
> 我们在前面多次强调过，一个企业决定其股利分配政策（也就是收益留存政策）时，需要考虑企业的经营业绩、财务状况、权益结构、企业现有资产结构、企业近期发展规划及其对资金的需要以及股东（特别是持有非上市交易股股东）利益等。

12 Chapter 账务报表重要项目分析

在前面章节里，我们详细分析了所有财务报表。不但系统地了解了财务报表的结构、内容及内部逻辑关系，而且通过财务分析方法的实例介绍，我们已经能用财务报表提供的信息，有效地评价企业一定时期的财务状况、经营成果和现金流量情况，进而分析出企业的盈利能力、偿债能力、投资收益和发展前景等，为我们投资、进行项目合作等提供决策依据。

事实上，包括财务报表附注在内的所有报表既相互独立——向报表使用人传递关于企业财务状况的不同方面的信息，又密切关联——相互之间存在必然的逻辑关系，互相呼应，共同向报表使用人传达着同样的财务信息。

财务报表作为企业对外发布经营信息的载体，很多时候都能"一叶落而知天下秋"，即便只关注会计报表的一些项目，也能分析出企业财务状况和经营形势的很多"小秘密"。本章我们将以货币资金、存货、应收账款、在建工程、固定资产，以及一些看似与利润不相关，并不重要的往来科目如应付账款、预收账款等几个报表项目为切入点，通过实例，与您一起分享我们对企业的"间谍行动"，"侦破"那些企业经营者本来不想让我们知道的企业"内部机密"。

12.1 货币资金的秘密

在第2章中，我们曾提到，货币资金，通俗地讲就是现金，或者流通性与现金类似的现金等价物。按字面意思理解，货币资金是企业的"真金白银"，还能有什么秘密？但是事实上，一个企业的货币资金可以说大有文章，或者说陷阱重重。货币资金在企业整个资产规模中所占的比重、企业货币资金的变化等，都在悄无声息地给投资人、债权人甚至是供应商等传递着企业经营情况和偿债能力变化的各种信号。本节我们将通过货币资金绝对值变化分析和货币资金组成部分变化分析来引导大家揭穿货币资金可能存在的"陷阱"。

12.1.1 货币资金变化分析

货币资金作为企业流动性最强的资产，通常被认为是企业最可靠的资产。但是，这种可靠性有时候却暗藏着杀机，或者说货币资金绝对值的变化，也能给报表使用人提供关于企业经营状况和偿债能力变化最可靠的信息。

【例12-1】 表12-1提供了冀北钢铁公司最近三年货币资金绝对额（年末数）的变化。从该表来看，最近三年虽然企业的资产规模略有降低，但货币资金并未降低，一直保持在相当规模，期末现金充足。那么，是否就可以认为冀北钢铁公司的货币资金状况不存在问题呢？

表12-1 冀北钢铁公司最近三年货币资金比较表

（金额单位：万元）

资产负债表时间	2015.12.31	2016.12.31	2017.12.31
货币资金余额	2,660	3,110	4,500
本年较上年增长比例		17%	45%
同一时点企业资产总额	343,000	332,360	320,749
货币资金占资产总额的比重	0.77%	0.94%	1.40%

通过阅读资产负债表附注中关于应付票据及长、短期借款的相关内容了解到，作为钢铁制造企业，受最近几年国际需求变化及国家"三去一降一补"供给侧结构性改革等政策的影响，冀北钢铁公司市场持续萎缩。该公司一方面收款困难；另一方面，为改进工艺、更新生产线，以前年度向金融机构借入的项目贷款陆续到期，故该公司现金流周转困难。如果片面地相信货币资金余额，将有可能被绝对数蒙蔽了事实本质。

那么该公司明明现金流周转困难，为什么账上还有这么多现金呢？带着疑问，我们对冀北钢铁公司的货币资金明细项目进行了分析。表 12-2 就是该公司历年货币资金的构成情况。

表 12-2 冀北钢铁公司最近三年货币资金构成情况表

（金额单位：万元）

序号	货币资金明细项目	2015.12.31	2016.12.31	2017.12.31
1	现金	2	2	2
2	银行存款	964	1,183	496
3	票据承兑保证金	1,494	1,725	3,802
4	公共维修基金	200	200	200
5	合计	2,660	3,110	4,500
6	企业实际可动用货币资金	966	1,185	498
7	实际可用货币资金本年较上年增长比例		23%	-58%
8	应付票据	3,000	3,200	5,400

从表 12-2 中可以看出来，该公司总货币资金中，票据承兑保证金逐年增加，而实际可动用的货币资金 2017 年已经锐减到 498 万元，约为 2015 年年底的一半。

为了印证企业资金困难的事实，我们提取了该公司历年应付票据的相关数据，具体如表 12-3 所示。

表 12-3 冀北钢铁公司最近三年应付票据情况表

（金额单位：万元）

序号	资产负债表时间	2015.12.31	2016.12.31	2017.12.31
1	应付票据	3,000	3,200	5,400
2	票据承兑保证金	1,494	1,725	3,802
3	货币资金余额	2,660	3,110	4,500
4	保证金占货币资金余额的比例	56%	55%	84%

从表 12-3 中来看，该公司三年来应付票据不断增长，而且应付票据形成的票据承兑保证金占货币资金余额的比重也越来越大，该公司实际可用于支付的货币资金不断降低。

通过这些分析，如果我们刚刚成为冀北钢铁公司的供应商，那么我们对于该公司的信用政策就要合理考虑其支付能力，最好要求采用现款交易，以免应收账款回款困难；如果我们是冀北钢铁公司的债权人，就要考虑是否对已有债权进行适当保全，如要求该公司提供担保或者抵押等。

> **注 意**
>
> 银行承兑汇票保证金是指企业向开户行申请办理银行承兑汇票业务时，作为银行承兑汇票出票人按照自己在开户行（承兑行）信用等级的不同所需缴纳的保证银行承兑汇票到期承付的资金。根据企业在开户银行信用等级的不同，银行可能要求企业缴纳足额银行承兑汇票保证金、差额成数银行承兑汇票保证金，但对符合规定的低风险担保客户，可免收银行承兑汇票保证金。

12.1.2　货币资金项目分析小结

通过前一节简单明了的例子不难看出，货币资金这个看似完全不存在"故事"的科目，通过剥洋葱的方式，从货币资金的构成和历年变化情况一层层地展开，结合与之相关的科目的变化，也能很快查出企业可能存在的"事故"。

12.2　存货的秘密

如我们在第 2 章中介绍的那样，存货作为企业资产的重要组成部分，能保证企业的生产和经营正常、连续、均衡地进行。正因为它与企业生产和经营有着密切关系，所以即便不做专业的指标分析（有关存货的指标分析在本书的第 8 章 8.5 部分），只关注它的基本变化，也可以了解企业的经营状态。本节我们将通过存货绝对值变化分析和存货结构变化分析来引导大家读懂"存货"要告诉我们的"秘密"。

12.2.1　存货绝对值变化分析

存货与企业运营直接相关，所以存货的绝对值的变化，也在一定程度上映射出企业的经营效果、经营方式等的变化。当然，分析存货绝对值需要与财务报表的其他数据有效结合。

【例 12-2】　表 12-4 提供了一个新改组的汽车制造厂最近三年来存货绝对额（年末数）的变化表。从业绩来看，该厂三年来销售收入不断增长，而存货期末余额却没有呈现持续增长的必然规律。是什么让一个制造型企业能在短期内大额降低库存？还是财务数据本身有问题？

带着疑问，我们有针对性地查阅了该厂的财务报表附注。分析相应的资料时我们发现，2016年年底，为了降低库存，提高存货周转率，该厂与包括发动机供应商在内的多个供应商达成协议，在该厂提供一定额度保证金给供应商的基础上，供应商为该厂建立厂商库存，供应商保证发动机等关键性原材料的厂商库存保持在一定数量范围内。所以，对该厂而言，一直以来备有安全库存量的关键原材料不再属于存货。该厂可以"需要一个发动机才买一个"——按协议要求，供应商已经先期把材料存放在该厂。此处的"买"成为瞬间可以实现的交易。

由此可见，该厂的存货绝对值降低，是因为本来应该由该厂准备的安全库存转移到了供应商账目下（当然，该厂由此付出的成本是提供保证金）。这样表面看来，该厂的存货周转率提高了。但投资者是否就可以认为该厂的营运能力真的提高了呢？

> **注 意**
>
> 东吴汽车制造厂针对存放在自己公司的"别人的库存"并不是没有经济责任，相反，是责任重大——需要按交货当天的价格结算。也就是说，该厂并没有推卸掉其之前的责任，存货的周转率也并没有本质的提高。

从上面的例子来看，仅仅是存货绝对值的变化就能引导我们关注企业存货管理模式的变化，甚至能窥探到企业决策者为实现报表数据"美观"的良苦用心，所以分析其变化非常有意义。

表 12-4　东吴汽车制造厂最近三年库存数比较表

年　度	2015 年	2016 年	2017 年
存货金额/万元	3 050	4 050	2 890
本年较上年增长比例		33%	-29%

12.2.2　存货结构变化分析

企业每天都在运行，财务报表每个月都在报出，存货也在按企业的经营状态起起落落。那么,是否存货绝对额变化符合企业发展的常态,就不需要再分析了呢?让我们通过一个实例来回答这个问题。

【例 12-3】 我们先来看一组数据(如表 12-5 所示)。这组数据是一家铸造类工业企业 4 年来的存货金额数。该企业从事铸件生产和加工,部分产品出口韩国和德国,由于技术水平限制,部分铸件的精加工需要外协单位来做。目前该企业处于成长期,故存货总量也随企业经营扩大而增加。这么一看,我们可能会认为,虽然受到国际经济形势下行的影响,该企业的存货有所下降,但应该影响不大。这个结论是否正确呢?让我们做一个简单的结构变化分析,具体结果见表 12-6。

表 12-5 南北机械存货资料表

(单位:万元)

年度	2014 年	2015 年	2016 年	2017 年
存货总额	872	1 121	1 500	1 426
其中:原材料	350	450	580	300
委托加工物资	60	110	140	280
库存商品	420	510	710	820
低值易耗品	80	92	115	106
存货跌价准备	-38	-41	-45	-80

注:为了分析方便,在制品等小项忽略不计。

表 12-6 南北机械存货结构比例表(假定存货为 100%)

年度	2014 年	2015 年	2016 年	2017 年
存货/万元	872	1 121	1 500	1 426
存货(百分比)	100%	100%	100%	100%
其中:原材料	40%	40%	39%	21%
委托加工物资	7%	10%	9%	20%
库存商品	48%	45%	47%	58%
低值易耗品	9%	8%	8%	7%
存货跌价准备	-4%	-4%	-3%	-6%

从表 12-6 中不难看出以下问题:

(1)2017 年,原材料占存货的比例急剧下降 18 个百分点(由 2016 年的 39% 降低到 2017 年的 21%)。根据我们对铸造类工业企业的了解,作为原料消耗型企业，原材料占整个存货的40%左右才能保证企业的正常运转（因为需要大量的铁、煤炭等）。如果一个铸造企业存在过低比例的原材料，势必有较高比例的库存商品（即产成品）。这样的存货结构可能反映该企业一方面有大量库存产品积压，市场占有率低；另一方面原物料过少，可能开工不足。那么南北机械的情况是不是如此呢？从2017年的存货结构来看，该企业已经存在这样的趋势。

> **注 意**
> 通过审查存货结构分析表数据，结合利润表资料，我们发现该企业2017年的销售额较2016年降低了25%以上（为简约起见，本书未赘列这些数据）。这就印证了我们从存货结构变化分析得出的结论。

（2）同往年比较，2017年时，该企业委托加工物资占整个存货的比例由原来的10%左右提高到了21%，提高一倍，这说明什么呢？作为一个加工企业，委托加工物资增加，表明该企业有更多的加工劳务外包，自身加工能力不够，或者说萎缩。进一步发展的话，可能表明该企业失去了有核心竞争力的相关技术，发展成为"买原料—找人加工—卖成品"的服务型企业。

依据这些数据给我们的信息，同时对应付工资等项目2016年数据和2017年数据进行比较，并从该企业基本资料报表中确认，该企业在2017年年初裁员20%，当前在岗员工也由原来的三班轮岗改成了仅仅需要白天上班。事实上，依我们对该企业的了解，该企业原来每周开炉3次，现在一个月才开炉2~3次。由于采用计件工资，很多技术精湛的加工工人因没有工作量而没有收入，只能主动离职，故接单后，该企业的大部分加工工艺只能外包。

通过上述分析可知，看上去简单变化的一个"委托加工物资占整个存货的比例"，其实已经深刻地说明了该企业当前的窘迫。

（3）2014~2016年，南北机械的库存商品一直占整个存货的50%左右。对于铸造类企业，由于铸件来源于模具规格型号，故销售方式为"以销定产"，即便有较多存货，也是客户预订好的，一般不会成为呆滞品，跌价概率也非常小。2017年时，库存商品比例提高到58%，提高了近10个百分点，是不是该企业仍然保留"以销定产"的无跌价风险呢？该数据没有直接向我们表明是否存在"阴谋"，但只要再往下一看，我们发现，"存货跌价准备"比重的绝对值提高了。由于对存货的跌价准备由企业自行提供，也就是在告诉我们："我们的存货跌价风险在增加。"

为了探求究竟，我们结合会计报表附注资料分析时发现，在主要客户资料变化中提到：受金融危机影响，一个长期的主要客户超期半年没有付款。该企业为了收款时减少风险，暂停对其供货，这样不但降低了产品的市场占有率，而且既成事实是，已经完成的订单也不敢交货。如果该客户的状况没有改善，已经完成的这部分库存商品就有可能成为呆滞品。

综上三点所述，如果我们是南北机械公司一直以来的供应商，需要对该客户计划内的新的大额赊购采取什么对策呢？如果我们是南北机械公司的新客户，可能在一年前实地考核过其生产能力和技术水平，现正计划把批量的铸件交给该企业来生产，我们是不是需要重新考察其生产能力？这样分析下来，答案是显然的。

> **注意**
>
> 只要我们了解行业特点，即便不精通财务报表，只针对会计报表的存货项目，利用自己对领域内存货特点的了解，也能发现企业的很多秘密。如房地产企业存货中的"在制品"变化情况可以反映出房地产企业的工程进度，进而发掘其资金是否充足等。

【例 12-4】 当然，存货结构变化分析并不拘泥于固定模式，我们甚至可以细化到企业存货的某个子项目的组成部分的变化。比如一个国家导向型汽车生产企业，同时生产机车、客车、货车、动车组、城市地铁车辆等，通过对其一定期间内不同类型车辆库存量的分析，结合最近两年各大城市加大发展城市轨道交通、动车组开通等大的政府导向型政策，可以初步判断该企业对市场的敏感度、受国家政策的影响程度以及后续可能的盈利能力和发展潜力等。

12.2.3　存货项目分析小结

从上面的分析来看，会计报表的存货项目直接或间接地传递给我们大量的信息，这些信息与企业的生产、经营直接相关，但是不管什么样的信息，都需要结合报表提供给我们的其他资料的印证，才能得到较准确的答案。事实上，前面 11

章介绍的财务报表分析才是主导。当然，我们在做常规分析的时候，如果看到存货类项目的变化明显异常，不妨也采用类似上面提到的方法来"侧通"一下，这样能多角度完整地评价企业财务情况和经营状况。

12.3 应收账款的秘密

如我们在前面第 2 章中介绍的那样，应收账款是指企业因销售产品、材料，提供劳务等经济活动而应向购货方、接收劳务的单位或个人收取的款项。形成应收账款的直接原因是赊销。因为应收账款直接与企业的现金流量相关，会影响企业的偿债能力和持续经营，同时，应收账款作为企业的资产，有坏账成本、机会成本和管理成本等，所以，除了按正常指标分析应收账款（有关应收账款的指标分析在本书的第 8 章 8.5 部分）对企业营运能力的影响外，额外关注应收账款也非常有必要。本节我们主要通过应收账款周转率深度剖析、应收账款账龄和应收账款主要客户分布的分析等对应收账款进行解读，进而找出隐藏在应收账款科目与企业生产经营情况相关的"绝密"信息。

12.3.1 应收账款周转率深度剖析

如我们在第 8 章中介绍过的，应收账款周转率是指反映企业应收账款周转速度的比率，它用来衡量一定期间内企业应收账款转化为现金的平均次数，其公式为：应收账款周转率（次）= 销售收入 / 平均应收账款。用时间表示的应收账款周转速度称为应收账款周转天数，也称平均应收账款回收期或平均收现期，其公式为：应收账款周转天数 =360/ 应收账款周转率 =（平均应收账款 ×360）/ 销售收入。

公式人人都知道，所以表面上看来，应收账款周转率分析一定简单明了。但是，在实务中，"赊销收入""平均应收账款"中其实大有文章可做。下面的例子就很贴切地向您展现出同样的公式、同样的数据，完全可以算出不同的应收账款周转率（次），或者说，管理者想报出什么样的应收账款周转率（次）就能报出。难道应收账款周转率（次）会变魔术？让我们来做简单分析。

Chapter 12 账务报表重要项目分析

【例12-5】 A公司新来了三名即将毕业的大四实习生。财务总监交给他们一个作业,让其分别独立计算公司2017年应收账款周转率指标。提供的资料如表12-7所示。

表12-7 A公司基本财务数据资料

（单位：万元）

项目名称	2017年12月31日数据	2016年12月31日数据
营业收入	20 000	
应收账款	990	455
应收票据	1 040	850
计提坏账准备	10	5

注：经分析估算,当期销售收入中,现金收入为3 000万元。

甲同学的答案：应收账款周转次数=（20 000–3 000）/[（990+10）+（455+5）]÷2=23.29（次）,应收账款周转期=360/23.29=15.5（天）。

乙同学的答案：应收账款周转次数=20 000/[（990+10）+（455+5）]÷2=27.4（次）,应收账款周转期=360/27.4=13.14（天）。

丙同学的答案：应收账款周转次数=20 000/[（990+1040）+（455+850）]÷2=11.99（次）；应收账款周转期=360/11.99=30.03（天）。

三人都很快得出了应收账款周转率,但奇怪的是,同样的资料,得出的存货周转率指标却相差如此之大：如丙同学的30天与甲同学的15.5天比较,相差一倍之多。

如果我们是财务总监,怎么确认谁的答案正确？还是三个人的答案各有侧重？

注意

对各种比率指标的计算,如果不统一指标计算时所用数据的口径,其分析结果可能会严重误导相应指标使用者的判断与决策。

所以,在运用应收账款周转率公式时,我们需特别注意如下几个问题：

（1）公式中的销售收入,应为利润表中的销售收入,即包含了现销收入和赊销收入。

这样处理的理由：一是数据易于取得,具有客观性；二是避免了对当期现销收入或赊销收入的逐笔估算带来的麻烦和人为误差。过去，有的书籍将应收账款周转次数公式的分子写为"赊销收入净额"，即公式的分子＝销售收入－现销收入－销售退回、折让与折扣。从理论上讲，这样更精确，但其实不便于财务报表外部使用者直接计算、复核该指标。而且逐笔统计现销收入带来了不必要的工作量。在实务中，计算应收账款周转率时，将公式中的销售收入理解为赊销收入的错误常有发生。至于销售退回、折让与折扣已在新企业会计准则的销售收入中抵减，无须再单独列示。所以，上述甲同学的计算过程中，将销售收入减去了现金收入，其答案肯定不正确。

（2）公式中平均应收账款余额，应包括"应收账款"和"应收票据"等科目核算的全部赊销账款。

按照新企业会计准则的规定，企业赊销业务产生的债权，一般涉及的会计科目有"应收账款""应收票据""长期应收款"等。因此，应收账款周转率不能仅仅用资产负债表中"应收账款"项目的数值作为计算依据，而应正确理解为销售业务中的债权资金周转率。故上述乙同学的答案，不考虑"应收票据"的做法也不正确。

再来看看丙同学的计算，他在计算平均应收账款余额时，虽然考虑到"应收票据"，却将应收账款余额与应收账款账面价值混淆。而报表列示的应收账款账面价值＝（应收账款余额－相应的坏账准备），是净额，这应该作为一个常识记住。

所以，正确的应收账款周转次数=20 000/[（990+1 040+10）+（455+850+5）]÷2= 40 000/3 350=11.94（次）；相应的周转天数=360/11.94=30.15（天）。

实务中确实有不少企业采用丙同学的计算方法，直接以报表项目的账面价值代替账面余额，忽略坏账准备的影响。

> **注意**
>
> 在坏账准备金额较小时，用应收账款余额和应收账款净额来计算的周转率差异较小，也可忽略不计。

（3）实务中如果应收账款余额的波动性较大，应尽可能使用更详尽的计算资料，如按每月的应收账款余额计算其平均占用额。同时，应注意公式中分子、分母数据时间的对应性，公式中销售收入一般按年计算，不足一年的要换算成一年的数据，应收账款周转次数一般指的是一年内的周转次数。

12.3.2 应收账款账龄变化分析

按一般财务分析的思路，进行应收账款分析，以应收账款周转率作为当期财务报告评价的依据，只能实现框架式了解。要想确认企业应收账款对整个报表，尤其是对企业经营性现金流量可能的影响程度，必须分析应收账款账龄分布状态，即应收账款余额属于1年以内、1~2年、2~3年、3年以上的比例及数值。如果企业销售额呈上升状态，而账龄较长的应收账款占其总额的比重较大，则可初步认为，最近期间，企业经营活动的现金流量较好，但应收账款或有损失风险较高，或者可以说已虚增了一定销售收入，一旦严格考核资产的优良程度，将对这部分不容易收回的应收账款提取较高比例的坏账准备，则会直接冲减企业的当期利润。

既然分析应收账款账龄分布变化能评价企业现金流量的风险，那么应该从什么角度着手呢？让我们举例来说明。

【例12-6】 如表12-8所示是某电器元件企业最近三年的应收账款账龄分析表，附带提供的有该公司每年坏账准备科目期末余额数及当年销售收入总额。此外，该公司2014年年底的应收账款总额为114.2万元。

则计算2015~2017年三年的应收账款周转率结果如表12-9所示。

表12-8　高斯电器元件公司三年应收账款账龄分析表

（单位：千元）

年份	2015年		2016年		2017年	
账龄	余额	占总额比例（%）	余额	占总额比例（%）	余额	占总额比例（%）
1年以内	230	19.38%	220	18.61%	208	16.68%
1~2年	364	30.66%	153	12.95%	172	13.79%
2~3年	247	20.81%	302	25.55%	112	8.98%
3年以上	346	29.15%	507	42.89%	755	60.55%
合计	1 187	100%	1 182	100%	1 247	100%
当年坏账准备余额	59.35		59.1		62.35	
企业当年销售收入	2 000		2 109		2 254	

表 12-9　高斯电器元件公司应收账款周转率资料表

（单位：千元）

项目名称	2015年12月31日	2016年12月31日	2017年12月31日
①销售收入	2 000	2 109	2 254
②期初应收账款	1 142	1 187	1 182
③期末应收账款	1 187	1 182	1 247
④应收账款平均余额＝（②＋③）/2	1 164.5	1 184.5	1 214.5
⑤应收账款周转率＝①/④	1.72	1.78	1.86
⑥应收账款周转天数＝360/⑤	209.3	202.24	193.55

从表 12-9 中关于应收账款周转率及周转天数的计算结果来看，该公司应收账款周转率在逐年提高，收回应收账款的速度也在提高。

但事实是否如此呢？再回到表 12-8 中账龄分析部分可以看出，2015~2017 年，该公司的应收账款总额没有大幅波动，但各年中 3 年以上应收账款占整个应收账款的比例却逐年攀升，比率分别为 29.15%、42.89% 和 60.55%。从 3 年以上应收账款"雪球"的不断增大，我们可以看出，该公司的应收账款回款状况非常差，从 3 年的数据来看，应收账款可能成为坏账的概率非常高。

如果大胆地假设 2017 年时，该公司有 80% 的 3 年以上的应收账款发生了坏账，那么这一"定时炸弹"的"引爆"将直接减少净利润 60.4 万元，达到了当年销售收入的 26.8%[（604/2 254）×100%]。如果报表使用人没有提前发现企业应收账款账龄"暗藏杀机"，恐怕净利润项目真的"突然亮红灯"时，还在一头雾水：为什么企业销售收入没有减少，成本费用没有增加，应收账款周转率也有改善，该公司却"扭盈为亏"。

总之，单纯应收账款总额大，未必是大问题，因为可能企业的销售收入提高了，而且应收账款的增幅与销售收入的增加有必然联系。但如果当年应收账款增长率高于销售收入增长率，则至少说明企业回笼资金较慢。如果连续数年账龄较长的应收账款逐渐增多，而销售收入的增长有限，则说明问题正在恶化。

> **注意**
> 仅仅有"应收账款周转率"指标作定性分析还不够，报表使用人还需要通过附注资料提供的信息，关注企业应收账款的账龄。

12.3.3 应收账款主要客户分布分析

自古以来,"欠债还钱"就是天经地义的。从理论上讲,履约付款是客户不容推辞的责任和义务,但如今,"黄世仁怕杨白劳"的事情已屡见不鲜。在实际经济活动中,不同客户拖欠、拒付货款的原因是多方面的。即使信用表现一贯良好的客户,也有可能会因某些客观原因而无法如期付款。对于企业来说,把产品赊给什么样的"杨白劳",将直接决定应收账款的坏账成本和管理成本。

为了弄清"企业应收账款主要客户的财务状况直接决定着企业应收账款的成本"这种"唇亡齿寒"的关系,我们不妨举例来说明一下。

【例 12-7】 作为国内最重要的家电销售商之一——国美电器某年中期财务报表附注资料提供的一组数据如表 12-10 所示。

表 12-10 国美电器某年 6 月 30 日应付账款一览表

(单位:万元)

股票代码	债权人名称	债务人名称	应付账款余额	拖欠时间
000016.SZ	深康佳 A	甘肃国美物流有限公司	5 119.133 9	
000016.SZ	深康佳 A	南宁国美物流有限公司	2 401.925 2	
000062.SZ	深圳华强	甘肃物流北京国美	579.883 5	1 年以内
000062.SZ	深圳华强	昆明物流深圳国美	377.038 1	1 年以内
000418.SZ	小天鹅 A	甘肃国美物流有限公司	8 195.482 6	1 年以内
000418.SZ	小天鹅 A	美国 GE COMPANY	12 566.733 8	1 年以内
000527.SZ	美的电器	甘肃国美物流有限公司	8 195.482 6	
000527.SZ	美的电器	美国 GE COMPANY	12 566.733 8	1 年以内
000921.SZ	ST 科龙	国美电器	8 934.562 9	
600983.SH	合肥三洋	北京国美电器有限公司	116.929 5	1 年以内
600983.SH	合肥三洋	上海国美电器有限公司	110.678 2	1 年以内

从表 12-10 中的数据不难看出,国美电器作为诸多上市公司的主要客户,这个"杨白劳"相当了得,表中的诸多"黄世仁",一定在时刻关注国美电器的一举一动,对其财务报表也是"万分关注"。一旦国美电器的财务状况,尤其是现金流稍有"风吹草动",这些上市公司在国美的应收账款就要面临"前途未卜"的境遇。所以为了众多"黄世仁"能在股市中有所成就,所有人都要祝愿国美电

器这个"杨白劳"踏踏实实地经营。

12.3.4 利用应收账款操纵利润行为"揭秘"

由于年报好坏直接影响企业在股民心中的形象，进而影响上市公司股价，所以，很多企业"顶风作案"，不断地用各种方式来"做"出股民看了"忍不住要追高"的利润。具体到利用应收账款操纵利润，有两种方式。

（1）利用应计制的特点实现"虚假销售"。当企业没有达到其"需要的"销售额时，为了报表漂亮，只好采用"虚假出售"，即产品根本没有卖出去，企业自己和自己玩"过家家"的游戏，假定它的产品都已经售出，并且在财务报表上也"一本正经"地记账："产品都卖给了张三，实现收入 80 万元，他还欠我 80 万元"。当然，企业自己很清楚，这 80 万元是假的，张三并不欠它的钱。

这个游戏有人在刚刚玩的时候能蒙混过关，后来监管机构对虚假出售的现象有所防范，事实上，通过查销售合同，查出库记录，进行应收账款函证，这些虚假销售就会被注册会计师识破。

所以，现在上市公司如果再利用应付制来"实现"虚假销售，往往会做得"比真的斯大林还斯大林"（这句话源自斯大林的替身。他揭秘说，斯大林的很多画像其实是他的画像，而不是斯大林本人的画像，所以他比真的斯大林还斯大林）。企业也一样，做假就做成和真的一样：既有销售合同，也有出库记录，也把货物运往 W 市，如此等等。

> **注 意**
>
> 对于由管理层操纵的舞弊行为，就需要更深入地分析企业的应收账款与报表其他科目的关系来发现端倪。

具体地，投资者要想知道企业是否存在虚假销售的嫌疑，只有比较利润表中的"主营业务收入"、现金流量表中的"销售商品、提供劳务收到的现金"以及资产负债表中的"应收账款"几项数字，来判断当年销售收入的质量。

不同行业，其销售收现的比率是不一样的。

【例 12-8】 如果是零售业，赊销就比较少。我们假定行业平均的销售现金比率（该比率的具体计算公式见第 10 章的 10.4.2）为 80%，也就是大概有 20% 的赊销。而 Q 超市历年数据显示，该企业的销售现金比率为 85% 以上，其赊销率在 15% 左右。但是，在 2017 年的报表分析中发现，该企业的销售现金比率骤降到 70%。查阅应收账款中期报告、第三季度报告和年度报告的数据也发现，该企业在年底时，应收账款急剧上升，在这种情况下，我们就有理由怀疑企业可能存在"虚假销售"行为。

（2）通过坏账准备的计提，间接调控当年管理费用，从而调节当年的净利润。由于应收账款坏账的计提及其追溯调整法在操作上存在较大的灵活性，少数上市公司也有可能从中寻找新的利润操纵空间，对此投资者特别要注意辨别。

坏账准备采取怎样的计提方法和计提多大比例，其选择权是留给上市公司的。那么，究竟提多了还提少了？对于上市公司的实际情况局外人似乎很难做出准确的判断。有人认为这一点由注册会计师来把关就够了。但把责任都交给注册会计师是不现实的，在很大程度上仍然取决于上市公司自身的取向。我们不排除某些上市公司会出于利润调控的目的，定出偏低或偏高的计提比例。

例如，有的公司为避免出现亏损，可能会倾向于选择较低的提取比例。也有可能，有的公司会在头一年以较大的比例计提，第二年通过某种方式收回部分应收账款，从而冲回坏账准备，以求利润在年度间转移。按会计制度的要求，对应收账款坏账的计提政策变更要采取追溯调整，也就是全部重新做账，这样，应收账款坏账的计提对利润的影响将分布在各个年度。在追溯调整的背景下，某些公司可能有意把利润在各个年度之间进行"按需分配"。

注 意

> 由于投资者往往更关注当期业绩，而对以往已披露信息的调整，一般投资者未必能足够地关注。这样，企业可能会利用投资者的这种"不良习惯"，在调整时倾向于将负面影响统统"追溯"为以前年度的责任，而尽可能使当年的报表好看一些。

为了给大家留下直观的印象，我们来举例说明。

【例 12-9】 以表 12-8 高斯电器元件公司的账龄表为依据，按前面的数据，高斯公司在 2015~2017 年的各年中，坏账准备的余额明细见表 12-11。

表 12-11　高斯电器元件公司坏账准备明细资料表

（单位：千元）

年　份	2015 年	2016 年	2017 年
当年应收账款余额	1 187	1 182	1 247
当年坏账准备余额	59.35	59.1	62.35
应收账款净额	1 127.65	1 122.9	1 184.65

注：公司按期末应收账款余额的 5% 计提坏账准备。

企业的管理层在分析数年来企业应收账款的回收状况时发现，企业 2 年以上的应收账款收回的难度非常大，发生坏账的可能性也很高。为了"提纯"企业资产，让报表数据反映企业资产的真实质量，企业管理层决定调整坏账准备的计提方式，将坏账准备的计提标准改为：账龄 1 年以内的提 5%，账龄 1~2 年的提 20%，账龄 2~3 年的提 50%，账龄 3 年以上的提 80%。则在采用追溯调整法的情况下，企业的坏账准备项目明细账调整如表 12-12 所示。

表 12-12　调整坏账准备计提方式后的坏账准备明细账

（单位：千元）

账龄	计提坏账比率	2015 年		2016 年		2017 年	
		应收余额	计提坏账金额	应收余额	计提坏账金额	应收余额	计提坏账金额
1 年以内	5%	230	11.5	220	11	208	10.4
1~2 年	20%	364	72.8	153	30.6	172	34.4
2~3 年	50%	247	123.5	302	151	112	56
3 年以上	80%	346	276.8	507	405.6	755	604
合计		1 187	484.6	1 182	598.2	1 247	704.8

通过对表 12-11 和表 12-12 的比较，从 2015~2017 年，企业由于坏账准备计提方式的改变，需要调整的未分配利润值如表 12-13 所示。（备注：表 12-13 中坏账准备追溯调整对企业未分配利润的影响情况中，假设各年没有出现因为应收账款确认不能收回而发生"坏账准备"借方项目的情况）

Chapter 12 账务报表重要项目分析

表 12-13　高斯电器元件公司追溯调整坏账准备资料表

（单位：千元）

年份	2015 年	2016 年	2017 年
按老政策坏账准备科目余额	59.35	59.1	62.35
按老政策当年对坏账准备的调整额	59.35	−0.25（备注 1）	3.25（备注 2）
按新政策坏账准备科目余额	484.6	598.2	704.8
按新政策在已有坏账准备金额的基础上需要调整金额	425.25（备注 3）	113.85（备注 4）	103.35（备注 5）
企业当年销售收入	2 000	2 109	2 254
调整额占当年销售收入的比率	21.26%	5.4%	4.59%
企业当年净利润	364	452	441

备注 1：2015 年年底时，坏账准备科目已经有余额 59.35 千元，要想在 2016 年时该项目余额为 59.1 千元，需要冲回 0.25 元，所以 2016 年当年计入管理费用的坏账准备为 −0.25 千元。

备注 2：2016 年年底时，坏账准备科目余额为 59.1 千元，要想在 2017 年时该项目余额为 62.35 千元，需要再补提 3.25 千元，所以 2017 年当年计入管理费用的坏账准备为 3.25 千元。

备注 3：按新政策，2015 年年底时，坏账准备科目余额应该为 484.6 千元，目前已经有 59.35 千元，所以需要补提 425.25 千元（484.6−59.35）。

备注 4：按新政策，2016 年年底时，坏账准备科目余额应该为 598.2 千元，通过备注 3 的调整，该项目的余额为 484.6 千元，要想实现 598.2 千元的余额，只需要补提 X 元，且满足 484.6+（−0.25）+X=598.2，计算可知，2016 年需要补提 113.85 千元。（其中的 −0.25 千元为老政策时，企业已经冲减的金额）

备注 5：按新政策，2017 年年底时，坏账准备科目余额应该为 704.8 千元，通过备注 4 的调整，该项目的余额为 598.2 千元，要想实现 704.8 千元的余额，只需要补提 Y 元，且满足 598.2+3.25+Y=704.8，计算可知，2017 年需要补提 103.35 千元。（其中的 3.25 千元为老政策时，企业已经提了的金额）

从表 12-13 中可以看出来，由于调整了应收账款的坏账准备的计提方式，该公司应该减少本来属于 2015 年的未来分配利润 425.25 元，占 2015 年销售收入的 21.26%。如果该公司在 2015 年就采用了新政策，则当年该公司"由盈转亏"（364−425.25=−61.25）；2016 年和 2017 年的情况类似。

总之，从上述例子可以看出，企业完全可以通过坏账准备政策的调整，"无意间"调控企业利润的变化趋势。所以，我们在阅读财务报表时，当发现企业应收账款占总资产的比率较大时，一定要关注报表附注中关于应收账款坏账准备计提方式是否有调整，以确认企业是否通过这样的"潜艇"，人为地控制企业利润。

事实上，应收账款的坏账准备的这种巧妙"追溯"，除了可以通过借助前述例子中，用计提比例改变的方式实现外，操纵应收账款的账龄分布也是途径之一。

> **注意**
> 如果企业利用账龄分布来做文章,更不容易被识别。因为对以往应收款项账龄的划分,局外人一般都很难分辨清楚。如果企业通过调整账龄实现某一年多提而另一年少提坏账准备,从而进一步控制利润的话,报表使用人基本就是"糊涂仙"一个。

12.3.5 应收账款分析小结

企业界有种调侃的说法:"不赊销是等死,赊销是找死。"的确,对于企业来说,赊销是件很无奈、很心酸的事,国内众多企业都深受其苦、深感其痛。但随着市场竞争的不断发展,各个企业的生存压力越来越大,为了在市场获取立锥之地,为攀结更多客户,企业都不得不"先市场后利润""先给货后收钱",由此形成了三角债、四角债。随着应收账款的"雪球"不断地滚大,赊销已经犹如一具无形的"枷锁",久拖不决。渐渐地,企业被拉进泥淖而不能自拔,"窒息而死"。

因为应收账款给企业造成了大量不良资产,甚至是不实资产,为了挽回面子,或者说暂时保全面子,企业不得不"八仙过海,各显神功",采用多种方式来"遮丑",这也正是报表使用人需要"揭开面纱看到真相"的关键。我们进行应收账款的分析,除了常规的指标分析外,还需要关注构成应收账款的客户群的财务状况。"皮之不存,毛将焉附",只有严格执行信用考核制度来确定赊销政策,才能改善企业呆账、坏账"不断壮大"的趋势。

> **注意**
> 报表使用人也需要了解企业应收账款坏账准备计提的方式,需要了解企业应收账款的管理成本和沉没成本等。

12.4 应付、预收等负债项目的秘密

如我们在前面介绍过的那样,应付和预收项目都是企业的负债,就像老母亲餐厅,本来与粮油店杜老板是"货款两清",就绝不会捏造"我还欠杜老板500

元钱"这样的事情来"无中生有",否则别人会认为这人"精神错乱"。那么,财务报表的这两个项目,是不是就完全"两袖清风",不会存在任何秘密了呢?回答是否定的。身份决定立场,企业为了特殊需求,也会对自己"不喜欢"的项目做适当调整,往自己身上扣"脏东西",主动把自己丑化,以达到不可告人的秘密。

下面我们就戴着"有色眼镜"看看企业是怎么利用应付和预收实现"预期"目标的。

12.4.1　应付账款的秘密

前面我们讲过,很多企业收回应收账款的难度很大,由此导致资产不实,企业"虚胖"的现象很"普遍"。那么,按常规思维理解:一个企业的应收,就是另外一个企业的应付。所以,在供应商不断地催要应收账款的情况下,企业不可能有长期挂账的应付账款。但是,天上偏偏就有这样的"馅饼"掉下来,砸到了很多企业——它们的应付账款账龄能达到两年、三年甚至更长。这样的事实,不能不引起大家的好奇,也一定需要报表使用人予以关注。

是什么原因导致应付账款长期挂账?既然应付账款是通过购买行为产生的,其长期挂账自然是由于买家卖给我们东西却不收钱引起的,这是常识。但是,企业还有很多"二样"的应付账款,让我们一一举例说明。

1. 职工福利引发的应付账款

有些企业为了扩大职工福利,向职工发放钱物,同时帮助员工规避个人所得税,经常采用将资金转入"应付账款",虚设债务的方式进行。这样,员工每年会享受在工资条外的一些福利,企业的某些细项的应付账款也只见增加,不见减少。慢慢地,随着数额的增大,这个"无头债"在报表上就容易被关注。

2. 购货退回不冲减应付账款引起应付账款长期挂账

购销过程中难免会发生退货,货退了,欠供货商的钱也就冲平了,但是企业为了"增加成本",将所有上期买入的存货全部转入了成本,这样可以少缴企业所得税。再发生购货退回时,就不做任何会计处理,这样,"无中生有"的应付账款就一直挂在账上了。

3. 帮助应收账款"脱胎换骨"引发的应付账款

看了标题,就会有人抗议:应收账款"名正言顺",挂着就挂着,脱什么胎,换什么骨?明明是人家欠我们钱,难道还换成我们欠人家钱?傻子也不会干这样的事情。但是,企业为了"面子工程",还真就这么做了,而且还做得"天衣无缝"。具体的做法就是,企业将自己账上的应收账款出售,并辅以其他账务处理就可以将这一行为变成自己的主营业务收入。

要完成这一重大举措,企业需要分步"作业",其具体步骤如下:

(1)虚构销售收入,具体的记账内容为:借记银行存款,贷记主营业务收入及相应税金等。通过这一步,企业实现了把应收账款卖掉的基础。

(2)虚假结转销售成本,具体的记账内容为:借记主营业务成本,贷记存货。只有做这一步,企业才能以假乱真。

(3)做虚假采购,具体的记账内容为:借记存货等,贷记应付账款。在通常情况下,如果企业确实打算出售应收账款时,为了把假的做成和真的一样,一般会先做这一步,即早早地把存货"买"回来,这样企业就有"应付账款"挂账了。

(4)做应收应付的冲销,具体的记账内容为:借记应付账款,贷记应收账款。

通过这四步,企业的银行存款增加——因为出售了应收账款的追索权,主营业务收入与主营业务成本相匹配,存货一借一贷也冲平了,应付账款一借一贷最终也能冲平。而原来挂账在借方的应收账款,因为有第四步的贷方,所以也消失了。

这一过程有如下特点:

(1)一般企业为了不被怀疑,会早早地把存货"买回来",也就是前面介绍的第三步。存货会很早就出现在账上,这也是我们发现应付账款异常的来源。

(2)在一般情况下,这种虚假业务的第一、二和第四步的账务处理时间应该比较靠近。企业也为了避免其和真实的购销业务区别开来,一般会单独结转"主营业务成本"。

(3)为了混淆视听,企业往往不会直接做第四步,也就是一般不会在会计处理中出现应付、应收互相冲抵的分录,会再次做成先"收回"应收账款,然后

Chapter 12 账务报表重要项目分析

再"支付"应付账款。要实现这一步，往往需要寻找第三方参与舞弊，一旦添加一些中间中转环节，现金流出企业再流回来，报表使用人就很难分辨事情的真伪了。企业有时候都会认为自己真的"获取了收入"，可谓"自己散的烟雾弹迷惑了自己"。

那么企业为什么要这么做呢？企业自己收款困难，把债权转给讨债公司，同时付给其报酬，也是加快企业资金流转的方式之一。难道转个弯来处理就这么好？我们来分析企业这样做的好处：

（1）采用这种舞弊手法可以将应收账款转化成收入，减少期末应收账款的余额，减少坏账准备的提取金额。

（2）由于我们是通过"主营业务收入"来增加企业的经营性现金流量的，而不是像直接出售应收账款那样，直接计入了货币资金（详见注1），这样的账务处理，从现金流量表中体现的是企业的经营性现金流量的增加，那就改善了企业资产的质量，扩大了企业的销售规模，企业的业绩也好看。

（注1：企业出售应收账款，不管有无追索权让售，即应收账款购买方，如金融机构等，是否承担收取应收账款的风险，即不管购买方是否承担应收账款的坏账损失，企业都多少需要承担销售折扣、销售折让或销售退回的损失。此时企业因为出售应收账款，应按实际收到的款项增加货币资金，支付的手续费计入财务费用，但并不会造成企业收入的增加，如果有增加，也应该记入"营业外收入——应收债权融资收益"科目。在通常情况下只是简单地增加货币资金，减少应收账款，肯定不会引起营业收入的增加。）

如果企业真有这样的舞弊行为，对于报表使用人来说，去发现这一操作行为很难，但是，在阅读企业报表时，充分关注应付账款的长期挂账情况有时候就能发现"狐狸尾巴"。比如企业为了做这个业务，可能会"采购"不常用的东西。因为选用常用的材料来做这样的事情，企业自身的成本估算就会被干扰，企业也不希望内部管理出现没有真实成本数据的现象，所以，一般"买"企业不常用的，但是又确实与企业生产相关联的物品。而"卖"的话，也直接卖之前"买"回来的东西。应付应收在这种情况下进行舞弊时，一般每次都是"个别"客户和"个别"供应商，没有可比的第二家进行"卖"和"买"。

> **注意**
>
> 应付账款作为一个往来科目，不应该有长期挂账。如果在阅读企业报表附注时，发现企业的应付账款存在长期挂账，报表使用人则需要充分关注。

12.4.2 预收账款的秘密

预收账款是指企业按照合同规定向购货单位预收的款项。因为客户预计未来需要购买企业的产品，所以先期付一部分钱给企业。一般来说，只有确认需要购买才会预付款，所以，预付账款作为一个冲转类科目，也不应该有长期挂账。但是实务中，也存在企业利用该科目舞弊的行为。具体表现如下：

销售已经实现，企业也已经供货，由于客户未索取发票，为了规避流转税和所得税，不将已经实现的销售收入计入收入项目，而是长期挂在"预收账款"项目下。要确认企业是否存在少列收入的情况，就要分析企业所处的行业特点：

（1）如果企业提供的产品本身就是"买方市场"，即消费者可以选择的余地很大，同类、同档次的产品很多，企业的行业竞争非常激烈，则企业一般不可能在某期出现大规模的预收账款。

（2）相反地，如果企业从事的是垄断行业，或者技术水平在行业中有绝对优势的产品，产品目前还处于"卖方市场"——也就是除了我家有，别人家还真没有卖的。在这样的情况下，企业收到预收账款的机会就要多一些。

总之，对预收账款的分析，除了比较各年的余额外，还需要关注其账龄，针对长期挂账、金额较大的预收账款，需要确认是否有对应的经济合同、购货协议等，同时了解企业针对该合同是否有排产计划，或者延期生产的原因说明等。

> **注意**
>
> 通过企业生产链各个环节的对比，可以确认企业是否存在少列收入的舞弊行为。

12.5 预付项目的秘密

在前面一节，我们谈了企业为了达到某些不可告人的目的，在自己没有欠别人钱的情况下，宁愿说自己还欠别人钱。而本节我们来说说本来没有付给别人钱，却硬要"讹一下"，说我就是给钱了，人家没有给我货，这就是预付账款的"秘密"。利用预付账款干扰财务报表数据，误导报表使用人的"伎俩"主要有如下几类：

（1）利用预付账款"狼狈为奸"。有的企业的内部人员故意和供货商勾结起来，利用签订不谨慎的订购合同或者签订不合理、不合法的合同，造成支付预付账款后不能按期收到货物或根本就收不到货物，使预付账款长期挂账，无主可寻，最后造成坏账，给企业带来经济损失。

（2）利用预付账款"移花接木"。预付账款项目的核算范围，在会计制度中有明确规定，它只能反映按购货合同规定，在取得合同规定的货物之前预先支付给供货方的定金或部分货款。不属于预付账款的经济事项不应在该项目中核算。

有的企业为了实现特殊目的，故意混淆概念，将购置机器设备、厂房等的预付款或预付在建工程款等应该列入"在建工程"或"工程物资"的款项故意列入预付账款项目。这样收到相应物资并领出时，将本来应该分若干期摊销的装修费、固定资产折旧费，直接计入当期损益，减少本期的所得税计税基数，从而达到延后缴纳税款的目的。

还有的企业将应该列入"其他应收账款"项目的存出保证金等也列入了预付账款账户，也有些企业将应该列入"营业外收入"账户的收入款列入"预付账款"账户。

注　意

所有这些不按规定范围核算，造成预付项目对应关系混乱，反映的经济内容也不真实、不合法、不合理的情况，都是为了达到截留收入、推迟纳税或逃避纳税的目的。

（3）利用预付账款做"往来搭桥"。按照规定，企业的预付款业务必须以有效合法的供应合同为基础，而有的企业的预付款业务根本无对应的合同，而是利用预付款这一"中转站"作为往来搭桥，为他人进行非法结算，如套现等，将所得回扣或佣金据为己有。

（4）预付账款"张冠李戴"。按正常会计核算方式，预付的材料款应该记入"预付账款"，有的企业却故意将其列入"其他应收款"科目。比如，企业的采购人员采购材料时，如果需要先支付部分货款，财务部门则直接给采购人员现金，要采购人员打个借条。到了月底，却没有任何发票或供货企业的收据作为入账依据，只能记入"其他应收款——员工借支"项目。这样，明明应计入预付账款的项目，却戴上了"其他应收款"的帽子。

（5）预付账款长期挂账。有的企业按购货合同预付货款后，由于对方（供货单位）迟迟不开发票，或对方无力供货，却也不退还预付货款时，其财务人员故意不对这笔经济业务进行账务处理，致使预付账款长期挂账，影响当期损益。在这种情况下正确的处理方式是：如有确凿证据表明其不符合预付账款性质，或者因供货单位破产、撤销等原因已无望再收到所购货物的，应将原计入预付账款的金额转入其他应收款，并计提相应的坏账准备。

总之，不管是应收账款、预付账款还是应付账款和预收账款，这类冲转类科目的另一方都与企业的收入或成本相关，如果这些项目异常，就有可能说明收入或成本有问题。

> **注意**
>
> 在阅读财务报表时，除了关注收入、成本本身外，通过对与之相关的项目的分析，也能发现企业"财务天机"的"蛛丝马迹"。

12.6 在建工程的秘密

在建工程是指企业固定资产的新建、改建、扩建或技术改造、设备更新和大修理工程等尚未完工的工程支出。当工程竣工交付使用时，在建工程相关支出转入固定资产原值。

在建工程最终要转入固定资产，作为企业资产形成的中转科目，本来应该是很单纯的。但是由于在建工程同时是一个各类支出的归集类科目，而且如果工程建设期较长，企业想要做点手脚，这个科目就不知不觉地成为某些企业调节利润的"遥控器"。

本节主要通过长期挂账的在建工程、凭空消失的在建工程、随意伸缩的在建工程等几类情况，多角度解读在建工程可能存在的各种秘密。

12.6.1　长期挂账的在建工程

如一个企业不是连续不断地有工程项目开工，比如说，企业只盖一栋厂房，则其在建工程账面价值应该是一定期间内持续增加，达到一定额度后，随着工程项目的竣工和转入固定资产原值，其金额将一次性降低，直至为零。但是，现实是否符合常规呢？报表使用人在对企业多年报表进行比较时，不妨对在建工程科目的变化情况进行分析。

【例 12-10】 表 12-14 是某制药公司连续三年的在建工程账面余额情况。

表 12-14　某制药公司最近三年在建工程比较表

（金额单位：万元）

资产负债表时间	2015.12.31	2016.12.31	2017.12.31
在建工程余额	4,023	4,095	4,176
本年较上年增长比例		1.79%	1.98%
同一时点企业资产总额	53,087	57,560	61,794
在建工程占资产总额的比重	7.58%	7.11%	6.76%

表 12-14 中的数据显示，该制药公司的在建工程科目在三年内无明显变化。那么，是什么样的工程，三年都没有大的进展呢？传说哪吒在娘胎中待了三年零六个月，高 632 米的上海中心大厦主体建筑的完成施工也只用了三年，该制药厂的在建工程三年中却无明显变化，值得关注。

经查阅该公司历年财务报表附注发现，2014 年，该公司启动了将闲置库房改建成 5000 平方米 GMP 制药车间的工程项目。该项目 2014 年年底完工 90%，以后年度的报表附注仅披露"在建工程为技术改进类车间改造项目"。经专业审计发现，该工程项目已投入使用三年，却仍在"在建工程"挂账，未及时转入"固定资产"科目核算，由此导致该公司每年少提折旧费用数百万元。另外，该公司将车间改建时的项目借款 2016 年度和 2017 年度的借款利息进行了资本化，在建工程长期挂账导致公司利润虚增情况如表 12-15 所示。

表 12-15　某制药公司最近三年在建工程比较表

（金额单位：万元）

资产负债表时间	2015.12.31	2016.12.31	2017.12.31
在建工程余额	4,023	4,095	4,176
本年应转固并计提折旧额	318.49	382.19	382.19
本年应费用化的项目贷款利息	60	72.00	81.00
在建工程挂账对利润的累计影响数	378.49	454.19	463.19

通过上述实例我们可以看出，如果企业存在长期挂账的在建工程，除了可能缺乏对已投资项目的可行性研究，或违反工程建设规定审批程序，导致工程中途停建、闲置，不能按期转固等管理问题外，也不排除企业故意对已投入使用的"在建工程"不按规定按期办理转固手续，少计固定资产折旧，虚增企业利润的嫌疑。

> **注　意**
>
> GMP 车间是指符合 GMP（Good Manufacturing Practice 的缩写，中文意思是优良制造标准）质量安全管理体系要求的生产车间。

12.6.2　凭空消失的在建工程

在建工程是企业固定资产新建、改建、扩建的中转科目，其本质上是企业的资产。如果在建工程减少，在正常情况下，一定会出现固定资产的增加。那么，在建工程怎么会"凭空消失"呢？报表使用人又通过什么方式来发现在建工程"凭空消失"的奇怪现象，并找出其中不可告人的秘密呢？我们不妨举例来进行揭秘。

【例 12-11】QWE 公司是 2016 年 10 月新成立的咨询公司。从 2016 年年报来看，该公司固定资产原值为 35 万元，在建工程 55 万元。但 2017 年年报时，固定资产原值为 40 万元，在建工程为零。

按常理，2016 年在建工程和固定资产原值合计为 90 万元，在不存在固定资产处置的情况下，2017 年时，在建工程和固定资产原值合计数一定大于上年数。那么明明在账上的 55 万元在建工程去哪里了呢？

进一步查阅会计报表附注，在企业重大差错调整事项中找到了答案：2016 年该公司刚成立时，基本无收入，但筹建期开办费、差旅费、人员工资和房租等日常费用累计约 55 万元。为了掩盖亏损，该公司将各类费用都暂时挂账在"在建工程"，让投资人觉得该公司第一年没有亏损。

所以，如果企业大额在建工程的减少没有与之匹配的固定资产原值的增加，报表使用人需要关注这些"凭空消失"的在建工程到底去哪里了，是否存在企业通过"在建工程"科目人为调节利润的情况。

> **注意**
>
> 企业将在建工程转为长、短期投资，出售或者在建工程确实发生减值后计提减值准备时，企业的在建工程减少不会引起固定资产的增加，但这种情况发生的可能性通常比较小。

12.6.3 随意伸缩的在建工程

在建工程是企业固定资产新建、改建、扩建的中转科目，假定企业只盖一栋大楼，第一年已经完成 50% 的工程，到第二年，完工百分比一定会大于 50%。在项目没有重大调整的情况下，通常不可能出现项目第二年的完工程度较前一年还低的现象。那么，现实中是否会遇到"随意伸缩"的在建工程呢？如果真有这样"今年建楼、明年拆楼、后年再建楼"的奇怪现象，报表使用人应该怎样解读呢？

【例 12-12】某事业单位为服务型单位，最近几年无工程建设项目，每年都会取得政府相关部门提供的一定额度的福利性专项补贴。按政府相关部门要求，这些专项补贴仅可用于政府指定的环保事项。2015 年，该单位一次性取得政府专项补贴 1 100 万元（从 2015 年起，该单位仅取得一笔政府补贴），此后三年该科目和单位在建工程科目的变化情况如表 12-16 所示。

表 12-16 某事业单位最近三年在建工程和专项应付款明细表

（金额单位：万元）

资产负债表时间	2015.12.31	2016.12.31	2017.12.31	2018.12.31
在建工程余额	—	400	200	380
企业本年实际用于环保专项支出额		110	150	120
专项应付款——政府环保专项资金账面余额	1,100	990	840	720

虽然依据基本信息，该单位应该没有在建工程，但从表12-16中来看，该单位却发生了少量在建工程，但各年余额忽高忽低；而该单位明明从2015年起，仅取得一笔政府补贴，"其他应付款——政府环保专项资金"却在2016~2018年也各有增减。"在建工程"和"其他应付款——政府环保专项资金"均存在异常情况。经专项审计发现，该事业单位存在挪用"其他应付款——政府环保专项资金"的行为。为了逃避审计，在挪用专项资金时，该单位未做"其他应付款——政府环保专项资金"的减少，而是暂时将挪用事项记入了"在建工程"科目，当从其他途径取得一部分资金用于填补挪用形成的亏空时，再减少"在建工程"科目的发生额。如果按"其他应付款——政府环保专项资金"实际使用和被挪用后的余额来真实体现"其他应付款——政府环保专项资金"的余额，其状态如表12-17所示。

表 12-17　某事业单位最近三年在建工程和专项应付款实际余额表

（金额单位：万元）

资产负债表时间	2015.12.31	2016.12.31	2017.12.31	2018.12.31
在建工程账面余额	—	400	200	380
企业本年实际用于环保专项支出额		110	150	120
专项应付款——政府环保专项资金账面余额	1,100	990	840	720
企业借助在建工程挪用专项应付款额度（负数表示转回）		400	-200	180
如果不将挪用的专项资金计入在建工程，将其冲减专项应付款，专项应付款实际余额		590	640	340
如果不将挪用的专项资金计入在建工程，在建工程实际余额		—	—	—

备注1：2016年专项应付款用于环保支出110万，被挪用400万，实际余额为590万元（计算过程为1100-110-400=590）

备注2：2017年专项应付款年初实际余额590万元，当年用于环保支出150万，前期被挪用的400万有200万退回，本年实际余额为640万元（计算过程为590-150+200=640）

备注3：2018年专项应付款年初实际余额640万元，当年用于环保支出120万，当期被挪用180万，本年实际余额为340万元（计算过程为640-250+180=340）

从该单位"随意升缩"的在建工程科目来看，2016年，该单位挪用政府环保专项资金400万元，2017年退回200万元，2018年再次挪用180万元，三年累计挪用政府环保专项资金达 380 万元，由此导致"其他应付款——政府环保专项资金"科目在 2018 年年底实际余额仅 340 万元，为账面余额 720 万元的一半以下。

从上面的例子可以看出，如果企业的在建工程科目出现不符常规的"随意升缩"，就有可能是企业通过该科目做了一些"上不了台面"的事情。可能是挤占生产性资金用于非生产性支出，影响生产资金的使用效益；或者截留国家专项财政资金，挪用于企业职工福利性支出等，将国家资金转为企业资金，舍"大家"为"小家"。

12.6.4　在建工程分析小结

作为企业固定资产新建、改建、扩建的中转科目，在建工程虽然不能分析企业的经营情况或者偿债能力，但这个科目的状况却也"四两拨千斤"——该项目的状况不仅体现了企业工程项目管理的水平，还能从另外一个侧面了解企业内部控制情况，如果占比很大，还能分析出企业的战略方向等重要信息。

如果企业的在建工程出现有悖于常识的变化，报表使用人就可以依据其暴露的"蛛丝马迹"顺藤摸瓜，找到企业可能存在的经营风险或者舞弊行为等。

12.7　固定资产的秘密

如我们在第 2 章中介绍的那样，固定资产是指企业为了生产商品、提供劳务、出租或经营管理而持有，且使用寿命超过一个会计年度、价值达到一定标准的有形资产，包括房屋、建筑物、机器、机械、运输工具以及其他与生产经营活动有关的设备、器具、工具等。固定资产是企业生产经营的主要资产，而且大部分固定资产价值比较大，使用时间比较长，报表使用人应该密切关注固定资产相关内容。

由于固定资产直接体现了企业的价值，且与企业生产和经营密切相关，故对固定资产的专业分析，能直观地了解到企业生产、经营甚至发展变化、战略调整等很多重要信息。本节我们将通过对固定资产绝对值的变化分析、固定资产在总资产中的占比分析等，来引导大家读懂"固定资产"想向我们传递的"秘密"。

12.7.1 固定资产绝对值变化分析

企业的固定资产规模从一定程度上体现了企业创造利润的能力，持有一定规模的固定资产是企业价值实现和长期发展的必要支持，其配置的合理性对企业未来的成长起着至关重要的作用。

由于行业属性、经营性质、经营规模、企业所属发展阶段、风险承受偏好等不同，不同企业固定资产的持有量可能千差万别。这种差异非常好理解。以老母亲餐厅为例，餐厅是服务行业企业，它需要的固定资产包括做饭用的炉灶、桌椅板凳和经营场所等。如果老母亲餐厅的经营场所为自有房产，其固定资产总规模一定非常大；而如果老母亲餐厅的经营场所是租赁的，其固定资产总规模应该相对较低。

企业为了维持正常的生产经营，应该将固定资产维持在一定水平。如果企业的固定资产在短期内发生明显变化，则说明企业的经营情况也在发生重大调整。

【例 12-13】 T 公司为一家小型物流企业，最近四年的固定资产原值情况如表 12-18 所示。

表 12-18 T 公司最近四年固定资产明细变化表

（金额单位：万元）

资产负债表时间	2015.12.31	2016.12.31	2017.12.31	2018.12.31
固定资产原值合计	4,410	3,534	5,097	6,382
较上年增幅		−19.86%	44.23%	25.21%
其中：房屋建筑物等	1100	1184	1215	2415
运输设备	2600	1594	3100	3184
办公设备	272	286	304	321
工具等设备	438	470	478	462

从表 12-18 中的数据来看，2016 年年底，T 公司的固定资产锐减 19.86%，而 2017 年却又突然增长 44.23%。如果报表使用人是 T 公司的客户，将如何看待该公司固定资产的频繁波动？

通过阅读相关报表附注发现，2016 年年底，该公司集中报废了一批环保指标不达标的大货车，在 2017 年陆续购入新的环保指标更高的货车。这一信息说明该公司在未来几年的承运能力提高了，客户可以继续保持与 T 货运公司的合作。

同时，从表 12-18 中的数据来看，从 2017~2018 年，T 公司的固定资产一直保持较高的增长率：2017年增长44.23%，2018年增长25.21%，如果报表使用人是T公司的债权人，将如何看待该公司固定资产的持续增长呢？

通过阅读相关报表附注发现，2016~2017年，T公司集中更换了一批环保指标不达标的大货车，2018年又新购置一个仓库。两年的资本性投入全部为改善盈利能力的举措，故可以得知该公司在改善和扩大经营，但是同时也可以认为，由于连续两年发生大额固定资产投入，该公司在近期内的现金流可能会比较紧张，短期偿债能力可能有限。

通过上述实例，我们不难看出，对于同一组固定资产的数据，不同的报表使用人能获取不同的信息，但都能为自己的决策找到依据。

12.7.2　固定资产比率分析

在第8章中关于资产负债表结构分析中，我们主要分析了流动资产率。而固定资产比率是指企业固定资产净值在总资产中的占比。该指标与流动资产率一样，也属于对企业资产结构的分析。

传统财务分析理论认为，固定资产占总资产比重越大，说明企业经营能力和抗风险能力越强，这就是通常所说的"瘦死的骆驼比马大"。如果以老母亲餐厅为例，则可假设老母亲餐厅总资产为100万元，其中90万元是房产，10万元是货币资金及存货等各类流动资产。在餐厅面临重大危机时，实在经营不下去了，至少还有房产。但随着国际化市场的形成和科学技术的日新月异，经济学家发现，产品生命周期更迭往往能给企业"定生死"。固定资产占总资产比重过大，一方面企业前期投入大，资金需求量大，在经营期内有较大的折旧压力；另一方面，一旦面临转型，企业出售固定资产的变现压力更大。所以很多新兴产业都开始向"轻资产"方向发展，很多企业的固定资产比率都保持在较低水平。

与流动资产率分析类似，固定资产比率分析，通常也要进行同行业横向对比和本企业历年数据的纵向对比。不同的行业，固定资产比率有不同的合理区间。由于同行业横向对比涉及的数据量较大，限于篇幅，我们仅对固定资产比率历年数据的纵向对比进行举例分析。

【例 12-14】 ZC 公司是一家传统的制造企业，主要从事汽车轴承的生产和销售。该公司最近四年的固定资产比率情况如表 12-19 所示。

表 12-19　ZC 公司最近四年固定资产比率变化表

（金额单位：万元）

资产负债表时间	2015.12.31	2016.12.31	2017.12.31	2018.12.31
固定资产净值	14,521	15,328	14,398	11,867
总资产额	51,282	54,234	57,349	62,873
固定资产比率＝固定资产净值/总资产额	28.32%	28.26%	25.11%	18.87%
固定资产比率变化率		−0.06%	−3.15%	−6.24%

从表 12-19 可以看出，从 2016 年起，该公司的固定资产呈现持续下降趋势。经进一步了解，该公司响应国家"三去一降一补"的政策要求，连续两年集中清理了长期闲置的老旧生产线，并加大了对新能源和高端装备制造等战略性新兴产业的投资。所以，一方面固定资产绝对额和占比明显降低；另一方面，长期股权投资的增长促使总资产规模扩大。

通常认为，固定资产比率越低，企业资产具备更好的流动性；从资金营运能力来看，固定资产比率越低，企业营运能力越强。不过事情总有两面性：固定资产比率过高，企业资产的流动性较低，不利于企业盈利；固定资产比率过低，则企业可能会丧失一部分生产能力和市场份额，达不到最佳生产水平，也会影响企业的盈利能力。

> **注意**
>
> "轻资产"并不是无本之源，更不是空手套白狼，而是有针对性地控制资产结构，如借助企业的智力资源、品牌影响力、良好的运营模式或优秀的管理经验等来扩大企业规模。如 21 世纪初最大的商业应用——"连锁店"经营模式，便使很多超市、餐饮和服装企业通过较少的投入快速实现了规模的扩大。而由于净资产中固定资产比重较大，每年折旧对企业利润的影响很大，为了实现利润的持续增长，重资产企业需要不断投入资金组建新产能，并保持技术革新，一旦技术落后，产能报废速度加快，企业的经营风险就会提高。

12.7.3　固定资产分析小结

固定资产是企业的一项重要资产，其增减变动及配置合理性对企业发展的重要性不言而喻。企业应该根据自身所处行业特点、未来发展方向等因素合理配置固定资产，不能为了生产扩张无限制地增加固定资产，也不能为了保持较低的固定资产比率而刻意控制其增加。

事实上，关于固定资产的分析，除了绝对值变化分析和固定资产比率分析外，还有很多关联科目可以分析。比如，对固定资产折旧的分析，通常认为，固定资产折旧比例较高的企业，其技术更新换代更快。再如，对固定资产减值准备的分析，如果一个企业连续几年增加固定资产减值准备，则有可能向报表使用人传递的是企业固定资产市价持续下跌，或已有固定资产技术陈旧、损坏、长期闲置等信号。如果固定资产减值比例占固定资产净值的比重很大，则有可能企业主业面临重大经营风险。

12.8　管理费用的秘密

企业经营效率的分析分两个维度，即通常所说"开源"和"节流"。"开源"分析指收入及投资收益等项目的分析，"节流"分析则是对成本费用的分析。在本书第 9 章关于利润表的分析中，我们通过对企业盈利能力的分析，对"开源"有了较全面的分析，而成本费用作为企业"节流"的立足点，其变化和趋势也反映出企业的经营情况和管理水平。管理费用作为企业的典型费用，对其分析能让报表使用人获得很多意想不到的收获。

如我们在第 3 章中介绍的那样，管理费用是指企业为了组织和管理企业整个运作所发生的费用。管理费用不计入企业所生产的产品成本，因为它与产品生产没有直接关联。但管理费用通常按月归集，计入利润表的当期损益，所以管理费用虽然不影响产品成本，但与企业当期利润直接相关。基于这一原因，企业管理层通常会定期对管理费用进行分析。而报表使用人，如企业的潜在投资者、债权人等，也可以通过对企业管理费用的分析，了解企业管理部门消耗的各项费用的特点，并据此"勘察"出管理费用隐藏的秘密。本节我们将通过管理费用绝对值变化分析和管理费用明细构成的结构变化分析来引导大家读懂"管理费用"可能会告诉我们的秘密。

12.8.1　管理费用绝对值变化分析

作为企业组织和管理生产经营活动发生的费用的归集，管理费用通常具备一定的稳定性，这一点不难理解：比如企业加入行业协会的会费，就是企业管理费用的一种，除非协会调整会费收费标准，否则的话，企业每年的协会会费则保持一个固定值。再如，如果企业的生产规模和人员配置没有大的调整，管理费用中的人工费用应与职工薪酬增长水平保持一致等。正是管理费用的这种相对稳定的特点，我们对管理费用进行绝对值变化分析时，就具有"牵一发而动全身"的效果。

【例12-15】UP公司是H集团下属的全资子公司，该公司从事培训业务。培训分四大类：①集团内新入职职工岗前培训；②集团内中高级管理人员培训；③高、中级专业技术人员继续教育；④特种设备操作工取证培训。除第4类外，其他三类培训的客户以集团公司内部各单位为主。该公司营业收入为培训费，除了教材及外聘教师的支出计入营业成本外，绝大部分日常费用均计入管理费用。该公司最近四年经营范围及规模无明显变化，历年的管理费用及管理费用占营业收入的比例如表12-20所示。

表12-20　UP公司最近四年管理费用及营业收入占比变化表

（金额单位：万元）

资产负债表时间	2015.12.31	2016.12.31	2017.12.31	2018.12.31
管理费用合计数	374	411	417	445
管理费用较上年增长额		37	6	28
管理费用较上年增长率		9.89%	1.46%	6.71%
营业收入合计数	853	882	856	847
管理费用营业收入占比＝管理费用/营业收入	43.85%	46.60%	48.71%	52.54%
管理费用营业收入占比变化率		2.75%	2.11%	3.83%

假设报表使用人是该公司的潜在投资者，正在考虑通过增资方式持有该公司的部分股份，与该公司共同开发特种设备操作工取证培训市场，则报表使用人更多地会关注管理费用与收入的比例变化。从表 12-20 中的数据来看，最近四年以来，管理费用对营业收入的占比一直在提高，2018 年时突破了 50%，较上年增长 3.83 个百分比。由于该公司主要开支为管理费用，故报表使用人会认为该公司可能存在管理成本不断攀升的风险，对该公司前期的尽职调查需要更多地关注管理费用明细项，才能有进一步的结论。

假设 UP 公司的母公司，即 H 集团公司审计部门拟从总体上分析该公司管理费用的合理性。从管理费用历年绝对值来看，该公司的管理费用一直呈上涨态势，增长幅度虽然每年差异较大，但均控制在 10% 以内，考虑到集团公司职工薪酬年增长率及该公司所在区域每年用工成本自然上涨 5% 左右的特点，从已有数据看，集团公司审计部门初步认为该公司的管理费用支出基本合理，单从绝对值来看，应该不存在大的违纪列支情况。

通过上述实例我们可以看出，对于同一组管理费用绝对值数据，不同的报表使用人由于对企业本身和企业经营所处环境的了解程度不一样，阅读报表的角度不一样，获取的信息量存在差异，得出的结论也存在差异。

12.8.2 管理费用各组成部分结构变化分析

如我们在第 3 章中提到的那样，管理费用是企业为了组织和管理企业整个运作所发生的各类费用，涉及的明细科目通常至少包括：职工薪酬、办公费、劳动保护费、业务招待费、无形资产摊销、折旧费、通信费、差旅费和咨询费等。管理费用的明细项反映了企业日常经济活动的内容，其变化额直接反映出企业经营业务的变化。这种内在联系非常容易理解：比如某企业某一年管理费用中的诉讼费突然提高，报表使用人自然而然会想到：企业到底发生了什么事情？是产品质量被诉讼？还是存在劳资关系问题？还是长期应付账款未支付从而被诉讼？如此等等。有时候，甚至管理费用某个明细项的小的变化，就能直接折射出企业的重大经营问题。

【例 12-16】 承【例 12-15】中的 UP 公司。前面我们提到过，UP 公司从事培训业务，最近四年管理费用明细情况如表 12-21 所示。

表 12-21 UP 公司最近四年管理费用明细项目变化表

（单位：万元）

序号	项目	2015 年度	2016 年度	2017 年度	2018 年度
1	工资	123	132	139	144
2	职工福利费	12	14	13	7
3	劳务费	20	24	21	22
4	办公费	29	32	31	34
5	会议费	21	24	23	26
6	差旅费	78	87	89	97
7	交通费	3	4	4	4
8	邮电费	1	1	1	1
9	业务招待费	15	17	17	15
10	房租物管费	4	4	5	5
11	折旧	12	13	14	14
12	职工教育经费	2	2	3	3
13	社会保险费	23	26	27	62
14	咨询费	4	4	3	4
15	审计费	3	3	3	3
16	绿化费	2	2	2	2
17	备案费	20	20	20	0
18	其他	2	2	2	2
19	合计	374	411	417	445

从表 12-21 中 UP 公司管理费用各明细项目的组成部分来看，社会保险费、无形资产摊销等项目变化非常明显，我们将逐一进行"探秘"。

管理费用的第 13 项社会保险费，从 2015~2017 年，该费用一直维持在较稳定的水平，而 2018 年，这一费用突然由 2017 年的 27 万元增加到 2018 年的 62 万元，增幅达到 230%。再反观与社会保险费相关的职工薪酬，在 2017~2018 年并无明显增幅（工资由 2017 年的 139 万元增加到 2018 年的 144 万元，仅增加 5 万元）。经多方查证，以往历年该公司一直按当地最低工资标准为员工缴纳保险，自 2018 年开始，依据集团公司要求，员工社会保险的基数调整为按职工上一年度实际工资的平均数，故当年该公司负担的社会保险费明显增加。

通过对社会保险费增减变动的分析，报表使用人发现企业存在劳动人事管理相关风险。

> **注 意**
>
> 依据社会保险法相关规定，用人单位未按时足额缴纳社会保险费的，由社会保险费征收机构责令限期缴纳或者补足，并自欠缴之日起，加收一定比例滞纳金；逾期仍不缴纳的，由有关行政部门处欠缴数额一倍以上三倍以下的罚款。

管理费用的第 17 项备案费，从 2015~2017 年，该费用一直为 20 万元，而 2018 年，这一费用突然变为零。经了解，历年以来，为具备特种设备操作工发证资质，该公司每年需向市特种设备检验检测部门提交备案及资质审核费用 20 万元。自 2018 年起，国家规定，特种设备操作工资质的考试和发证管理由市劳动和社会保障局统一组织，各企业不再具备发证资格。由此，该公司办理特种设备操作工考试的培训不再需要向市特种设备检验检测部门备案和进行资格审核。

回归到【例 12-15】中，报表使用人是该公司的潜在投资者，在分析到 UP 公司的该项备案费减少后，也同期获取了本市特种设备操作工资质的考试和发证管理由市劳动和社会保障局统一组织的重大政策变更。报表使用人需要从如下方面重新评估是否与 UP 公司合作办学：一方面，以往每年只按举办的培训期发放定量的特种设备操作工资格证书的局面改变，所有有兴趣和需求的社会人员都可以自行学习，然后参加市劳动和社会保障局组织的考试，成绩合格即可取证。如果社会此类人才需求量大，收入可观，则为了更好地通过考试，参加特种设备操作工资格考试培训的人员可能增加，培训市场扩大了。另一方面，以往虽然参加培训的人员有限，但是 UP 公司是本市唯一具备培训后发证资格的企业，具备垄断性，基本的收入有保障，现在市场放开后，其他培训机构也可能组织这类培训，蛋糕大了，UP 公司能不能占有较大比例，则受同类培训机构的数量和知名度等多种因素影响。

通过管理费用其中两个明细项目的变化的分析举例可以看出，对管理费用明细项目的分析，可以了解到企业的经营风险、市场变化等各类重要信息。

12.8.3　管理费用分析小结

对管理费用分析，是企业利润表各类成本费用分析的一个方面。事实上，企业的管理、销售和财务三大期间费用的分析方法类似，但是各类费用分析取得的"收获"会各有千秋：对销售费用绝对值的分析，更多地了解销售部门的效率；对销售费用结构的分析，能了解到企业销售政策及市场情况等信息；而对财务费用的分析，可以了解企业负债状况及偿债能力等。

对于一个企业而言，做好成本费用的分析，就是进行自我诊脉的过程——通过分析发现问题并采取行之有效的措施予以控制，使企业管理能未雨绸缪，控制经营和管理风险。而其他报表使用人对费用的分析，是为了了解企业的经营情况，为自己的决策提供数据支持。

> **注　意**
>
> 管理会计的发展分为三个阶段，分别为成本会计（Cost Accounting）、现代管理会计（Modern Management Accounting）和后现代管理会计（Post-management Accounting）。后现代管理会计推行的服务对象不仅有企业的管理人员，更多地关注企业的股东、潜在的投资者、客户以及其他利益相关者的需求，其分析要点涵盖了会计报表的所有项目。

第 3 篇

财务综合分析及案例

Chapter 13 财务综合分析法

通过前面两大部分的介绍，我们已经能较系统地读懂和分析企业财务报表了。要想做到用专业的思路和眼光来分析企业财务状况，还需要学习财务综合指标的分析。财务综合分析法是由财经理论界的大师或者理财非常成功的企业根据多年实践经验积累形成的固定模型的财务报表分析方法，虽然非常专业，却同时又很通俗和实用。通常，专业的理财公司做投资分析时也使用这些方法。我们也来了解一下其原理，玩一回"深奥"。

13.1 财务报表综合指标分析的含义和特点

财务分析的最终目的在于全方位地了解企业经营状况，并借此对企业经济效益的优劣做出系统、合理的评价。单独分析任何一项财务指标，都难以全面评价企业的财务状况和经营成果。要想对企业的财务状况和经营成果有"把握全局"的评价，就必须进行财务指标相互关联的分析，采用适当的标准进行综合性的评价。

13.1.1 财务报表综合指标分析的定义

所谓财务报表综合指标分析，是指将企业的营运能力、偿债能力、获利能力和发展能力指标等诸方面纳入一个有机的整体之中，全面地对企业经营状况、财务状况进行揭示和披露，从而对企业经济效益的优劣做出准确评价与判断。

我们可以把财务报表分析中的比率分析想象成侦探小说中的线索：每一个比率都是案件告破的线索之一，每一条线索都会让读者更多地怀疑小A是凶手，并确认小B一定不是凶手，当然，也有一些线索可能会误导读者，让我们觉得小B既是凶手又是卧底。最终，福尔摩斯全面地分析了故事发展的原委，告诉我们，哪些线索我们只看到了现象，没有听到声音，所以我们误解了小B。他逐一分析，把整个案件分析得水落石出。

财务比率也一样，一个或几个比率的机械性计算并不能自动生成对复杂的企业财务状况的最终评价，甚至也会出现一个或几个比率误导报表使用人的假象，但只要全面地结合企业的管理知识及经济环境，并逐一确认各个比率的内容，一样可以分析出关于企业状况的"发人深省的故事"。财务报表综合指标分析就是这么一个"福尔摩斯"，它用模型化的数据，全面分析企业的财务状况。

13.1.2　财务报表综合指标分析的特点

既然是福尔摩斯，那么他就有自己的特点——所谓身材消瘦，有着鹰钩鼻，头戴猎帽，肩披风衣，口衔烟斗，那就一定是我们的大侦探。综合指标分析也一样，要能全面地评价企业的财务状况和经营成果，这个综合指标就要有一些基本特点，具体表现在以下几方面：

（1）综合指标涉及的财务比率要齐全。所谓齐全，就是说这个综合指标要同时考量企业的营运能力、偿债能力、获利能力和发展能力等所有内容，仅仅分析企业的某一方面的财务指标不能称为综合指标。

（2）整个指标体系中应该是主辅指标功能匹配。这就好比破案，福尔摩斯也有几个助手，针对凶手留下的尸体，有擅长分析枪伤的，有擅长分析刀伤的，在不同的情况下要有不同的人主导，才能各尽其能，找到真正元凶。报表综合指标分析也一样，一方面，在进行企业营运能力、偿债能力和获利能力等财务状况的评价时，整个综合指标中需要有主要指标和辅助指标，以便明确总体结构分析中各项指标的主辅作用；另一方面，不同的综合分析中，不同报表使用人会有不同的侧重点。债权人在进行综合分析时，他的侧重点在偿债能力和支付能力；但是股东进行综合分析时,他的侧重点却是营运能力和发展能力。

(3)综合指标分析要能满足多方信息的需要。既然是综合指标,就一定要能提供多层次、多角度的信息,满足多方需求。例如企业内部管理层看了综合指标,能知道自己的问题所在,以便确认下一步的改善方向;外部投资者看了综合指标,能确认自己的投资是不是划算,是否需要追加投资等。

13.2 杜邦财务分析体系

随着财务理论研究的发展,对企业财务报表进行综合指标分析的方法也越来越多,其中主要的也是应用比较广泛的有杜邦财务分析体系和沃尔比重评分法。

13.2.1 杜邦财务分析体系基本理论

杜邦财务分析体系(简称杜邦体系)由美国杜邦公司首先采用并成功运用而得名,它是利用各财务指标间的内在关系,对企业综合经营情况及经济效益进行系统分析评价的方法。该体系以净资产收益率为核心,将其分解为若干财务指标,通过分析各分解指标的变动对净资产收益率的影响来揭示企业的获利能力及其变动原因。

杜邦体系各主要指标之间的关系如下:

净资产收益率 = 主营业务净利率 × 总资产周转率 × 权益乘数

其中,主营业务净利率 = 净利润 ÷ 主营业务收入净额(即第9章中的净利润率,详见9.1.4)。

总资产周转率 = 主营业务收入净额 ÷ 平均资产总额(详见第8章8.5.5)
权益乘数 = 资产总额 ÷ 所有者权益总额 = 1 ÷ (1−资产负债率)(详见第8章8.4.2)

对企业的股东来说,最重要的是要取得理想的投资收益率(即净资产收益率),了解和分析影响股东投资收益率的所有因素,不管是对股东还是对企业管理者而言,都非常重要。从上面的连环公式来看,杜邦财务分析体系就是通过对这种互相关系的分析来研究影响股东权益(即净资产)收益率的有关因素。

1. 杜邦财务分析的思路

杜邦财务分析法从所有者的角度出发，将综合性最强的净资产收益率分解，这样有助于深入分析及比较企业的经营业绩。该综合分析法提供了分析指标变化原因和变动趋势的方法，并为企业今后采取改进措施提供方向。

2. 指标分解原理

（1）营业净利率能反映企业的盈利能力。

（2）总资产周转率反映企业资产的使用效率，而且可再细分为存货周转率、应收账款周转率等几个指标，从而衡量企业的资产构成是否存在问题。

（3）权益乘数的高低能反映企业的负债程度。若负债程度上升，企业的财务风险就高。

> **注意**
>
> 杜邦财务的资产负债率与前面章节提到的不同，第 8 章中采用的是期末数，而分析中的资产与负债均采用平均数，即年初与年末之和取平均数。

3. 指标分析实现的效果

通过杜邦财务分析法，能给企业的管理层提供一张考察企业资产管理效率和是否最大化股东投资回报的路线图，具体状态如下：

（1）通过营业净利率，全面概括利润表的内容，能说明企业的经营管理状况。如果企业想改善其经营管理状态，则需要提高其销售利润率，使收入增长幅度高于成本和费用，或者降低企业的成本费用。

（2）通过权益乘数，全面概括资产负债表，表明资产负债和权益的比例关系，以反映企业的基本财务状况，也能说明企业的债务管理状况。企业在不危及自身财务安全的前提下，可以适当增加债务规模。

（3）通过总资产周转率，把利润表和资产负债表联系起来，能说明企业资产的管理状况。如果企业想改善其资产管理状况，需要提高总资产周转率，而要改善企业的总资产周转率，就应该同时提供企业的存货周转率和应收账款周转率等。

所以，三个杠杆使权益净利率可综合评价整个企业的经营活动和财务活动的业绩。

13.2.2 杜邦财务分析法实例演习

为了理解杜邦财务分析法的精髓，我们通过实例来详细说明。

【例 13-1】 图 13-1 是老母亲餐厅 **02 年的杜邦分析图。为了用杜邦财务分析法方便地分解各指标，我们先要计算资产类项目的平均值，如表 13-1 所示。

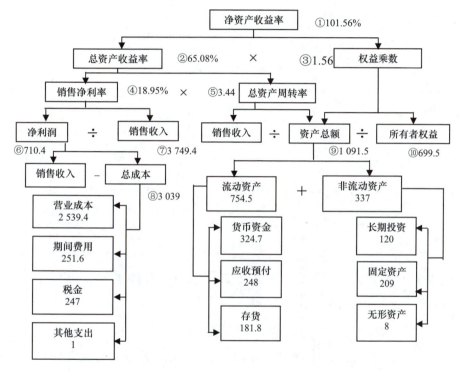

图 13-1　老母亲餐厅 **02 年财务分析——杜邦分析图

备注①净资产收益率，来源于第 9 章 9.2.3。
备注②总资产收益率，来源于第 9 章 9.2.1。
备注③权益乘数，来源于第 8 章 8.4.2 的表 8-6 第 7 行。
备注④销售净利率，来源于第 9 章 9.1.4 的表 9-6。
备注⑤总资产周转率，来源于第 8 章 8.5.5。
备注⑥、⑦的数据，来源于第 9 章 9.1.4 的表 9-6。
备注⑧总成本，来源于第 8 章 8.5 的表 8-8，其中营业成本即为表 8-8 第 2 行（2 539.4），期间费用为第 4、5、6 共三行的和（78+164+9.6=251.6），税金为第 3 行和第 14 行的和（112+135=247），其他支出为第 9 行、投资收益（收益用负数列示、损失用正数列示）和第 12 行的和（−12+13=1）。
备注⑨的数据，来源于本章表 13-1 的第 14 行，其细分项目也全部来源于表 13-1。
备注⑩的数据，来源于第 9 章 9.2.3 的表 9-9。

表 13-1　老母亲餐厅 **02 年资产类项目平均值表

（单位：元）

行次	资产名称	期初数	期末数	年末平均值
第 1 行	流动资产			
第 2 行	货币资金	82.3	567.1	324.7
第 3 行	应收账款	140	210	175
第 4 行	其他应收款	100	35	67.5
第 5 行	预付账款		11	5.5
第 6 行	存货	22	341.6	181.8
第 7 行	流动资产合计	344.3	1 164.7	754.5
第 8 行	长期股权投资	120	120	120
第 9 行	固定资产原值	200	260	
第 10 行	减：累计折旧	10	32	
第 11 行	固定资产净值	190	228	209
第 12 行	无形资产	0	16	8
第 13 行	非流动资产合计	310	364	337
第 14 行	资产合计	654.3	1 528.7	1 091.5

备注：以上数据来源于第 8 章表 8-1。

从杜邦分析图中可以看出：净资产收益率受三个因素的影响，它们分别是销售净利率、总资产周转率和权益乘数。

（1）第一步，指标分解，体现出净资产收益率反映了两方面的信息：

其一，通过总资产收益率，能反映企业资本的获利能力。就老母亲餐厅来说，其总资产收益率为 65.08%，不是很高。

其二，通过权益乘数，能反映企业筹资、投资、资产运营等财务活动及其管理的效率。目前该餐厅的权益乘数较大，也就是负债比率还是比较高的。

（2）第二步，分解总资产收益率，可确认销售净利率受到两方面因素的影响：

其一，销售收入，企业的收入直接影响着其净资产收益率。

其二，企业的成本总额也直接影响着其净资产收益率。杜邦分析图最终在第三步时，把总成本细化到各个小项，即各成本明细，这样能直观地告诉报表使用人：任何成本的节约，都能提高企业的净资产收益率。

（3）同样，在第二步，平行地分解总资产周转率，可确认总资产周转率受到两方面因素的影响：

其一，销售收入，企业的收入直接影响着总资产周转率。

其二，企业的平均资产总额也直接影响着总资产周转率，同样，杜邦分析图对总资产进行了第三步的分解，充分说明了企业的资本结构直接与净资产收益率相关。

（4）同时我们注意到，在第一步的分解中权益乘数受两部分影响，分别是：

其一，资产总额，企业的资产总额会直接影响其净资产收益率。

其二，企业所有者权益总额，由于所有者权益＝资产总额－负债总额，所以企业的负债比率越高，所有者权益越少，权益乘数越大，净资产收益率也越高，证明企业的财务杠杆作用越强。但是，财务风险也越大。对于企业来说，在总资产需要量既定的前提下，适当开展负债经营，相对减少所有者权益所占的份额，就可使权益乘数提高，这样能给企业带来较大的财务杠杆利益，但同时也需要承受较大的风险压力。因此，企业既要合理使用全部资产，又要妥善安排资金结构。

总之，通过杜邦体系自上而下的分析，不仅可以揭示出企业各项财务指标的结构关系，查明各项主要指标变动的影响因素，而且为决策者优化经营理财状况，提高企业经营效益提供了思路。企业要提高净资产收益率（即主权资本的净利率）可以从以下几方面着手：

（1）扩大销售。

（2）节约成本。

（3）优化投资配置。

（4）加速资金周转。

（5）优化资金结构，确立风险意识等。

13.3　沃尔综合评分法

在进行财务综合分析时，我们遇到的一个主要困难就是计算出财务比率后，无法判断它是偏高还是偏低。如果采用比较分析法，与本企业的历史比较，也只能看出自身的变化，却难以评价其在市场竞争中的优劣地位。为了弥补这些缺陷,美国的亚历山大·沃尔在其1928年出版的《信用晴雨表研究》和《财务报表比率分析》等著作中提出了信用能力指数概念,将流动比率、产权比率、固定资产比率、存货周转率、应收账款周转率、净资产周转率等七项财务比率用线性关系结合起来,设定在总和为100分的基础上,分别给定各个比率的分数比重,然后通过与标准比率进行比较,确定各项指标的得分及总体指标的累计分数,从而对企业的信用水平做出评价。

13.3.1 沃尔综合评分法基本理论

沃尔综合评分法是指将选定的财务比率用线性关系结合起来,并分别给定各自的分数比重,然后通过与标准比率进行比较,确定各项指标的得分及总体指标的累计分数,从而对企业的信用水平做出评价的方法。

1. 沃尔综合评分法的步骤

(1) 选定若干财务比率,按其重要程度给定一个分值,即重要性权数,其总和为100。

(2) 确定各个指标的标准值,财务指标的标准值可以采用行业平均值、企业的历史先进数、国家有关标准或国际公认的基准等。

(3) 计算出各指标的实际值,并与所确定的标准值进行比较。计算一个相对比率,将各项指标的相对比率与其重要性权数相乘,得出各项比率指标的指数。

(4) 将各项比率指标的指数相加,最后得出企业的综合指数,即可以判明企业财务状况的优劣。

2. 沃尔综合评分法举例

【例13-2】第一步,按前面第1项介绍的那样,先选择评价指标并分配指标权重,见表13-2。

第二步,按前面第1项介绍的那样,确定各个指标的标准值,见表13-3。

第三步,按前面第1项介绍的那样,计算出各指标的实际值,并与所确定的标准值进行比较,计算一个相对比率,将各项指标的相对比率与其重要性权数相乘,得出各项比率指标的指数,具体见表13-4。

Chapter 13 财务综合分析法

表 13-2　沃尔综合分析法权重分配表

行次	选择的指标	分配的权重
第1行	流动比率	18
第2行	产权比率	12
第3行	固定资产比率	10
第4行	存货周转率	18
第5行	应收账款周转率	18
第6行	固定资产资产周转率	12
第7行	净资产周转率	12
第8行		100

表 13-3　沃尔综合分析法各指标标准值表

行次	选择的指标	指标的标准值
第1行	流动比率	1.8
第2行	产权比率	40%
第3行	固定资产比率	0.6
第4行	存货周转率	6
第5行	应收账款周转率	12
第6行	固定资产资产周转率	4
第7行	净资产周转率	2

表 13-4　沃尔综合分析法各指标实际值计算表

行次	选择的指标	①分配的权重	②指标的标准值	③指标的实际值	④实际得分 ④=①×③÷②
第1行	流动比率	18	1.8	1.91	19.1
第2行	产权比率	12	40%	36.66%	11
第3行	固定资产比率	10	0.6	0.58	9.67
第4行	存货周转率	18	6	5.45	16.35
第5行	应收账款周转率	18	12	10.35	15.53
第6行	固定资产资产周转率	12	4	4.74	14.22
第7行	净资产周转率	12	2	1.96	11.76
第8行		100			97.63

第四步，如前面第1项介绍的那样，计算出本期企业的综合指标，并做出适当评价。

通过上述共四步，就是原始的沃尔综合评分法的综合分析过程，从举例的结果来看，本期上述企业的综合得分小于100，说明企业的财务状况有待提高。

3. 原始的沃尔评分法的缺陷

从前面的分析中我们能看出来，原始的沃尔评分法在一些细节上缺少权威说服力，具体表现在以下几方面：

（1）初期建立并使用沃尔评分法的沃尔和邓宁两位教授，并未能证明为什么要选择流动比率、产权比率、固定资产比率、存货周转率等七项指标，而不是更多或更少些，或者选择别的财务比率，也未能证明每个指标所占比重的合理性。

> **注意**
> 沃尔综合分析法权重分配表选择的"指标"和沃尔综合分析法各指标标准值表的标准值的大小缺少应有的理论依据。

（2）在使用原始的沃尔评分法过程中，当某一个指标严重异常时，会对总的评分产生不合逻辑的重大影响。

13.3.2　现代社会确定沃尔综合评分法的指标及权数的方法

现代社会与沃尔所处的时代相比，已有很大变化。沃尔最初提出的七项指标已难以完全适用当前对企业评价的需要。所以，依据现代不同报表使用人对财务信息需求的关注点的不同，沿用沃尔分析法的原理，对所选取的指标进行了重新选择，形成了新的沃尔分析体系。现在一般认为，在选择指标时，偿债能力、运营能力、盈利能力及发展能力指标均应在权数范围内，除此之外，还应该适当选取一些非财务指标作为参考。

1. 现代社会沃尔综合评分法指标选取的原则

重要性权数是指一项指标的评分值，故又称"标准评分值"，是由该项指标在沃尔指标体系中所占的重要性决定的。按其重要程度可分为三类：最为重要、较为重要、一般重要和其他指标。三类之间可按 45∶35∶20 的比重进行分配。

第一类最为重要的是收益性指标，其评分值应占 45 分左右。收益性是指企业的盈利能力，它是企业经营活动的主要目的，也是企业发展的客观要求和基本

Chapter 13 财务综合分析法

素质的标志。收益性指标主要有各种利润率，如销售利润率、总资产报酬率、资本收益率，以及人均利润率、利润额等。

第二类较为重要的是稳定性指标，其评分值应占 35 分左右。稳定性也称企业的安全性，是指企业的偿债能力和营运能力。它是企业生存和发展的基本条件，也是企业必备的素质之一。偿债能力是企业安全程度和财务风险大小的标志。与此类因素相关的指标主要有资产负债率（或产权比率）、流动（或速动）比率等；营运能力是反映企业生产经营活动的强弱，说明资产周转快慢及资金节约、浪费的指标。主要指标有应收账款周转率、存货周转率、流动资产周转率和总资产周转率等。

第三类一般重要的是增长性指标和其他指标。其评分值应占 20 分左右。增长性是指企业的发展能力，它是保持企业活力的物质基础。主要指标有利润增长率、营业收入（或产值、产量）增长率、劳动效率、附加值率和资本保值增值率等；其他指标是指根据评价需要设置的其他指标。

2. 国内关于沃尔综合评分法指标的规范介绍

具体到中国的情况，我国财政部曾于 1995 年 1 月 9 日发布《企业经济效益评价指标体系（试行）》，公布了销售利润率、总资产周转率、资本收益率、资本保值增值率、资产负债率、流动或速动比率、应收账款周转率、存货周转率、社会贡献率和社会积累率等十项考核指标，要求选择一批企业采用沃尔财务综合评价法，按照新的指标进行经济效益综合评价。这套企业经济效益评价指标体系总和评分的一般方法及内容如下：

（1）所有指标的标准值均以行业平均先进水平为标准值。

（2）标准值的重要性权数总计为 100 分，其具体分配如表 13-5 所示。

表 13-5　财政部关于沃尔综合分析法权重分配表

行次	选择的指标	分配的权重
第 1 行	销售利润率	15
第 2 行	总资产收益率	15
第 3 行	资本收益率	15
第 4 行	资本保值增值率	10
第 5 行	资产负债率	5

（续）

行次	选择的指标	分配的权重
第6行	流动比率（或速动比率）	5
第7行	应收账款周转率	5
第8行	存货周转率	5
第9行	社会贡献率	10
第10行	社会积累率	15
合计		100

（3）在经济效益综合分析评价时，选择的各项经济效益指标在评价标准上应尽量保持方向的一致性，尽量选择正指标，不要选择逆指标。因为在选择各项指标为正指数时，则单项指数越高越好。

注意

财政部颁布的沃尔综合评分法评价指标体系中八个为正指标，另有两个指标中，资产负债率为逆指标，而流动比率（或速动比率）既不是正指标，也不是逆指标。因为标准值具有约束性，即大于或小于标准值都不好，其单项指数最高为1或表示为100%。

Chapter 14 典型公司财务分析案例

通过前面 14 章的介绍，我们基本完成了"初识"——"亲密接触"——"深入分析"财务报表的过程。如果再拿到一份完整的财务报告，我们也能说出些"子丑寅卯"，也能"忽悠"一阵不懂报表的人了。在本章，我们就来实际演练一番。

14.1 三大财务报表基本数据

为了完整地分析一个企业的财务情况，好比中医大夫要"望、闻、问、切"，先要找到人的脉络。分析企业财务状况时，我们也需要先有"患者"，然后才能分析。以下是一家小的家具生产企业的财务报表资料。

龙祥家具厂是一家小型的家具生产企业，位于中国北方，主要生产松木家具。投资关系简单，原来是一个家庭式小作坊，由于私营业主经营不错，所以通过朋友适当增加了融资，达到目前的千万资产。该厂主要生产实木门和门框，其木门和门框采用流水线生产，达到了一定规模，在行业内口碑较好，所以也有一定的市场占有率。该厂同时还生产部分实木家具，但主要以中、低档为主，此类家具受木材价格和人工工时价格的限制，利润空间不大。

14.1.1 资产负债表

【例 14-1】龙祥家具厂最近两年的资产负债表如表 14-1 所示。

表 14-1 龙祥家具厂最近两年资产负债表

编制单位：龙祥家具厂 （单位：元）

资产	2017年	2018年	负债及所有者权益	2017年	2018年
货币资金	1 360 545.93	1 944 121.82	短期借款	1 500 000	1 500 000
其他应收款	58 503.8	524 035.98	应付账款	3 347 984.59	2 953 650.01
应收账款	3 244 199.99	3 344 903.5	应付职工薪酬	531 741.86	531 318.61
预付账款	156 700	186 000	应付福利费		12 964.49
库存商品	2 416 240.02	2 327 320.74	应交税费	46 873.58	51 874.34
			应付股利	5 666.87	6 248.11
			其他应付款		219 244.95
流动资产合计	7 236 189.74	8 326 382.04	流动负债合计	5 432 266.9	5 275 300.51
			长期负债合计		
固定资产			负债合计	5 432 266.9	5 275 300.51
固定资产原值	4 866 346	5 698 353	股东权益		
减：累计折旧	1 105 511.1	1 539 897.2	股本	2 000 000	2 000 000
固定资产净值	3 760 834.9	4 158 455.8	资本公积		
			盈余公积		
无形资产	1 113 446.26	1 113 446.26	未分配利润	4 678 204	6 322 983.59
			股东权益合计	6 678 204	8 322 983.59
资产合计	12 110 470.9	13 598 284.1	负债和股东权益合计	12 110 470.9	13 598 284.1

14.1.2 利润表

【例14-2】 龙祥家具厂最近两年的利润表如表14-2所示。

表 14-2 龙祥家具厂最近两年利润表

编制单位：龙祥家具厂 单位：元

行次	项目	2017年	2018年
第1行	一、营业收入	18,163,921.98	21,078,637.38
第2行	减：营业成本	12,762,095.93	14,876,309.56
第3行	营业税金及附加	54,476.90	56,873.49
第4行	销售费用	1,399,670.01	1,587,349.34

（续）

行次	项　目	2017年	2018年
第5行	管理费用	2,035,273.15	2,534,210.40
第6行	财务费用（收益以"－"号填列）	111,900.13	120,171.70
第7行	资产减值损失		
第8行	加：公允价值变动收益（损失以"－"号填列）		
第9行	加：投资收益（损失以"－"号填列）		
第10行	二、营业利润（亏损以"－"号填列）	1,800,505.86	1,903,722.89
第11行	加：营业外收入		
第12行	减：营业外支出		
第13行	三、利润总额（亏损总额以"－"填列）	1,800,505.86	1,903,722.89
第14行	减：所得税费用	218,531.89	258,943.30
第15行	四、净利润（净亏损以"－"号填列）	1,581,973.97	1,644,779.59

备注1：假设企业营业收入全部为主营业务收入，无其他业务收入；假设企业营业成本全部为主营业务成本，无其他业务成本。

备注2：假设企业财务费用包括了本年支付给银行的所有利息支出，没有资本化利息。

14.1.3　现金流量表

【例14-3】　龙祥家具厂2018年的现金流量表如表14-3所示。

表14-3　龙祥家具厂2018年现金流量表

编制单位：龙祥家具厂　　　　　　　　　　　　　　　　　　　　　（单位：元）

行次	项　目	本期金额
第01行	一、经营活动产生的现金流量：	
第02行	销售商品、提供劳务收到的现金	2 370 000
第03行	收到的税费返还	
第04行	收到其他与经营活动有关的现金	
第05行	**经营活动现金流入小计**	**2 370 000**
第06行	购买商品、接受劳务支付的现金	1 386 000
第07行	支付给职工以及为职工支付的现金	190 000
第08行	支付的各项税费	51 413.74

（续）

行次	项　目	本期金额
第09行	支付其他与经营活动有关的现金	534 000
第10行	**经营活动现金流出小计**	2 161 413.74
第11行	**经营活动产生的现金流量净额**	208 586.26
第12行	二、投资活动产生的现金流量：	
第13行	收回投资收到的现金	
第14行	取得投资收益收到的现金	
第15行	处置固定资产、无形资产和其他长期资产收回的现金净额	
第16行	处置子公司及其他营业单位收到的现金净额	
第17行	收到其他与投资活动有关的现金	
第18行	投资活动现金流入小计	
第19行	购建固定资产、无形资产和其他长期资产支付的现金	257 010.37
第20行	投资支付的现金	
第21行	取得子公司及其他营业单位支付的现金净额	
第22行	支付其他与投资活动有关的现金	
第23行	投资活动现金流出小计	
第24行	**投资活动产生的现金流量净额**	-257 010.37
第25行	三、筹资活动产生的现金流量：	
第26行	吸收投资收到的现金	
第27行	取得借款收到的现金	950 000
第28行	收到其他与筹资活动有关的现金	
第29行	**筹资活动现金流入小计**	950 000
第30行	偿还债务支付的现金	300 000
第31行	分配股利、利润或偿付利息支付的现金	18 000
第32行	支付其他与筹资活动有关的现金	
第33行	**筹资活动现金流出小计**	318 000
第34行	**筹资活动产生的现金流量净额**	632 000
第35行	四、汇率变动对现金及现金等价物的影响	
第36行	五、现金及现金等价物净增加额	
第37行	加：期初现金及现金等价物余额	1 360 545.93
第38行	**六、期末现金及现金等价物余额**	1 944 121.82

14.2 偿债能力分析

从该厂提供的资产负债表中可以看出,该厂一直有短期借款 150 万元,达到总资产的 10% 以上,所以,债权人一定非常关注自己的借款是否能及时归还。该厂老板更是把能否归还借款作为自己的重要关注内容,因为这些款都是从朋友或亲戚那里借来的私人积蓄,必须保证能偿还。

我们依据前面第 8 章中学习过的,按企业的短期偿债能力和长期偿债能力两个方面来进行分析。

14.2.1 短期偿债能力分析

短期偿债能力指标分析主要有流动比率、速动比率和现金比率。

【例 14-4】

(1) 流动比率。龙祥家具厂的流动比率计算过程如表 14-4 所示。

表 14-4 龙祥家具厂流动比率资料表

(单位:元)

年份	2017 年	2018 年
①流动资产总额	7 236 189.74	8 326 382.04
②流动负债总额	5 432 266.9	5 275 300.51
流动比率 = ① / ②	1.33	1.58

由于流动比率大于 1,所以,该厂的短期偿债能力尚可。

(2) 速动比率。龙祥家具厂的速动比率计算过程如表 14-5 所示。

表 14-5 龙祥家具厂速动比率资料表

(单位:元)

年份	2017 年	2018 年
①流动资产总额	7 236 189.74	8 326 382.04
②存货余额	2 416 240.02	2 327 320.74
③流动负债总额	5 432 266.9	5 275 300.51
速动比率 = (① - ②) / ③	0.89	1.14
附:流动比率	1.33	1.58

从速动比率来看，该厂的短期偿债能力一般，在2018年时相对较安全。

（3）现金比率。龙祥家具厂的现金比率计算过程如表14-6所示。

表14-6　龙祥家具厂现金比率资料表

（单位：元）

年份	2017年	2018年
①现金及现金等价物	1 360 545.93	1 944 121.82
②流动负债总额	5 432 266.9	5 275 300.51
现金比率=①/②	0.25	0.37

从现金比率的计算结果来看，该厂的短期偿债能力比较弱。

总之，通过三个指标的计算分析，我们认为龙祥家具厂的短期偿债能力较差，其财务风险较高。债权人需要考虑收回借款或要求家具厂做适当担保。

14.2.2　长期偿债能力分析

【例14-5】　长期偿债能力指标分析主要有资产负债率、股东权益比率、权益乘数、负债股权比率（产权比率）和利息保障倍数等指标。

（1）资产负债率。龙祥家具厂的资产负债率计算过程如表14-7所示。

表14-7　龙祥家具厂资产负债率资料表

（单位：元）

年份	2017年	2018年
①负债总额	5 432 266.9	5 275 300.51
②资产总额	12 110 470.9	13 598 284.1
资产负债率=（①/②）×100%	44.86%	38.79%

从表14-7中的数据来看，目前该厂的总资产中，大约有40%左右的资产来源于各种信用（如短期借款体现的是与朋友、亲戚的信任关系，而应付账款体现的是赊购金额，是与供应商的商业信任）。

（2）股东权益比率和权益乘数。龙祥家具厂的股东权益比率和权益乘数的计算过程如表14-8所示。

Chapter 14 典型公司财务分析案例

表 14-8 龙祥家具厂股东权益比率及权益乘数资料表

（单位：元）

行次	年 份	2017 年	2018 年
第 1 行	①股东权益总额	6 678 204	8 322 983.59
第 2 行	②资产总额	12 110 470.9	13 598 284.1
第 3 行	股东权益比率=（①/②）×100%	55%	61%
第 4 行	权益乘数=②/①	1.81	1.63
第 5 行	③2018 年年底平均股东权益总额=（6 678 204+8 322 983.59）/2		7 500 593.8
第 6 行	④2018 年年底平均资产总额=（12 110 470.9+13 598 284.1）/2		12 854 377.5
第 7 行	修正后的 2018 年的权益乘数=④/③		1.71

注：由于股东权益和资产总额的年底数均为时点数，在进行财务综合分析时，需要进行一定时期内财务趋势的分析，所以，该指标需要由时点指标转化为时期指标，故 2018 年修正后指标为时期指标。

从表 14-8 中可以看出，该厂的权益乘数为 1.7 左右，说明该厂的长期偿债能力不是很强（一般认为 1.50 以下才是安全的）。

（3）负债股权比率（产权比率） 龙祥家具厂的产权比率计算过程如表 14-9 所示。

表 14-9 龙祥家具厂产权比率资料表

（单位：元）

年份	2017 年	2018 年
①负债总额	5 432 266.9	5 275 300.51
②股东权益总额	6 678 204	8 322 983.59
负债权益比率=（①/②）×100%	81%	63%

（4）利息保障倍数 依据我们在第 9 章的 9.5.1 中介绍的，利息保障倍数=息税前利润/利息费用，则龙祥家具厂的利息保障倍数计算过程如表 14-10 所示。

表 14-10 龙祥家具厂利息保障倍数资料表

（单位：元）

年份	2017 年	2018 年
①税前利润	1 800 505.86	1 903 722.89
②利息费用	111 900.13	120 171.7
③息税前利润	1 912 405.99	2 023 894.59
利息保障倍数=③/②	17.09	16.84

从利息保障倍数指标来看，该厂的偿还借款利息的能力还是比较强的。

14.3 营运能力分析

龙祥家具厂的老板虽然时刻想着要还钱的事，但是他经营家具厂的目的就是挣钱，而且他也非常清楚，如果经营不好，那么他自己投入的钱就白投了，所欠的钱也就更还不上了。所以，老板更关心企业的营运能力。

我们依据前面第 8 章中学习过的，按企业的存货周转率、应收账款周转率、流动资产周转率、固定资产周转率和总资产周转率等几个方面来逐一分析企业的营运能力。

14.3.1 资产类项目营运能力分析

对企业的营运能力的分析，可以从报表的资产类项目的某一单项目的营运能力来考核，具体包括存货周转率、应收账款周转率、流动资产周转率和固定资产周转率等。

【例 14-6】

（1）存货周转率。龙祥家具厂的存货周转率的计算过程如表 14-11 所示。

表 14-11　龙祥家具厂存货周转率计算表

（单位：元）

年份	2017 年	2018 年
①营业成本	12 762 095.93	14 876 309.56
②存货余额	2 416 240.02	2 327 320.74
存货周转率 = 营业成本 / 存货平均余额	5.28	6.39
存货周转天数 =360/ 存货的周转率	68.18 天	56.34 天

作为制造业小型企业，其存货周转期在 2 个月左右，可以认为该厂的营运能力比较好，而且 2018 年比 2017 年还有适当提高，证明该厂的营运能力加强了。

（2）应收账款周转率。龙祥家具厂的应收账款周转率的计算过程如表 14-12 所示。

表 14-12　龙祥家具厂应收账款周转率计算表

（单位：元）

年份	2017 年	2018 年
①营业收入	18 163 921.98	21 078 637.38
②应收账款余额	3 244 199.99	3 344 903.5
③应收账款周转率 = 营业收入 / 应收账款平均余额	5.6	6.3
应收账款回收期 =360/ 应收账款周转率	64.29 天	57.14 天
2018 年年底应收账款平均余额		3 294 551.75
④ 2018 年修正的应收账款周转率 = 营业收入 / 应收账款平均余额		6.4
2018 年年底修正的应收账款回收期 =360/ ④		56.25 天

备注：为了区别于修正指标的计算，③中的应收账款平均余额直接取的本年期末数，未进行平均值计算。

从计算结果来看，龙祥家具厂的应收账款周转期也在 2 个月左右，所以该厂的营运能力较好。

（3）流动资产周转率。龙祥家具厂的流动资产周转率的计算过程如表 14-13 所示。

表 14-13　龙祥家具厂流动资产周转率计算表

（单位：元）

年份	2017 年	2018 年
①营业收入	18 163 921.98	21 078 637.38
②流动资产总额	7 236 189.74	8 326 382.04
③流动资产周转率 = 营业收入 / 平均流动资产总额	2.51	2.53
流动资产周转天数 =360/ 流动资产周转率	143.43	142.29
2018 年平均流动资产总额		7 781 285.89①
④ 2018 年年底修正的流动资产周转率 = 营业收入 / 平均流动资产总额		2.71
2018 年年底修正的流动资产周转天数 =360/ 流动资产周转率		132.84 天

备注：为了区别于修正指标，③中计算流动资产周转率时直接取期末的流动资产余额，未进行平均值计算。

① 2018 年平均流动资产总额 =（2018 年年初流动资产总额 +2018 年年末流动资产总额）/2，由于企业 2017 年年底资产负债项目即为 2018 年年初资产负债表项目，故：2018 年平均流动资产总额 =（2017 年年底流动资产 7 236 189.74 元 +2018 年年底流动资产 8 326 382.04）/2=7 781 285.89。

从表 14-13 中可以看出，单就流动资产的情况来看，该厂目前的流动资产周转率不高，营运能力需要加强。

（4）固定资产周转率等。龙祥家具厂的固定资产周转率的计算过程如表14-14所示。

表 14-14　龙祥家具厂固定资产周转率计算表

（单位：元）

年份	2017 年	2018 年
①营业收入	18 163 921.98	21 078 637.38
②固定资产净额	3 760 834.9	4 158 455.8
③固定资产周转率＝营业收入／固定资产平均净额	4.83	5.07
固定资产周转期＝360/固定资产周转率	74.53	71.01
2018 年平均固定资产总额		3 959 645.35
2018 年修正的固定资产周转率＝营业收入／固定资产平均净额		5.32
2018 年修正的固定资产周转期＝360/固定资产周转率		67.67 天

备注：为了区别于修正指标，③中计算固定资产周转率时直接取期末的固定资产净额，未进行平均值计算。

从表 14-14 中可以看出，单就固定资产的情况来看，该厂目前的固定资产周转期在 2 个月左右，其营运能力较强。

14.3.2　整体资产营运能力分析

对企业整体资产的营运能力指标分析通常指总资产周转率。

【例 14-7】　龙祥家具厂的总资产周转率的计算过程如表 14-15 所示。

表 14-15　龙祥家具厂总资产周转率计算表

（单位：元）

年份	2017 年	2018 年
①营业收入	18 163 921.98	21 078 637.38
②资产总额	12 110 470.9	13 598 284.1
③总资产周转率＝营业收入／平均总资产	1.5	1.55
总资产周转天数＝360/总资产周转率	240	232.26
2018 年年末平均资产总额		12 854 377.5
2018 年修正的总资产周转率＝销售收入／平均总资产		1.64
2018 年修正的总资产周转天数＝360/总资产周转率		219.51

备注：为了区别于修正指标，③中计算总资产周转率时直接取期末的资产总额，未进行平均值计算。

从表 14-15 中的数据来看，龙祥家具厂的整体资产周转率仅为 1.5 左右，也就是一年内该厂的总资产只运转了 1.5 次，其周转天数达 220 天，所以其整体营运能力并不乐观。

14.4 盈利能力分析

对于龙祥家具厂的老板来说，虽然他关心企业的营运能力，但是这些指标给人的印象不够直观。老板不懂多少财务分析，他说："这些指标都太绕，你就直接说我腰包里的钱有多少是挣来的，衡量一下我天天忙碌着，到底有没有挣钱。"所以我们进一步分析企业的盈利能力。

依据前面第 8 章学习过的，可以按企业的毛利率、净利润率、总资产报酬率、净资产收益率等几个方面来逐一分析企业的盈利能力。

14.4.1 从利润表项目分析企业的盈利能力

前面提到的几个盈利能力指标中，毛利率、净利润率是从利润表的角度来分析企业的盈利能力。

【例 14-8】（1）毛利率。龙祥家具厂的毛利率的计算过程如表 14-16 所示。

表 14-16 龙祥家具厂毛利率计算表

（单位：元）

年份	2017 年	2018 年
①主营业务收入	18 163 921.98	21 078 637.38
②主营业务成本	12 762 095.93	14 876 309.56
③主营业务税金及附加	54 476.9	56 873.49
④主营业务利润＝①－②－③	5 347 349.15	6 145 454.33
主营业务利润率＝(④／①)×100%		
⑤其他业务收入	0	0
⑥其他业务支出	0	0
⑦其他业务利润＝⑤－⑥	0	0
营业收入＝主营业务收入＋其他业务收入＝①＋⑤	18 163 921.98	21 078 637.38
毛利＝主营业务利润＋其他业务利润	5 347 349.15	6 145 454.33
毛利率＝(毛利／营业收入)×100%	29.44%	29.15%

从表 14-16 中可以看出来，龙祥家具厂在 2017 年和 2018 年时的毛利率均为 29% 左右，该厂的盈利水平比较好，而且保持得较稳定。

（2）净利润率。龙祥家具厂的净利润率的计算过程如表 14-17 所示。

表 14-17　龙祥家具厂的净利润率计算表

（单位：元）

年份	2017 年	2018 年
①营业（销售）收入（同表 14-16 的计算结果）	18 163 921.98	21 078 637.38
②净利润	1 581 973.97	1 644 779.59
净利润率=（②/①）×100%	8.71%	7.8%

从表 14-17 可以看出，龙祥家具厂虽然毛利率不低（接近 30%），其净利润率却很低，才 8% 左右，说明该厂的期间费用（主要指销售费用、管理费用和财务费用）开支过大。该厂需要开源节流，才能确保其盈利能力不受腐蚀。

14.4.2　从资产负债表项目分析企业的盈利能力

前面的小节中，我们从利润表项目分析了企业的盈利能力。企业的盈利能力还可以通过资产负债表项目，联系利润表项目来分析，具体的指标如第 9 章中所分析，主要有：总资产报酬率、总资产收益率和净资产收益率等。

【例 14-9】（1）总资产报酬率。龙祥家具厂的总资产报酬率的计算过程如表 14-18 所示。

表 14-18　龙祥家具厂总资产报酬率计算表

（单位：元）

年份	2017 年	2018 年
①净利润	1 581 973.97	1 644 779.59
②所得税费用	218 531.89	258 943.3
③财务费用	111 900.13	120 171.7
④息税前利润=①+②+③	1 912 405.99	2 023 894.59
⑤期末资产总额	12 110 470.9	13 598 284.1
⑥总资产报酬率=（④/⑤）×100%	15.79%	14.88%
⑦2018 年年底资产平均总额		12 854 377.5
⑧2018 年修正后的总资产报酬率=（④/⑦）×100%		15.74%

备注：为了区别于修正指标，⑥中计算总资产报酬率时直接取期末的资产总额，未进行平均值计算。

从表 14-18 可以看出，目前龙祥家具厂的总资产报酬率为 15% 左右，应该说不是很高，所以可以认为该厂的盈利能力一般。

（2）总资产收益率和净资产收益率。龙祥家具厂的总资产收益率和净资产收益率的计算过程如表 14-19 所示。

表 14-19　龙祥家具厂总资产收益率和净资产收益率计算表

（单位：元）

年份	2017 年	2018 年
①净利润	1 581 973.97	1 644 779.59
②股东权益总额	6 678 204	8 322 983.59
③净资产收益率 =（①／②）×100%	23.69%	19.76%
④ 2018 年股东权益平均值		7 500 593.8
2018 年修正的净资产收益率 =（①／④）×100%		21.93%
⑤期末资产总额	12 110 470.9	13 598 284.1
⑥总资产收益率 =（①／⑤）×100%	13.06%	12.1%
⑦ 2018 年资产总额平均值		12 854 377.5
2018 年修正的总资产收益率 =（①／⑦）×100%		12.8%

备注：为了区别于修正指标，③中计算净资产收益率时直接取期末的股东权益总额，未进行平均值计算。同样，⑥中计算总资产报酬时也直接取期末的资产总额，未进行平均值计算。

从表 14-19 可以看出，目前龙祥家具厂的净资产收益率为 20% 左右，并不是很高，所以该厂资产的盈利能力一般。

14.5　综合财务分析

在本章第 2、3、4 共三节，我们详细地分析了龙祥家具厂的偿债能力、营运能力和盈利能力，那么该厂在行业内的位置如何，发展前景如何？这就需要对该厂的财务状况进行同行业的比较分析和对其自身的综合分析。

14.5.1　竞争公司数据对比

【例 14-10】表 14-20 中提供的是龙祥家具厂与同行业的另外两家家具厂财务指标的比较情况，这三家公司处于同一个城市，经营内容和经营模式相似，连原物料的来源渠道也接近,且互相竞争。

表14-20 龙祥家具厂与行业内其他企业的财务指标比较表

财务指标类型	财务指标	甲公司 2018年	乙公司 2018年	龙祥家具厂 2017年	龙祥家具厂 2018年	龙祥家具厂 2018年修正值
企业营运规模	营运资金/元	53 245 723.96	16 823 512.7	1 803 922.84	3 051 080.53	3 051 080.53
短期偿债能力	流动比率	1.66	1.12	1.33	1.58	1.58
	速动比率	1.03	0.71	0.89	1.14	1.14
长期偿债能力	资产负债率	55.1%	46.02%	44.86%	38.79%	
	权益乘数	2.23	1.85	1.81	1.63	1.71
	利息保障倍数	10.06	11.89	17.09	16.84	
营运能力指标	存货周转率	7.42	5.24	5.28	6.39	
	应收账款周转率	8.05	5.63	5.6	6.3	6.4
	总资产周转率	1.77	1.34	1.5	1.55	1.64
盈利能力指标	销售毛利率	32.78%	18.46%	29.44%	29.15%	29.15%
	销售净利率	10.98%	5.54%	8.71%	7.8%	7.8%
	总资产报酬率	19.43%	7.42%	15.79%	14.88%	15.74%
	总资产收益率	19%	8.32%	13.06%	12.1%	12.8%
	净资产收益率	42.36%	13.73%	23.69%	19.76%	21.93%

注:依据表14-1龙祥家具厂最近两年资产负债表,用当年的流动资产减流动负债得到企业当年的营运资金,2017年的流动资产7 236 189.74元,流动负债5 432 266.90元,2017年的企业的营运资金=流动资产7 236 189.74元−流动负债5 432 266.90元=1 803 922.84元。2018年的营运资金的计算类同。

考虑到如果把甲公司和乙公司的财务数据罗列出来,会增加数据分析的量,我们直接提供了行业内两家公司的财务指标。

(1)企业规模说明。同龙祥家具厂比,甲、乙两家公司的规模要大很多,在这里我们引入企业营运资金的概念来确认企业的规模。

营运资金是金融领域中最难理解的概念之一,事实上,这个名词对不同的人可能有着很多不同的意思。单从定义上来看,营运资金是指流动资产超出流动负债的那部分资金,即流动资产减去流动负债后的余额。营运资金作为企业的一项重要财务资源,其投资规模不仅是企业价值实现的基础,而且也直接对其价值产生影响。通俗地讲,就是企业用来进行日常运转的资金,包括现金、有价证券、应收账款和存货等占用的资金。

为什么要用营运资金来确认企业的规模,而不是用企业的总资产呢?因为企业总资产的规模可能受创业者资金实力的影响而差别很大。

【例 14-11】 比如 W 公司和 Q 公司两个企业在市场上"两足鼎立",其生产能力、市场份额等都基本相似,但其总资产却可能相差很多:不妨假设 W 公司是一个实业集团投资的,购置了土地,新建的厂房,购置了全套先进设备,其资产约 3000 万元;而 Q 公司是归国人员新创办的企业,其厂房是租来的,生产线也是租赁的,其注册资本可能只有百来万元,其总资产可能就三四百万元。如果仅仅关注其总资产额的差别,用 3000 万元和 400 万元比较,可以说这两个公司规模相差很大。但实际并非如此,由于两个公司的销售额差不多,整个营运过程的现金流、物流都接近,所以应该说它们的规模类似。

也就是说,营运状态类似的企业,其营运资金就类似。同样的行业,生产和销售同样的产品,工艺流程也相似,那么,它们产生的现金就类似,应收账款和存货状态也会类似,所以,它们的营运资金就具有可比性了。这就是我们用营运资金来区分企业规模的理由。

(2) 行业内偿债能力分析。通过表 14-20 中的数据我们可以看出,就 2018 年而言,甲、乙和龙祥家具厂三个公司中,短期偿债能力和长期偿债能力最强的都是龙祥家具厂。

(3) 行业内营运能力分析。通过表 14-20 中的数据我们可以看出,就 2018 年而言,甲、乙和龙祥家具厂三个公司中,营运能力最强的是甲公司,其存货周转率、应收账款周转率及总资产周转率都较好,而我们分析和关注的龙祥家具厂居中,其营运能力有待提高。

(4) 行业内盈利能力分析。通过表 14-20 中的数据我们可以看出:

① 从销售毛利率来看,龙祥家具厂的毛利率在行业内还是比较高的,比业绩最好的甲公司稍低。

② 从销售净利率来看,龙祥家具厂的净利率比业绩最好的甲公司差一些,但是尚可。

③ 从净资产收益率看,龙祥家具厂的净资产收益率比较差,这就说明该厂一

方面负债经营，负债比例较大；另一方面，其经营业绩不是很好。

通过上述分析可以认为：对于龙祥家具厂的债权人来说，借给这个企业资金，还是有较好的偿还能力的，把钱借给它相对很安全；对于企业的供应商和客户而言，它不是最优伙伴，但是也不会是最差的；对于股东来说，虽然该厂的直接成本控制得不错，但整体经营能力有待提高。

通过上述分析可以认为：龙祥家具厂的企业的管理成本在行业内属于"高消费"，需要节约开支，减少不必要的花销，同时充分利用自身资源，才能更好地实现股东的利益。

14.5.2 利用杜邦财务分析法

通过行业内数据的比较，我们认为龙祥家具厂的可投资状态为一般，也就是说：不是绩优股，没有太大的爆发力；但也不是垃圾股，不至于马上就需要脱手。那么，该厂发展后劲不足的问题在哪里呢？作为"医生"，我们还可以用杜邦财务分析法来"诊断"一下。

【例14-12】按杜邦财务分析法的图解，我们根据2018年的财务数据来逐一给报表各个项目做"X光透视"（特别说明，所有数据全部要取修正值，因为杜邦财务分析是对一定时期的财务状况的分析，是时期数据，不能取时点的数据）。（单位：万元）

（1）具体分析步骤一（由于四舍五入法，计算比率存在5个百分点的差异，忽略不计）：

企业的净资产收益率只有21.93%，较同行业的甲公司低了20.43个百分点（用表14-20中龙祥家具厂2018年的数据与甲公司数据比较，下同），相当于只有甲公司的一半左右。其影响因素有以下两方面：

①是权益乘数，比甲公司低了0.52（2.23–1.71），由此影响的净资产收益率为9.88个百分点，具体计算过程如下：

甲公司的净资产收益率＝总资产收益率 × 权益乘数＝19% × 2.23

龙祥家具厂由于权益乘数与甲公司的差异，导致对净资产收益率的影响数

=19%×（2.23–1.71）=9.88%，占整个差异的48%(9.88%÷20.43%) 左右。

②是总资产收益率，甲公司该指标为19%，而龙祥家具厂只有12.8%，它对净资产收益率的影响数=（19%–12.8%）×1.71=10.6%，占整个差异的52%(10.6%÷20.43%) 左右。

两个因素共同影响数=9.88%+10.6%≈20.48%。

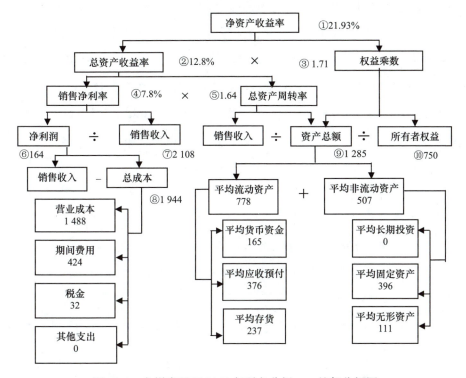

图 14-1　龙祥家具厂2018年财务分析——杜邦分析图

备注1：由于四舍五入法，个别数据在汇总计算时与报表数存在尾数的差异。

备注2：上述公式中的利润表项目来源于表14-2，资产负债表数据来源于表14-1取平均值。其中，平均应收预付=（年初其他应收款+年初应收账款+年初预付账款+年末其他应付款+年末应收账款+年末预付账款）/2。

> **注　意**
>
> 企业资产结构和总资产收益率对净资产收益率的影响程度是类似的。

（2）具体分析步骤二（由于四舍五入法，计算比率存在5个百分点的差异，忽略不计）：

我们进一步细化，针对总资产收益率，龙祥家具厂的该比例比甲公司低了6.2个百分点，其计算式 =19%–12.8%=6.2%。而总资产收益率受到销售净利率和总资本周转率的双重影响，具体如下：

①是总资产周转率，龙祥家具厂比甲公司低了0.13（1.77–1.64），由此影响总资产收益率1.43个百分点，具体计算过程如下：

甲公司的总资产收益率 = 销售净利率 × 总资产周转率 =10.98% × 1.77 ≈ 19%

龙祥家具厂由于总资产周转率较低，导致企业净资产收益率过低的影响值 =10.98% ×（1.77–1.64）=1.43%，占步骤二中差异的23%左右（1.43% ÷ 6.2%）。进而影响净资产收益率，其占整个综合差异的11.96%（23% × 52%）。

②是销售净利率，龙祥家具厂的销售净利率为7.8%，而甲公司为10.98%，由此影响净资产收益率，其影响数为5.22%，具体计算过程如下：

（10.98%–7.8%）× 1.64=5.22%

占步骤二中差异的84%左右（5.22% ÷ 6.2%），进而影响净资产收益率，其占整个综合差异的43.68%（84% × 52%）。

总之，上面两个因素对总资产收益率的共同影响数 =1.43%+5.22% ≈ 6.65%，而这两个因素进一步影响到净资产收益率的影响数 =11.96%+43.68%= 55.64%。

（3）具体分析步骤三（由于四舍五入法，计算比率存在5个百分点的差异，忽略不计）：

通过第二步的分析我们可知，销售净利率是总资产收益率的变化的主导（占78%），那么，需要进一步来分析影响销售净利率的因素。

因为销售净利率 = 净利润 ÷ 销售收入 = $\dfrac{（销售收入 - 营业成本 - 期间费用 - 税金）}{销售收入}$

该公式进行适当分解 = $\dfrac{（销售收入 - 营业成本）}{销售收入} - \dfrac{（期间费用 + 税金）}{销售收入}$

= 销售毛利率 - 销售的期间费用及税金比率

我们通过表14-20中的数据已经了解到，龙祥家具厂的销售毛利率为29.15%，而甲公司的销售毛利率为32.78%，两者差异为 –3.63%，形成最终差异

5.22%，其诱因的计算公式为：

设：甲公司的销售期间费用及税金的比率为 A，龙祥家具厂销售期间费用及税金比率为 B 则存在

$$32.78\%-A = 29.15\%-B+5.22\%$$

经变形可以推算出 $\quad A-B = -1.59\%$

也即甲公司销售的期间费用及税金的比率比祥龙家具厂的该指标低 1.59%。

通过本步分析可知，龙祥家具厂一方面销售毛利率比甲公司低 3.63 个百分点，另一方面其期间费用和税金率（相对于销售收入的比率）的比率又高出 1.59 个百分点，由此导致了其销售净利率比甲公司小了 5.22 个百分点。打个比方就是，本来蛋糕就不大（销售毛利不高），浪费的还不少，这样里外一比，留下的就更少了，与甲公司的差距也就更大了。

通过前面三步的分析，我们可以确认各个指标对企业净资产收益率的影响程度。从而得出结论，导致企业的净利润率较低的原因是多方面的，具体包括企业本身的资金结构、企业的资金周转过慢、企业的期间费用过高等。

15 Chapter 一次家庭聚餐引发的"淘金之路"

在第 1 章中,我们说到了老母亲规划、组织聚餐的细节,以及由此而引发的夏洛所做的各种努力,从前面章节分析的老母亲餐厅的财务数据来看,餐厅是成功了,夏洛和他老母亲的"淘金之路"越走越宽,效益也越来越好。

为了给读者完整的财务信息,本章主要介绍老母亲餐厅开张营业后,每发生一笔业务,夏洛的账都怎么记,到了年底,报表是怎么编制的。它并不是严格意义的财务分析,却是财务分析的起点。

15.1 老母亲餐厅 **02 年基本业务及记账情况

在第 8 章中,我们提供了老母亲餐厅的资产负债表、利润表、现金流量表等财务报表,那么这些报表数据是怎么来的呢?针对这样的疑问,我们反过来看看老母亲餐厅在 **02 年发生的业务。

老母亲餐厅虽然是小本经营,却也是一个正规的企业,所以也是"五脏俱全"。

(1)在 **02 年的 1 月收到了上年时夏洛同意投入餐厅的 100 元。作会计分录如下:

借:现金　　　　　　　　　　　　　　　　　　　100 元
　　贷:其他应收款　　　　　　　　　　　　　　　100 元

(2)按前一年的协议,把应该投资到肉铺的钱 120 元给肉铺老板。作会计分录如下：

  借：其他应付款   120 元

    贷：现金   120 元

（3）本年买米、面、蔬菜、肉、作料等材料共计 2 300 元，其中 2 150 元已经支付，还有 150 元没给食杂店。作会计分录如下：

  借：存货   2 300 元

    贷：现金   2 150 元

      应付账款   150 元

（4）本期生产饭菜共领用材料 1 895 元。领用时，作会计分录如下：

  借：生产成本——材料费   1 895 元

    贷：存货   1 895 元

（注意，实现销售收入后，结转销售成本需要作会计分录如下：

  借：主营业务成本   1 895 元

    贷：生产成本——材料费   1 895 元

（5）本年共发生生产人员工资 516 元，管理人员（主要是夏洛）工资 160 元。其中 606 元已经支付，尚欠员工 70 元。作会计分录如下：

  借：生产成本——人工费   516 元

    管理费用——人工费   160 元

    贷：现金   606 元

      应付职工薪酬   70 元

（注意：实现销售收入后，结转销售成本时需要作如下会计分录：

  借：主营业务成本   516 元

    贷：生产成本——人工费   516 元

（6）购买厨房用炊具，花费 60 元，用现金付清。作会计分录如下：

  借：固定资产   60 元

    贷：现金   60 元

（注意：如果企业为一般纳税人，且取得了增值税专用发票，则实际作会计分录如下：

借：固定资产　　　　　　　　　　　　　　　　　　60/1.17 元

　　应交税费——应交增值税（进项税额）　（60/1.17）×0.17 元

　　贷：现金　　　　　　　　　　　　　　　　　　　　60 元

由于增值税的计算非常专业，我们在此例子中全部忽略税金相关内容）

（7）计提本年的折旧，其中房产计提 10 元，其他固定资产计提 12 元，全部计入制造费用。作会计分录如下：

借：生产成本——制造费用　　　　　　　　　　　　22 元

　　贷：累计折旧　　　　　　　　　　　　　　　　　22 元

（注意：实现销售收入后，结转销售成本时需要作如下会计分录：

借：主营业务成本　　　　　　　　　　　　　　　　22 元

　　贷：生产成本——制造费用　　　　　　　　　　　22 元

（8）从村里的老夏家购得经营"二毛酸菜"的品牌使用权，总成本为 20 元，已经支付 10 元，剩下的 10 元等明年再付。作会计分录如下：

借：无形资产　　　　　　　　　　　　　　　　　　20 元

　　贷：现金　　　　　　　　　　　　　　　　　　　10 元

　　　　其他应付款　　　　　　　　　　　　　　　　10 元

（9）摊销本年的无形资产共 4 元。作会计分录如下：

借：管理费用　　　　　　　　　　　　　　　　　　4 元

　　贷：无形资产　　　　　　　　　　　　　　　　　4 元

（10）本年利息共 9.6 元，全部用现金付清。作会计分录如下：

借：财务费用　　　　　　　　　　　　　　　　　　9.6 元

　　贷：现金　　　　　　　　　　　　　　　　　　　9.6 元

（11）餐厅所在的村庄募捐修路，老母亲餐厅捐款 13 元，以现金付清。作会计分录如下：

借：营业外支出　　　　　　　　　　　　　　　　　13 元

　　贷：现金　　　　　　　　　　　　　　　　　　　13 元

（12）本年应交的各种税费共 112 元，已经缴纳 104 元，尚留 8 元明年年初再交。作会计分录如下：

借：营业税金及附加 112 元

　　贷：现金 104 元

　　　　应交税费 8 元

（13）把米、面等原材料匀给隔壁的餐厅用，全年取得现金收入 99.4 元。作会计分录如下：

借：现金 99.4 元

　　贷：其他业务收入 99.4 元

（注意：如果企业为一般纳税人，销售米、面为混合销售，如果考虑税金，实际应做的会计分录如下：

借：现金 99.4 元

　　贷：其他业务收入 99.4/1.06 元

　　　　应交税费——应交增值税（销项税额） （99.4/1.06）×0.06 元

由于增值税的计算非常专业，我们在此例子中全部忽略税金相关内容）

（14）购买上述米、面的初始成本为 85.4 元。作会计分录如下：

借：其他业务支出 85.4 元

　　贷：存货 85.4 元

（15）年底时，从投资的肉铺分回来现金红利 12 元。作会计分录如下：

借：现金 12 元

　　贷：投资收益 12 元

（16）本年共实现餐饮收入 3 650 元，收到现金 3 460 元，另有 190 元尚未收到现金。作会计分录如下：

借：现金 3 460 元

　　应收账款 190 元

　　贷：主营业务收入 3 650 元

（注意：如果企业为一般纳税人，实现餐饮收入时，如果考虑税金，则实际应做的会计分录如下：

借：现金 3 460 元

　　应收账款 190 元

贷：主营业务收入　　　　　　　　　　　　　　　　3 650/1.06 元

　　　　应交税费——应交增值税（销税税额）　　（3 650/1.06）×0.06 元

由于增值税的计算非常专业，我们在此例子中全部忽略税金相关内容。）

（17）结转本期的主营业务成本，其中第（4）笔业务涉及材料费 1 895 元，第（5）笔业务涉及人工费 516 元，第（7）笔业务涉及制造费用 22 元。作会计分录如下：

　　借：主营业务成本　　　　　　　　　　　　　　　　2 433 元

　　　　贷：生产成本——材料费　　　　　　　　　　　1 895 元

　　　　　　生产成本——人工费　　　　　　　　　　　　516 元

　　　　　　生产成本——制造费用　　　　　　　　　　　22 元

> **注意**
>
> 　　按正常的工业企业会计成本核算的方式，需要将生产成本先结转到产成品，在成品销售时再由产成品结转到主营业务成本。

（18）为了宣传老母亲餐厅，自制小饼赠送给村子里的小朋友，共花 30 元。作会计分录如下：

　　借：销售费用　　　　　　　　　　　　　　　　　　　30 元

　　　　贷：现金　　　　　　　　　　　　　　　　　　　30 元

（19）本年购买材料共支付运费 21 元，全部计入生产成本。作会计分录如下：

　　借：生产成本——制造费用　　　　　　　　　　　　　21 元

　　　　贷：现金　　　　　　　　　　　　　　　　　　　21 元

实现销售收入后，结转销售成本时需要做如下会计分录：

　　借：主营业务成本　　　　　　　　　　　　　　　　　21 元

　　　　贷：生产成本——制造费用　　　　　　　　　　　21 元

（20）为销售饭菜，购买餐具、桌布等日用品，共花费 48 元，已经支付 29 元，余 19 元尚未支付。作会计分录如下：

　　借：销售费用　　　　　　　　　　　　　　　　　　　48 元

　　　　贷：现金　　　　　　　　　　　　　　　　　　　29 元

　　　　　　应付账款　　　　　　　　　　　　　　　　　19 元

Chapter 15 一次家庭聚餐引发的"淘金之路"

（21）全年餐厅的所得税为 135 元，已经支付了 118 元，余 17 元尚未支付。作会计分录如下：

  借：所得税费用   135 元
    贷：现金   118 元
      应交税费   17 元

（22）年底时，收回上年度老母亲欠的饭钱 140 元中的 120 元，尚余 20 元仍然未收回。作会计分录如下：

  借：现金   120 元
    贷：应收账款   120 元

（23）餐厅员工自家盖房，借款 35 元现金。作会计分录如下：

  借：其他应收款——员工借支   35 元
    贷：现金   35 元

（24）为了保证年关餐厅有足够的甜点，预付给副食品店 11 元。作会计分录如下：

  借：预付账款   11 元
    贷：现金   11 元

（25）邻居老郝家预定了年夜饭，支付定金 10 元。作会计分录如下：

  借：现金   10 元
    贷：预收账款   10 元

（26）将收入类项目结转本年利润项目。作会计分录如下：

  借：主营业务收入   3 650 元
    投资收益   12 元
    其他业务收入   99.4 元
    贷：本年利润   3 761.4 元

（27）将费用类科目结转到本年利润科目。作会计分录如下：

  借：本年利润   3051 元
    贷：主营业务成本   2 454 元（含第 17 笔和第 19 笔）
      其他业务支出   85.4 元

营业外支出	13元
主营业务税金及附加	112元
销售费用	78元
管理费用	164元
财务费用	9.6元
所得税费用	135元

［备注：通过第26和27笔，可以确认企业本年实现的利润为3 761.4–3 051=710.4(元)。］

（28）提取各种盈余公积共71.04元，计划派发股利200元。作会计分录如下：

借：本年利润	271.04元
贷：未分配利润——盈余公积	71.04元
应付股利	200元

以上共28笔业务的处理，基本囊括了老母亲餐厅**02年的所有业务，通过汇总所有资产负债表项目的借方和贷方金额，并汇总核算后，可以编制出资产负债表，见表8-1；通过汇总所有利润表项目，并汇总核算后，可以编制出利润表，见表8-8；通过对所有与"现金"相关的项目的分类（主要是区分经营活动、投资活动和筹资活动现金流量，并归入现金流量表对应的明细项中），可以编制出现金流量表，见表10-1。

15.2　从老母亲餐厅引发"淘金"的思考

根据上面的会计分录介绍，联系第8~10章的财务报表资料，我们可以得出以下结论：

（1）所有的财务数据都来源于企业的经营，所以，每一个项目都在无声地向报表使用人提供着企业的经营情况和财务状况的"成绩报告单"，或者说是"警示牌"，所以只要用心阅读，并掌握技巧，财务报表本身就是了解企业经营状况最好的"武器"。

（2）财务报表的所有项目都有内部必然的关联，所以报表使用人在阅读报表的过程中，如果发现"蛛丝马迹"的"可疑证据"时，除了与"犯罪嫌疑人"正面接触，确认其本质外，也可以找关联的"证人"给予"佐证"，以确认企业的财务状况和经营状况是否存在问题。

（3）财务报表作为企业经营情况和财务状况的说明书，受涉及的项目、会计准则要求、会计估计的执行差异、行业特点等诸多因素的限制，本身有其局限性。所以，不能对每个细节都过分关注，阅读报表时，报表使用人要确认自己最关心的项目，同时考核企业的重要财务情况，对于枝枝节节的细节，需要"放手"的就放手。

一个有效把握财务信息的人，是能掌握企业整体发展方向、利用财务信息为自己的决策服务的人，而不是死抠企业的某一项细节。

如中国改革开放的总设计师邓小平说的那样"黑猫、白猫，抓得到老鼠的就是好猫"，阅读报表也一样，我们不管用什么方式去了解企业的财务状况，其根本是能利用财务报表为"站在十字街头"的报表使用人指引方向，确定下一步应该怎么做。这就好比老母亲餐厅在"淘金"，它是通过夏洛和他的团队实干出来的。报表仅仅是"淘金"路上的一杆秤而已，所以，所有的观众——即所有的报表使用人，要学会"看秤"，才能知道自己淘到的金子有多少。